焦桐花开

焦裕禄精神十五讲

焦守云　张宇辉　余音◎编著

中国言实出版社

图书在版编目(CIP)数据

焦桐花开：焦裕禄精神十五讲 / 焦守云，张宇辉，余音编著. -- 北京：中国言实出版社，2023.3

ISBN 978-7-5171-4392-5

Ⅰ.①焦… Ⅱ.①焦… ②张… ③余… Ⅲ.①焦裕禄（1922-1964）—先进事迹—学习参考资料 Ⅳ.①D263

中国国家版本馆CIP数据核字（2023）第035303号

焦桐花开：焦裕禄精神十五讲

书名题写：松　涛
责任编辑：宫媛媛
责任校对：张国旗

出版发行：中国言实出版社

　　　　　地　址：北京市朝阳区北苑路180号加利大厦5号楼105室
　　　　　邮　编：100101
　　　　　编辑部：北京市海淀区花园路6号院B座6层
　　　　　邮　编：100088
　　　　　电　话：010-64924853（总编室）　010-64924716（发行部）
　　　　　网　址：www.zgyscbs.cn　　电子邮箱：zgyscbs@263.net

经　　销：新华书店
印　　刷：北京中科印刷有限公司
版　　次：2023年3月第1版　　2023年3月第1次印刷
规　　格：710毫米×1000毫米　　1/16　　23印张
字　　数：300千字

定　　价：75.00元
书　　号：ISBN 978-7-5171-4392-5

《焦桐花开：焦裕禄精神十五讲》
编 委 会

总顾问

焦守云

总策划

冯文礼

编 著

焦守云　张宇辉　余　音

编委会主任

焦守云

编委会副主任

陈百行　文柏松

编委会成员

焦守云　陈百行　文柏松　李成刚　焦玉星
赵飞龙　曹振宇　余　音　张宇辉　李　想
宇　斌　张　冲　邬百根

照片资料整理

李　想　翁　伟　温　柔

文字资料整理

宇　斌

◎2009 年 4 月 1 日，习近平同志在兰考亲手种下一棵泡桐树

◎焦裕禄同志当年使用过的藤椅（现存兰考县焦裕禄同志纪念馆）

◎1966年2月7日的《人民日报》头版头条发表《县委书记的榜样——焦裕禄》，号召全党上下向焦裕禄同志学习

◎年轻时期的焦裕禄

◎山东博山焦裕禄故居

◎1949年，焦裕禄力擒顽匪黄老三。这是当年对该匪
的判决书

◎土地改革
时期的焦裕禄

◎焦裕禄和妻子徐俊雅在大连起重机厂时的合影

◎焦裕禄的六个儿女，在大女儿焦守凤（右三）的带领下，学习父亲的革命事迹

◎焦裕禄母亲（右三）向孩子们讲述焦裕禄少年时期的故事

毛主席语录

如果怀疑这两条原理，那就什么事情也做不成了。

我们应当相信群众，我们应当相信党，这是两条根本的原理

◎焦裕禄妻子徐俊雅和孩子们

◎当年焦裕禄入党的小屋

◎焦裕禄故居

◎山东博山焦裕禄故居

◎焦裕禄在洛阳矿山机器厂办公楼前留影

◎为完成直径2.5米卷扬机，焦裕禄在这条板凳上一睡就是50多天

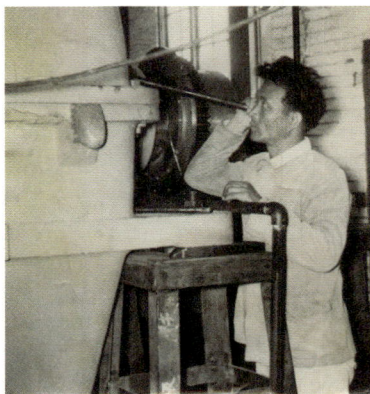

◎焦裕禄在洛阳矿山机器厂检查机器运转情况

◎在洛阳矿山机器厂工作期间，焦裕禄（左四）与苏联专家检查机床设备

◎焦裕禄（前排右八）和车间工人合影

◎焦裕禄（前排左五）与厂领导、车间工人、技术人员和苏联专家在我国第一台直径 2.5 米卷扬机前合影留念

◎中信重工（原洛阳矿山机器厂）一金工车间的焦裕禄精神宣传栏

◎中信重工制造的世界最大的 18500 吨油压机

◎20 世纪 60 年代初
兰考被风沙掩埋的村庄

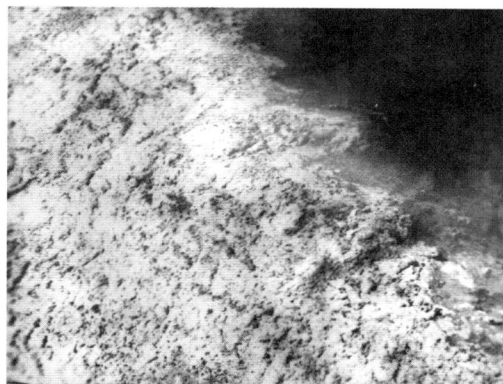

◎1962 年兰考
盐碱地原貌

◎即将成熟的庄稼
受淹减产

◎1963年，焦裕禄同志带领兰考除"三害"调查队在县西边勘察沙丘

◎焦裕禄同志带领群众种植防护林

◎焦裕禄同志带领兰考人民治理盐碱、风沙的情景

◎20世纪60年代焦裕禄同志在兰考沙区现场指导抗灾

◎焦裕禄同志带领群众引黄淤灌，改良土壤

◎焦裕禄同志带领群众一起挖河的场景

◎焦裕禄同志带领群众深翻压碱，改良土壤

◎焦裕禄同志为尽快发展泡桐经济，采取"断根育苗、采籽育苗、压枝育苗"等方法培育泡桐苗。这是群众在苗圃里进行管理

◎焦裕禄同志当年救活的孩子张徐州，后其改名为张继焦

◎焦裕禄同志与
新植的泡桐

◎焦裕禄同志
在花生地里除草，
观察花生长势

◎焦裕禄同志手迹

◎当年县委干部刘俊生偷拍的
焦裕禄劳动时的照片

◎栽种泡桐，以林促农，
以农养林。焦裕禄同志在亲
手栽种的泡桐树旁留影。这棵
泡桐树如今已长成合抱大树，
人们亲切地叫它"焦桐"

◎在迁葬大会上，曾经与焦裕禄同志促膝长谈的肖位芬大爷老泪纵横地说道："焦书记呀，你是活活为兰考人民累死的呀……"

◎各界群众从四面八方赶来参加焦裕禄同志追悼会

◎兰考县焦裕禄墓园

◎中共中央党校
北校区焦裕禄塑像

◎兰考县展览馆广
场上的焦裕禄塑像

◎山东博山
焦裕禄纪念馆

◎兰考县焦裕禄同志纪念馆

◎2022年7月，焦守云（右三）一行在兰考县焦裕禄墓园祭拜焦裕禄同志

◎焦裕禄铜像、焦裕禄事迹展览馆（洛阳中信重工）

◎焦裕禄干部学院

◎焦裕禄干部学院

◎焦裕禄干部学院鸟瞰图

◎ 焦桐花开

《焦桐花开：焦裕禄精神十五讲》
专家学者

焦守云

韩庆祥

赵飞龙

尹传政

陈百行

焦玉星

曹振宇

田　莹

董亚娜

张　冲

陈启明

张平丽

时丽茹

张　静

王　蕾

炅晶晶

余　音

县委书记的榜样——焦裕禄（代序）

□ 穆 青 冯 健 周 原

1962年冬天，正是豫东兰考县遭受内涝、风沙、盐碱"三害"最严重的时刻。这一年，春天风沙打毁了20万亩麦子，秋天淹坏了30多万亩庄稼，盐碱地上有10万亩禾苗碱死，全县的粮食产量下降到了历史的最低水平。

就是在这样的关口，党派焦裕禄来到了兰考。

展现在焦裕禄面前的兰考大地，是一幅多么严重的灾荒的景象呵！横贯全境的两条黄河故道，是一眼看不到边的黄沙；片片内涝的洼窝里，结着青色的冰凌；白茫茫的盐碱地上，枯草在寒风中抖动。

困难，重重的困难，像一副沉重的担子，压在这位新到任的县委书记的双肩。但是，焦裕禄是带着《毛泽东选集》来的，是怀着改变兰考灾区面貌的坚定决心来的。在这个贫农出身的共产党员看来，这里有36万勤劳的人民，有烈士们流鲜血解放出来的90多万亩土地。只要加强党的领导，一时有天大的艰难，也一定能杀出条路来。

第二天，当大家知道焦裕禄是新来的县委书记时，他已经下乡了。

他到灾情最重的公社和大队去了。他到贫下中农的草屋里，到饲养棚里，到田边地头，了解情况，观察灾情去了。他从这个大队到那个大队，他一路走，一路和同行的干部谈论。见到沙丘，他说："栽上树，岂不是成了一片好绿林！"见到涝洼窝，他说："这里可以栽苇、种蒲、养鱼。"见到碱地，他说："治住它，把一片白变成一片青！"转了一圈回到县委，他向大家说："兰考是个大有作为的地方，问题是要干，要革命。兰考是灾区，穷，困难多，但灾区有个好处，它能锻炼人的革命意志，培养人的革命品格。革命者要在困难面前逞英雄。"

焦裕禄的话，说得大家心里热乎乎的。大家议论说，新来的县委书记看问题高人一着棋，他能从困难中看到希望，能从不利条件中看到有利因素。

"关键在于县委领导核心的思想改变"

连年受灾的兰考，整个县上的工作，几乎被发统销粮、贷款、救济棉衣和烧煤所淹没了。有人说县委机关实际上变成了一个供给部。那时候，很多群众等待救济，一部分干部被灾害难住了，对改变兰考面貌缺少信心，少数人甚至不愿意留在灾区工作。他们害怕困难，更害怕犯错误……

焦裕禄想："群众在灾难中两眼望着县委，县委挺不起腰杆，群众就不能充分发动起来。'干部不领，水牛掉井'，要想改变兰考的面貌，必须首先改变县委的精神状态。"

夜，已经很深了，焦裕禄躺在床上翻来覆去睡不着。他披上棉衣，找县委副书记张钦礼谈心去了。

在这么晚的时候，张钦礼听见叩门声，吃了一惊。他迎进焦裕禄，连声问："老焦，出了啥事？"

焦裕禄说："我想找你谈谈。你在兰考十多年了，情况比我熟，你说，改变兰考面貌的主要问题在哪里？"

张钦礼沉思了一下，回答说："在于人的思想的改变。"

"对。"焦裕禄说，"应该在思想前面加两个字：领导。眼前关键在于县委领导核心的思想改变。没有抗灾的干部，就没有抗灾的群众。"

两个人谈得很久，很深，一直说到后半夜。他们的共同结论是，除"三害"首先要除思想上的病害；特别是要对县委的干部进行抗灾的思想教育。不首先从思想上把人们武装起来，要想完成除"三害"斗争，将是不可能的。

严冬，一个风雪交加的夜晚，焦裕禄召集在家的县委委员开会。人们到齐后，他并没有宣布议事日程，只说了一句："走，跟我出去一趟。"就领着大家到火车站去了。

当时，兰考车站，北风怒号，大雪纷飞。车站的屋檐下，挂着尺把长的冰柱。一列运送兰考灾民前往丰收地区的专车，正从这里飞驰而去。也还有一些灾民，穿着国家救济的棉衣，蜷曲在待发的货车上，拥挤在破旧的候车室里。

焦裕禄指着他们，沉重地说："同志们，你们看，他们绝大多数人，都是我们的阶级兄弟。是灾荒逼迫他们背井离乡的，不能责怪他们，我们有责任。党把这个县36万群众交给我们，我们不能领导他们战胜灾荒，应该感到羞耻和痛心……"

他没有再讲下去，所有的县委委员都沉默着低下了头，这时有人才理解，为什么焦裕禄深更半夜领着大家来看风雪严寒中的车站。

从车站回到县委，已经是半夜时分了，会议这时候才正式开始。

焦裕禄听了大家的发言，最后说："我们经常口口声声说要为人民服务，我希望大家能牢记着今晚的情景，这样我们就会带着阶级感情，去领导群众改变兰考的面貌。"

紧接着，焦裕禄组织大家学习《为人民服务》、《纪念白求恩》、《愚公移山》等文章，鼓舞大家的革命干劲，鼓励大家像张思德、白求恩那样工作。

以后，焦裕禄又专门召开了一次常委会，回忆兰考的革命斗争史。在残酷的武装斗争年代，兰考县的干部和人民，同敌人英勇搏斗，前仆后继。有一个区，曾经在一个月内有九个区长为革命牺牲。烈士马福重被敌人破腹后，肠子被拉出来挂在树上……焦裕禄说："兰考这块地方，是同志们用鲜血换来的。先烈们并没有因为兰考人穷灾大，就把它让给敌人，难道我们就不能在这里战胜灾害？"

一连串的政治思想教育和形势教育，使县委领导核心在严重的自然灾害面前站起来了。他们打掉了在自然灾害面前束手无策、无所作为的懦夫思想，从上到下坚定地树立了自力更生消灭"三害"的决心。不久，在焦裕禄倡议和领导下，一个改造兰考大自然的蓝图制定出来了。这个蓝图规定在三五年内，要取得治沙、治水、治碱的基本胜利，改变兰考的面貌。这个蓝图经过县委讨论通过后，报告了中共开封地委，焦裕禄在报告上，又着重加了几句：

"我们对兰考的一草一木都有深厚的感情。面对着当前严重的自然灾害，我们有革命的胆略，坚决领导全县人民，苦战三五年，改变兰考的面貌。不达目的，我们死不瞑目。"

这几句话，深切地反映了当时县委的决心，也是兰考全县党组织在上级党组织面前，一次庄严的宣誓。直到现在，它仍然深深地刻在县委所有同志的心上，成为鞭策他们前进的力量。

"吃别人嚼过的馍没味道"

焦裕禄深深地了解，理想和规划并不等于现实，这涝、沙、碱"三害"，自古以来害了兰考人民多少年呵！今天，要制伏"三害"，要把它们从兰考土地上像送瘟神一样驱走，必须进行大量艰苦细致的工作，付出高昂的代价。

他想，按照毛主席的教导，不管做什么工作，必须首先了解情况，进行调查研究，"没有调查就没有发言权"。要想战胜灾害，单靠一时的热情，单靠主观愿望，事情断然是办不好的。即使硬干，也要犯毛主席早已批评过的，"闭塞眼睛捉麻雀"、"瞎子摸鱼"的错误。要想战胜灾害，必须照毛主席的指示办事，详尽地掌握灾害的底细，了解灾害的来龙去脉，然后作出正确的判断和部署。

他下决心要把兰考县1800平方公里土地上的自然情况摸透，亲自去掂一掂兰考的"三害"究竟有多大分量。

根据这一想法，县委先后抽调了120个干部、老农和技术员，组成一支三结合的"三害"调查队，在全县展开了大规模的追洪水、查风口、控流沙的调查研究工作。焦裕禄和县委其他领导干部，都参加了这场战斗。那时候，焦裕禄正患着慢性的肝病，许多同志担心他在大风大雨中奔波，会加剧病情的发展，劝他不要参加，但他毫不犹豫地拒绝了同志们的劝告，他说："吃别人嚼过的馍没味道。"他不愿意坐在办公室里依靠别人的汇报来进行工作，说完就背着干粮，拿着雨伞，和大家一起出发了。

每当风沙最大的时候，也就是他带头下去查风口、探流沙的时候；

雨最大的时候，也就是他带头下去冒雨涉水，观看洪水流势和变化的时候。他认为这是掌握风沙、水害规律最有利的时机。为了弄清一个大风口，一条主干河道的来龙去脉，他经常不辞劳苦地跟着调查队，追寻风沙和洪水的去向，从黄河故道开始，越过县界、省界，一直追到沙落尘埃，水入河道，方肯罢休。在这场艰苦的斗争中，县委书记焦裕禄简直变成一个满身泥水的农村"脱坯人"了。他和调查队的同志们经常在截腰深的水里吃干粮，有时夜晚蹲在泥水处歇息……

有一次，焦裕禄从固阳公社回县的路上，遇到了白帐子猛雨。大雨下了七天七夜，全县变成了一片汪洋。焦裕禄想："嗬，洪水呀，等还等不到哩，你自己送上门来了。"他回到县里后，连停也没停，就带着办公室的三个同志出发了。眼前只有水，哪里有路？他们靠着各人手里的一根棍，探着，走着。这时，焦裕禄突然感到一阵阵肝痛，不时弯下身子用左手按着肝区。三个青年恳求着说："你回去休息吧。把任务交给我们，我们保证按照你的要求完成任务。"焦裕禄没有同意，继续一路走，一路工作着。

他站在洪水激流中，同志们为他张着伞，他画了一张又一张水的流向图。等他们赶到金营大队，支部书记李广志一看见焦裕禄就吃惊地问："一片汪洋大水，您是咋来的？"焦裕禄抡着手里的棍子说："就坐这条船来的。"李广志让他休息一下，他却拿出自己画的图来，一边指点着，一边滔滔不绝地告诉李广志，根据这里的地形和水的流势，应该从哪里到哪里开一条河，再从哪里到哪里挖一条支沟……这样，就可以把这几个大队的积水，统统排出去了。李广志听了非常感动，他没有想到，焦裕禄同志的领导工作竟这样的深入细致！到吃饭的时候了，他要给焦裕禄派饭，焦裕禄说："雨天，群众缺烧的，不吃啦！"说着，就又向风雨中走去。

送走了风沙滚滚的春天，又送走了暴雨连连的夏季，调查队在风里、雨里、沙窝里、激流里度过了一个月又一个月，方圆跋涉了5000余里，终于使县委抓到了兰考"三害"的第一手资料。全县有大小风口84个，经调查队一个个查清，编了号、绘了图；全县有大小沙丘1600个，也一个个经过丈量，编了号，绘了图；全县的千河万流，淤塞的河渠，阻水的路基、涵闸……也调查得清清楚楚，绘成了详细的排涝泄洪图。

这种大规模的调查研究，使县委基本上掌握了水、沙、碱发生、发展的规律。几个月的辛苦奔波，换来了一整套又具体又详细的资料，把全县抗灾斗争的战斗部署，放在一个更科学更扎实的基础之上。大家都觉得方向明，信心足，无形中增添了不少的力量。

"榜样的力量是无穷的"

夜已经很深了，阵阵的肝痛和县委工作沉重的担子，使焦裕禄久久不能入睡。他的心在想着兰考县的36万人和2574个生产队。抗灾斗争的发展是不平衡的，基层干部和群众的思想觉悟也有高有低，怎样才能充分调动起群众的革命积极性？怎样才能更快地在全县范围内开展起轰轰烈烈的抗灾斗争？……

焦裕禄在苦苦思索着。

他披衣起床，重又翻开《毛泽东选集》。在多年的工作中，焦裕禄已养成了学习毛主席著作的习惯，他从毛主席的著作中汲取了无穷的智慧和力量。县委开会，他常常在会前朗读毛主席著作中的有关章节。无论在办公室，或下乡工作，他总是提着一个布兜儿，装上《毛泽东选集》带在身边。每次遇到工作中的困难，他都认真地向毛主席的著作请教，严格地按照毛主席的指示去办。他曾对县委的同志们介绍自己学习毛主席的方法，叫作"白天到群众中调查访问，回来读毛主席著作，晚上'过电影'，早上记笔记"。他所说的"过电影"，主要是指联系实际来思考问题。他说："无论学习或工作，不会'过电影'那是不行的。"

现在，全县抗灾斗争的情景，正像一幕幕的电影活动在他的脑海里，他带着一连串的问题，去阅读毛主席《关于领导方法的若干问题》那篇文章。目光停在那几行金光闪耀的字上：

"我们共产党人无论进行何项工作，有两个方法是必须采用的，一是一般和个别相结合，二是领导和群众相结合。"

"从群众中集中起来又到群众中坚持下去，以形成正确的领导意见，这是基本的领导方法。"

毛主席的话给了他很大的力量，眼前一下子豁亮起来。他决定发动县委领导同志再到贫下中农中间去，他自己更是经常住在老贫农的草庵子里，蹲在牛棚里，和群众一起吃饭，一起劳动。他带着高昂的革命激情和对群众的无限信任，在广大贫下中农中间询问着、倾听着、观察着。他听到许多贫下中农要求"翻身"、要求革命的呼声，看到许多社队自力更生、奋发图强同"三害"斗争的革命精神。他在群众中学到了不少治沙、治水、治碱的办法，总结了不少可贵的经验。群众的智慧，使他受到极大的鼓舞，也更加坚定了他战胜灾害的信心。

韩村是一个只有27户人家的生产队。1962年秋天遭受了毁灭性的涝灾，每人只分了12两红高粱穗。在这样严重的困难面前，生产队的贫下中农提出，不向国家伸手，不要救济粮、救济款，自己割草卖草养活自己。他们说：摇钱树，人人有，全靠自己一双手。不能支援国家，心里就够难受了，决不能再拉国家的后腿。就在这年冬天，他们割了27万斤草，养活了全体社员，养活了8头牲口，还修理了农具，买了7辆架子车。

秦寨大队的贫下中农社员，在盐碱地上刮掉一层皮，从下面深翻出好土，盖在上面。他们大干深翻地的时候，正是最困难的1963年夏季，他们说："不能干一天就干半天，不能翻一锹就翻半锹，用蚕吃桑叶的办法，一口口啃，也要把这碱地啃翻个个儿。"

赵垛楼的贫下中农在七季基本绝收以后，冒着倾盆大雨，挖河渠，挖排水沟，同暴雨内涝搏斗。1963年秋天，这里一连九天暴雨，他们却夺得了好收成，卖了8万斤余粮。

双杨树的贫下中农在农作物基本绝收的情况下，雷打不散，社员们兑鸡蛋卖猪，买牲口买种子，坚持走集体经济自力更生的道路，社员们说："穷，咱穷到一块儿；富，咱也富到一块儿。"

韩村、秦寨、赵垛楼、双杨树，广大贫下中农自力更生的革命精神，使焦裕禄十分激动。他认为这就是在毛泽东思想哺育下的贫下中农革命精神的好榜样。他在县委会议上，多次讲述了这些先进典型的重大意义，并亲自总结了它们的经验。他说："榜样的力量是无穷的，我们应该把群众中这些可贵的东西，集中起来，再坚持下去，号召全县社队向他们学习。"

1963年9月，县委召开了全县大小队干部的盛大会议，这是扭转兰考局势的大会，是兰考人民自力更生、奋发图强的一次誓师大会。会上，焦裕禄为韩村、秦寨、赵垛楼、双杨树的贫下中农鸣锣开道，请他们到主席台上，拉他们到万人之前，大张旗鼓地表扬他们的革命精神。他把群众中这些革命的东西，集中起来，总结为四句话："韩村的精神，秦寨的决心，赵垛楼的干劲，双杨树的道路。"他说：这就是兰考的新道路！是毛泽东思想指引的道路！他大声疾呼，号召全县人民学习这四个样板，发扬他们的革命精神，在全县范围内锁住风沙，制伏洪水，向"三害"展开英勇的斗争！

这次大会在兰考抗灾斗争的道路上，是一个伟大的转折。它激发了群众的革命豪情，鼓舞了群众的革命斗志，有力地推动了全县抗灾斗争的发展。它使韩村等四个榜样的名字传遍了兰考。它让毛泽东思想的伟大红旗，在兰考 36 万群众的心目中，高高地升起！

从此，兰考人民的生活中多了两个东西，这就是县委和县人委发出的"奋发图强的嘉奖令"和"革命硬骨头队"的命名书。

"当群众最困难的时候，共产党员要出现在群众面前"

就在兰考人民对涝、沙、碱"三害"全面出击的时候，一场比过去更加严重的灾害又向兰考袭来。1963 年秋季，兰考县一连下了 13 天雨，雨量达 250 毫米。大片大片的庄稼汪在洼窝里，渍死了。全县有 11 万亩秋粮绝收，22 万亩受灾。

焦裕禄和县委的同志们全力投入紧急的生产救灾中。

那是个冬天的黄昏。北风越刮越紧，雪越下越大。焦裕禄听见风雪声，倚在门边望着风雪发呆。过了会儿，他又走回来，对办公室的同志们严肃地说："在这大风大雪里，乡亲们住得咋样？牲口咋样？"接着他要求县委办公室立即通知各公社做好几件雪天工作。他说："我说，你们记记：'第一，所有农村干部必须深入到户，访贫问苦，安置无屋居住的人，发现断炊户，立即解决。第二，所有从事农村工作的同志，必须深入牛屋检查，照顾老弱病畜，保证不许冻坏一头牲口。第三，安排好室内副业生产。第四，对于参加运输的人畜，凡是被风雪隔在途中的，在哪个大队的范围，由哪个大队热情招待，保证吃得饱、住得暖。第五，教育全党，在大雪封门的时候，到群众中去，和他们同甘共苦。最后一条，把检查执行的情况迅速报告县委。'"办公室的同志记下他的话，立即用电话向各公社发出了通知。

这天，外面的大风雪下了一夜。焦裕禄的房子里，电灯也亮了一夜。

第二天，窗户纸刚刚透亮，他就挨门把全院的同志们叫起来开会。焦裕禄说："同志们，你们看，这场雪越下越大，这会给群众带来很多困难，在这大雪拥门的时候，我们不能坐在办公室里烤火，应该到群众中间去。共产党员应该在群众最困难的时候，出现在群众的面前，在群众最需要帮助的时候，去关心群众，帮助群众。"

简短的几句话，像刀刻的一样刻在每一个同志的心上，有人眼睛湿润了，有人有多少话想说也说不出来了。他们的心飞向冰天雪地的茅屋去了。大家立即带着救济粮款，分头出发了。

风雪铺天盖地而来。北风响着尖厉的哨音，积雪有半尺厚。焦裕禄迎着大风雪，什么也没有披，火车头帽子的耳巴在风雪中呼扇着。那时，他的肝痛常常发作，有时疼得厉害，他就用一支钢笔硬顶着肝部。现在他全然没想到这些，带着几个年轻小伙子，踏着积雪，一边走，一边高唱《南泥湾》。他问青年人看过《万水千山》这个电影没有？他说："你们看，眼前多么像《万水千山》里的一个镜头呵。"

这一天，焦裕禄没烤群众一把火，没喝群众一口水。风雪中，他在9个村子，访问了几十户生活困难的老贫农。在许楼，他走进一个低矮的柴门。这里住的是一对无依无靠的老人。老大爷有病躺在床上，老大娘是个瞎子。焦裕禄一进屋，就坐在老人的床头问寒问饥。老大爷问他是谁？他说："我是您的儿子。"老人问他大雪天来干啥？他说："毛主席叫我来看望您老人家。"老大娘感动得不知说什么才好，用颤抖的双手上上下下摸着焦裕禄。老大爷眼里噙着泪说："解放前，大雪封门，地主来逼租，撵得我串人家的房檐，住人家的牛屋。"焦裕禄安慰老人说："如今印把子抓在咱手里，兰考受灾受穷的面貌一定能够改过来。"

就是在这次雪天送粮当中，焦裕禄也看到和听到了许多贫下中农极其感人的故事。谁能够想到，在毁灭性的涝灾面前，竟有那么一些生产队，两次三番退回国家送给他们的救济粮、救济款。他们说：把救济粮、救济款送给比我们更困难的兄弟队吧，我们自己能想办法养活自己！

焦裕禄心里多么激动呵！他看到毛泽东思想像甘露一样滋润了兰考人民的心，党号召的自力更生、奋发图强的精神，在困难面前逞英雄的硬骨头精神，已经变成千千万万群众敢于同天抗、同灾斗的物质力量了。

有了这种精神，在兰考人民面前还有什么天大的灾害不能战胜！

"县委书记要善于当'班长'"

焦裕禄常说，县委书记要善于当"班长"，要把县委这个"班"带好，必须使这"一班人"思想齐、动作齐。而要统一思想、统一行动，就必须用毛泽东思想挂帅。

他是这样想的，也是这样做的。

县人委有一位从丰收地区调来的领导干部，提出了一个装潢县委和县人委领导干部办公室的计划。连桌子、椅子、茶具，都要换一套新的。为了好看，还要把城里一个污水坑填平，上面盖一排房子。县委多数同志激烈地反对这个计划。也有人问："钱从哪里来？能不能花？"这位领导干部管财政，他说："花钱我负责。"

但是，焦裕禄提了一个问题：

"坐在破椅子上不能革命吗？"他接着说明了自己的意见：

"灾区面貌没有改变，还大量吃着国家的统销粮，群众生活很困难。富丽堂皇的事，不但不能做，就是连想也很危险。"

后来，焦裕禄找这位领导干部谈了几次话，帮助他改变思想认识。焦裕禄对他说：兰考是灾区，比不得丰收区。即使是丰收区，你提的那种计划，也是不应该做的。焦裕禄劝这位领导干部到贫下中农家里去住一住，到贫下中农中间去看一看。去看看他们想的是什么，做的是什么。焦裕禄作为县委的"班长"，他从来不把自己的意见强加于人。他对同志们要求非常严格，但他要求得入情入理，叫你自己从内心里生出改正错误的力量。不久以后，这位领导干部改变了认识，自己收回了那个"建设计划"。

有一位公社副书记在工作中犯了错误。当时，县委开会，多数委员主张处分这位同志。但焦裕禄经过再三考虑，提出暂时不要给他处分。焦裕禄说，这位同志是我们的阶级弟兄，他犯了错误，给他处分固然是必要的；但是，处分是为了达到治病救人的目的。当前改变兰考面貌，是一个艰巨的斗争，不如派他到最艰苦的地方去，考验他，锻炼他，给他以改正错误的机会，让他为党的事业出力，这样不是更好吗？

县委同意了焦裕禄的建议，决定派这个同志到灾害严重的赵垛楼去蹲点。这位同志临走时，焦裕禄把他请来，严肃地提出批评，亲切地提出希望，最后焦裕禄说："你想想，当一个不坚强的战士，当一个忘了群众利益的共产党员，多危险，多可耻呵！先烈们为解放兰考这块地方，能付出鲜血、生命；难道我们就不能建设好这个地方？难道我们能在自然灾害面前当怕死鬼？当逃兵？"

焦裕禄的话，一字字、一句句都紧紧扣住这位同志的心。这话的分量比一个最重的处分决定还要沉重，但这话也使这位同志充满了战斗的激情。阶级的情谊，革命的情谊，党的温暖，在这位犯错误的同志的心中激荡着，他满眼流着泪，说："焦裕禄同志，你放心……"

这位同志到赵垛楼以后，立刻同群众一道投入了治沙治水的斗争。他发现群众的生活困难，提出要卖掉自己的自行车，帮助群众，县委制止了他，并且指出，当前最迫切的问题，是从思想上武装赵垛楼的社员群众，领导他们起来，自力更生进行顽强的抗灾斗争，一辆自行车是不能解决什么问题的。以后，焦裕禄也到赵垛楼去了。他关怀赵垛楼的2000多个社员群众，也关怀这位犯错误的同志。

就在这年冬天，赵垛楼为害农田多年的24个沙丘，被社员群众用沙底下的黄胶泥封盖住了。社员们还挖通了河渠，治住了内涝。这个一连七季吃统销粮的大队，一季翻身，卖余粮了。

也就在赵垛楼大队"翻身"的这年冬天，那位犯错误的同志，思想上也翻了个个儿。他在抗灾斗争中，身先士卒，表现得很英勇。他没有辜负党和焦裕禄对他的期望。

焦裕禄，出生在山东淄博一个贫农家里，他的父亲在解放前就被国民党反动派逼迫上吊自杀了。他从小逃过荒，给地主放过牛，扛过活，还被日本鬼子抓到东北挖过煤。他带着仇恨参加了革命队伍，在部队、农村和工厂里做过基层工作。自从参加革命一直到当县委书记以后，他始终保持着劳动人民的本色。他常常开襟解怀，卷着裤管，朴朴实实地在群众中间工作、劳动。群众身上有多少泥，他身上有多少泥。他穿的袜子，补了又补，他爱人要给他买双新的，他说："跟贫下中农比一比，咱穿得就不错了。"夏天他连凉席也不买，只花四毛钱买一条蒲席铺。

有一次，他发现孩子很晚才回家。一问，原来是看戏去了。他问孩子："哪里来的票？"孩子说："收票叔叔向我要票，我说没有。叔叔问我是谁？我说焦书记是我爸爸。叔叔没有收票就叫我进去了。"焦裕禄听了非常生气，当即把一家人叫来"训"了一顿，命令孩子立即把票钱如数送给戏院。接着，他又建议县委起草了一个通知，不准任何干部特殊化，不准任何干部和他们的子弟"看白戏"……

"焦裕禄是我们县委的好'班长'，好榜样。"

"在焦裕禄领导下工作，方向明，信心大，敢于大作大为，心情舒畅，就是累死也心甘。"

焦裕禄的战友这样说，反对过他的人这样说，犯过错误的人也这样说。

他心里装着全体人民，唯独没有他自己

县委一位副书记在乡下患感冒，焦裕禄几次打电话，要他回来休息；组织部一位同志有慢性病，焦裕禄不给他分配工作，要他安心疗养；财委一位同志患病，焦裕禄多次催他到医院检查……焦裕禄的心里，装着全体党员和全体人民，唯独没有他自己。

1964年春天，正当党领导着兰考人民同涝、沙、碱斗争胜利前进的时候，焦裕禄的肝病也越来越重了。很多人都发现，无论开会、作报

告，他经常把右脚踩在椅子上，用右膝顶住肝部。他棉袄上的第二个和第三个扣子是不扣的，左手经常揣在怀里。人们留心观察，原来他越来越多地用左手按着时时作痛的肝部，或者用一根硬东西顶在右边的椅靠上。日子久了，他办公坐的藤椅上，右边被顶出了一个大窟窿。他对自己的病，是从来不在意的。同志们问起来，他才说他对肝痛采取了一种压迫止痛法。县委的同志们劝他疗养，他笑着说："病是个欺软怕硬的东西，你压住它，它就不欺侮你了。"焦裕禄暗中忍受了多大痛苦，连他的亲人也不清楚。他真是全心全意投入到改变兰考面貌的斗争中去了。

焦裕禄到地委开会，地委负责同志劝他住院治疗，他说："春天要安排一年的工作，离不开！"没有住。地委给他请来一位有名的中医诊断病情，开了药方，因为药费很贵，他不肯买。他说："灾区群众生活很困难，花这么多钱买药，我能吃得下吗？"县委的同志背着他去买来三剂，强制他服下，但他执意不再服第四剂。

那天，县委办公室的干部张思义和他一同骑自行车到三义寨公社去。走到半路，焦裕禄的肝痛发作，疼得蹬不动车，两个人只好推着自行车慢慢走。刚到公社，大家看他气色不好，就猜出是他又发病了。公社的同志说："休息一下吧。"他说："谈你们的情况吧，我不是来休息的。"

公社的同志一边汇报情况，一边看着焦裕禄强按着肝部在作笔记。他的肝痛得使手指发抖，钢笔几次从手指间掉了下来。汇报的同志看到这情形，忍住泪，连话都说不出来了，而他，故意作出神情自若的样子，说："说，往下说吧。"

1964 年的 3 月，兰考人民的除"三害"斗争达到了高潮，焦裕禄的肝病也到了严重关头。躺在病床上，他的心潮汹涌澎湃，奔向那正在被改造着的大地。他满腔激情地坐到桌前，想动手写一篇文章，题目是《兰考人民多奇志，敢教日月换新天》。他铺开稿纸，拟好了四个小题目：一、设想不等于现实。二、一个落后地区的改变，首先是领导思想的改变。领导思想不改变，外地的经验学不进，本地的经验总结不起来。三、榜样的力量是无穷的。四、精神原子弹——精神变物质。

充满了革命乐观主义的焦裕禄，从兰考人民在抗灾斗争中表现出来的英雄气概，从兰考人民一步一个脚印的实干精神中，已经预见到新兰考美好的未来。但是，文章只开了个头，病魔就逼他放下了手中的笔，县委决定送他到医院治病去了。

临行那一天，由于肝痛得厉害，他是弯着腰走向车站的。他是多么舍不得离开兰考呵！一年多来，全县149个大队，他已经跑遍了120多个。他把整个身心，都交给了兰考的群众、兰考的发展。正像一位指挥员在战斗最紧张的时刻，离开炮火纷飞的前沿阵地一样，他从心底感到痛苦、内疚和不安。他不时深情地回顾着兰考大地的一切，他多么希望能很快地治好肝病，带着旺盛的精力回来和群众一块战斗呵！他几次向送行的同志们说，不久他就会回来的。在火车开动前的几分钟，他还郑重地布置了最后一项工作，要县委的同志好好准备材料，等他回来时，向他详细汇报抗灾斗争的战果。

"活着我没有治好沙丘，死了也要看着你们把沙丘治好！"

开封医院把焦裕禄转到郑州医院，郑州医院又把他转到北京的医院。在这位钢铁般的无产阶级战士面前，医生们对他和肝痛斗争的顽强性格感到惊异。他们带着崇敬的心情站在病床前诊察，最后很多人含着眼泪离开。

那是个多么阴冷的日子呵！医生们开出了最后的诊断书，上面写道："肝癌后期，皮下扩散。"这是不治之症。送他去治病的赵文选同志，绝不相信这个诊断，人像傻了似的，一连声问道："什么，什么？"医生说："你赶紧送他回去，焦裕禄同志最多还有 20 天时间。"

赵文选呆了一下，突然放声痛哭起来。他央告着说："医生，我求求你，我恳求你，请你把他治好，俺兰考是个灾区，俺全县人离不开他，离不开他呀！"

在场的人都含着泪。医生说："焦裕禄同志的工作情况，在他进院时，党组织已经告诉我们。癌症现在还是一个难题，不过，请你转告兰考县的群众，我们医务工作者，一定用焦裕禄同志同困难和灾害斗争的那种革命精神，来尽快攻占这个高峰。"

焦裕禄又被转到郑州河南医学院附属医院。

焦裕禄病危的消息传到兰考后，县上不少同志曾去郑州看望他。县上有人来看他，他总是不谈自己的病，先问县里的工作情况，他问张庄的沙丘封住了没有？问赵垛楼的庄稼淹了没有？问秦寨盐碱地上的麦子长得怎样？问老韩陵地里的泡桐树栽了多少？……有一次，他特地嘱咐一个县委办公室的干部说："你回去对县委的同志说，叫他们把我没写完的文章写完；还有，把秦寨盐碱地上的麦穗拿一把来，让我看看！"

5 月初，焦裕禄的病情进一步恶化了。在这种情况下，他的亲密的战友、县委副书记张钦礼匆匆赶到郑州探望他。当焦裕禄用他那干瘦的手握着张钦礼，两只失神的眼睛充满深情地望着他时，张钦礼的泪珠禁不住一颗颗滚了下来。

焦裕禄问道："听说豫东下了大雨，雨多大？淹了没有？"

"没有。"

"这样大的雨，咋会不淹？你不要不告诉我。"

"是没有淹！排涝工程起作用了。"张钦礼一面回答，一面强忍着悲痛给他讲了一些兰考人民抗灾斗争胜利的情况，安慰他安心养病，说兰考面貌的改变也许会比原来的估计更快一些。

这时候，张钦礼看到焦裕禄在全力克制自己剧烈的肝痛，一粒粒黄豆大的冷汗珠时时从他额头上浸出来。他勉强擦了擦汗，半晌，问张钦礼："我的病咋样？为什么医生不肯告诉我呢？"

张钦礼迟迟没有回答。

焦裕禄一连追问了几次，张钦礼最后不得不告诉他说："这是组织上的决定。"

听了这句话，焦裕禄点了点头，镇定地说道："呵，我明白了……"

隔了一会儿，焦裕禄从怀里掏出一张自己的照片，颤颤地交给张钦礼，然后说道："钦礼同志，现在有句话我不能不向你说了。回去对同志们说，我不行了，你们要领导兰考人民坚决地斗争下去。党相信我们，派我们去领导，我们是有信心的。我们是灾区，我死了，不要多花钱。我死后只有一个要求，要求组织上把我运回兰考，埋在沙堆上。活着我没有治好沙丘，死了也要看着你们把沙丘治好！"

张钦礼再也无法忍住自己的悲痛，他望着焦裕禄，鼻子一酸，几乎哭出声来。他带着泪告别了自己最亲密的战友……

谁也没有料到，这就是焦裕禄同兰考县人民，同兰考县党组织的最后一别。

1964年5月14日，焦裕禄同志不幸逝世了，那一年，他才42岁。

在他生命的最后时刻，中共河南省委和开封地委有两位负责同志守在他的床前。他对这两位上级党组织的代表断断续续地说出了最后一句话："我……没有……完成……党交给我的……任务。"

他死后，人们在他病榻的枕下，发现两本书：一本是《毛泽东选集》，一本是《论共产党员的修养》。

他没有死，他还活着

事隔一年以后，1965年春天，兰考县几十个群众代表和干部，专程来到焦裕禄的坟前，乡亲们一看见焦裕禄的坟墓，就仿佛看见了他们的县委书记，看见了他们永远也不会忘记的那个人。

一年前，他还在兰考，同群众一起，日夜奔波在抗灾斗争的前线。人们怎么会忘记，在那大雪封门的日子，他带着党的温暖走进了群众的柴门；在那洪水暴发的日子，他拄着棍子带病到各个村庄察看水情。是他高举着毛泽东思想的红灯，照亮了兰考人民自力更生的道路；是他带领兰考人民扭转了兰考的局势，激发了人们的革命精神；是他喊出了"锁住风沙，制伏洪水"的号召；是他发现了兰考人民革命的"硬骨头"精神，使之在全县发扬光大……这一切，多么熟悉，多么亲切呵！谁能够想到，像他这样一个充满着革命活力的人，竟会在兰考人民最需要他的时候，离开了兰考的大地。

人们一个个含着泪站在他的坟前，一位老贫农泣不成声地说出了36万兰考人民的心声："我们的好书记，你是活活地为俺兰考人民，硬把你给累死的呀。困难的时候你为俺们操心，跟着俺们受苦，现在，俺们好过了，全兰考翻身了，你却一个人在这里……"

这是兰考人民对自己的亲人、自己的战友的痛悼，也是兰考人民对一个为他们的利益献出生命的共产党员的最高嘉奖。

焦裕禄去世后的这一年，兰考县的全体党员、全体人民，用眼泪和汗水灌溉了兰考大地。三年前焦裕禄倡导制定的改造兰考大自然的蓝图，经过三年艰苦努力，已经变成了现实。兰考，这个豫东历史上缺粮的县份，1965年粮食已经初步自给了。全县2574个生产队，除300多个队是棉花、油料产区外，其余的都陆续自给，许多队还有了自己的储备粮。1965年，兰考县连续旱了68天，从1964年冬天到1965年春天，刮了72次大风，却没有发生风沙打死庄稼的灾害，19万亩沙区的千百条林带开始把风沙锁住了。这一年秋天，连续下了384毫米暴雨，全县也没有一个大队受灾。

焦裕禄生前没有写完的那篇文章，由36万兰考人民在兰考大地上集体完成了。这是一篇气壮山河、人颜欢笑的文章，是一篇闪烁着毛泽东思想光辉的文章。在这篇文章里，兰考人民笑那起伏的沙丘"贴上膏药，扎上针"①，笑那滔滔洪水乖乖地归了河道，笑那人老几辈连茅草都不长的老碱窝开始出现了碧绿的庄稼，笑那多少世纪以来一直压在人们头上的大自然的暴君，在伟大的毛泽东时代，不能再任意摆布人们的命运了。

焦裕禄虽然去世了，但他在兰考土地上播下的自力更生的革命种子，正在发芽成长，他带给兰考人民的毛泽东思想的红灯，愈来愈发出耀眼的光芒。他一心为革命，一心为群众的高贵品德，已成为全县干部和群众学习的榜样。这一切宝贵的精神财富，今天已化为强大的物质

---

① 这是焦裕禄生前总结兰考人民治沙经验时说过的两句话。"贴上膏药"是指用翻淤压沙的办法把沙丘封住；"扎上针"是指在沙丘上种上树，把沙丘固定住。

力量，推动着兰考人民在自力更生、奋发图强的大道上继续奋勇前进。兰考灾区面貌的改变，还只是兰考人民征服大自然的开始，在这场伟大的向大自然进军的斗争中，他们不仅要彻底摘掉灾区的帽子，而且决心不断革命，把大部分农田逐步改造成为旱涝保收的稳定高产田，逐步实现"上纲要"（达到农业发展纲要规定的产量要求），"过长江"，建设社会主义新兰考。

焦裕禄同志，你没有辜负党的希望，你出色地完成了党交给你的任务，兰考人民永远忘不了你。你不愧为毛泽东思想哺育成长起来的好党员，不愧为党的好干部，不愧为人民的好儿子！你是千千万万在严重自然灾害面前，巍然屹立的共产党员和人民群众英雄形象的代表。你没有死，你将永远活在千万人的心里！

（据新华社北京 1966 年 2 月 7 日电，出版时个别字句略有改动。）

目 录
contents

第一讲　我的父亲焦裕禄

□ 焦守云

焦守云，中国共产党党员，焦裕禄女儿，现任焦裕禄精神研究会名誉主席、焦裕禄干部学院名誉院长、焦裕禄展览馆名誉馆长等社会职务。

1966年9月15日，年仅13岁的焦守云登上天安门城楼，受到了毛泽东主席、周恩来总理等党和国家领导人的亲切接见。1973年，刚满20岁的焦守云光荣地出席了党的十大，成为全国年龄最小的党代表记录史册。1992年和1994年，焦守云又分别受到了江泽民和胡锦涛的亲切接见。2009年、2014年两次受到习近平同志亲切接见，并汇报宣传焦裕禄精神成果。

焦守云常年致力于宣传弘扬焦裕禄精神，退休后依然活跃在弘扬焦裕禄精神的第一线。退休至今，焦守云在全国范围内做专题报告《我的父亲焦裕禄》几百场，参与教育培训"县委书记轮训"学员两千余名，参与中组部、中央党校"厅局级培训班"、"省部级干部高级研修班"等各类教学活动百余场。著有回忆录《我的父亲焦裕禄》，担任电影《我的父亲焦裕禄》总监制、电视剧《焦裕禄》总策划、纪录片《永远的焦裕禄》总策划等。

2014 年习近平总书记来兰考，要我们到全国各地去讲一讲老父亲的事迹。他交给我们这个任务以后，我真的是在全国各地马不停蹄地跑，估计已经讲了有两百来场。现在有了电视电话会议这种形式，大概有几十万人都听过我讲我父亲。并不是说我讲得有多么好，而是我从一个女儿的角度来讲我父亲，大家也是怀着对我父亲的一种感情来听的，所以大家只要愿意听，我就会继续讲下去。我的父亲是"县委书记的榜样"，这个名字大家很早就知道，他是 1964 年去世的，但是他的事迹是 1966 年 2 月 7 日的《人民日报》刊登的，通过穆青、冯健、周原他们三个人的长篇通讯《县委书记的榜样——焦裕禄》，大家才真正知道他，了解他。为了让大家更好地了解我的父亲，在这里我首先简单地向大家讲一下我父亲的生平简历。我的父亲 1922 年 8 月 16 日出生在山东省淄博市博山区的一个叫北崮山的小山村里，这里是孔孟之乡，也是我们中国孝文化的发源地，为什么我要交代这些呢？我觉得我父亲他从小的成长环境对他的一生都产生了很重要的影响。你比如说我们中国的孝文化，为什么他以后心甘情愿给人民群众当儿子、当人民的儿子，还要当一个孝顺儿子，这方面他受他家乡当地孝文化的影响是很大的。

他小时候家里并不穷，因为他的爷爷是个商人，可是到了他父亲这一辈，因为日本鬼子侵略山东，所以祖上苦心经营的产业全都被破坏了，也就是说这个时候他家里破产了，他的父亲也就是我的爷爷，因为交不起租子，因为生活压力太大等原因，不到 40 岁的时候就上吊自杀了。从此以后这个家就彻底不行了，我的奶奶这一辈子因为爷爷去世得早，所以她就养育了我的大伯和我的父亲这两个孩子，我大伯上学的时候家庭条件尚可，所以他读了十年私塾，在农村他算是个文化人。

我父亲去世的时候，大伯非常悲痛，他在他送的花圈上写了四个字，大家都在看、在议论，这是什么意思呢？他写的这四个字是"鸟恋失翼"，飞鸟的"鸟"，恋恋不舍的"恋"，失去的"失"，"翼"——翅膀。他的意思就是说这一辈子他们弟兄两个，现在我父亲走了，他就像一只鸟的两个翅膀，有一个折了，他从此以后再也飞不起来了。正是因为他是一个文化人，他才能想出这样的词句来表达他彼时彼刻的心情。到了我父亲上学的时候，家境就不好了，他勉勉强强读到小学毕业，所以我父亲的基础文化水平是小学毕业，在农村的话也还不错，他家乡是孔孟之乡，念过一点书，日子会好一点。但是，在那之后他的人生就起了波折。逃荒要饭、做长工、做短工，甚至他还被抓到辽宁抚顺大山坑煤矿，做了挖煤工，吃尽了苦，受尽了罪，小小的年纪就已经承担起养家糊口的重任了。

我的父亲是 1945 年参加革命，1946 年加入我们的党，1947 年随军南下。很多人都想着他是个山东人，怎么跑到河南了？实际上，他是个南下干部，他南下到了河南，就停在了我们河南的尉氏县，在这里参加土改运动，参加剿匪反霸的斗争，而且又从这里回到山东参加了著名的淮海战役。我的父亲他打过仗，参加过很多战斗，在参加战斗的时候，他也是一个非常著名的领导者，当然是小的领导者，他属于那种有勇有谋的，也曾经有反动势力悬赏要买他的人头，所以他虽然没当过兵，但是他打过仗。就是在尉氏县的时候，他认识了我的母亲徐俊雅，他们两个结成了伴侣，相亲相爱地度过了十五六年的时间，他们共同养育了六个孩子。

三男三女，老六在 2013 年的时候因病去世了，所以现在剩下我们五个，老五是个男孩——焦跃进，可能我们有些人有印象，有一年他到北京卖大蒜卖得风生水起，这个事儿很多人也都知道。他前面的四个兄弟姐妹全部都已经超过 60 岁，也都已经退休了，我排行老三，女孩里排行老二，所以大家习惯性喊我二姐。我对我的父亲印象还是很深的，父亲去世的那一年，我 12 岁，对父亲的音容笑貌，对家里发生的一些事情，我的印象还是挺深的。

1953 年的时候，我们国家发出了"农业支援工业"的口号，我父亲就响应组织安排，被调到了原洛阳矿山机器厂（简称洛矿），现在叫中信重工。这个厂现在也是我们的 500 强上市企业，现在同样也是搞得非常好，我父亲是在搞基础建设的时候就到了这个厂，所以也属于元老级的了。第一任厂长是我们大家都知道的纪登奎先生，中组部原部长吕枫同志也是从这个厂走出去的，习近平总书记的父亲习仲勋同志也曾经在这个厂工作过，这是我们共和国的重工业的长子企业，也是一个非常辉煌的企业，到现在也是如此。

在这个厂（即洛矿），我父亲经过刻苦的学习，完成了从小学生到哈尔滨工业大学的大学生这么一个深造的过程。工厂为什么把一个人作为领导干部去培养，这个人必须泥腿子搞工业，对吧？你必须要经过学习，必须要经过深造。我父亲在哈尔滨工业大学学习完了以后，又到大连起重机厂去实习车间做主任，因为他是作为车间主任被送到哈尔滨工业大学去定向培养的。在大连起重机厂实习车间的时候，他已经初露才华。在他离开大连起重机厂的时候，他们就表示要用两个工程师与洛阳矿山机器厂交换焦裕禄。是洛矿培养了他，再一个洛矿是不会放他留在那里的，所以他就又回到了洛阳矿山机器厂，在洛矿担任一金工车间的车间主任。

在他担任一金工车间主任的时候，他带领他的科技攻关力量、带领他的工人师傅们生产制造出了我国第一台直径 2.5 米的大型矿山机械卷扬机，这是我父亲在工业战线上做出的最大的贡献，因为他工作表现突出，所以他是厂里最年轻的厂党委委员，那个时候也就是三十出头，而且他的级别从当时的 15 级调到了 14 级。

我一说大家脑子里就有一个概念了，那时候的 13 级的领导就属于高干了，所以我父亲在那时候真的是属于比较年轻、比较优秀的，他在这个厂当过车间主任，后来又做了调度科长，调度科长就相当于现在管生产的副厂长，他在这个厂一共工作了 9 年时间，占他整个工作经历 18 年的一半时间，也就是说，他有一半时间都在搞工业，其他的时间就是这儿一年、那儿两年，零零碎碎的，有 9 年的时间。

习近平总书记对我父亲的这段工作经历是非常清楚的，他在 2009 年到洛矿视察，曾经说了这么一段话，他说一个人的精神不是一朝一夕形成的，焦裕禄在洛矿工作的 9 年，是焦裕禄精神形成的重要时期，焦裕禄精神孕育形成在洛矿，弘扬光大在兰考。

我想着大家通过昨天一天的学习参观，可能对我父亲在兰考的这一段经历已经比较清楚了，长篇通讯啊，包括以后所发表的各种各样的文章也好，影视剧也好，都是着重表现了他在兰考的这一段时间，我就不多讲了，简单地讲几句，在座的都是县委书记，我就讲一讲我父亲他在兰考的一些工作方法，有些经验虽然过了几十年，但可能还是可以被大家借鉴。我父亲是在什么情况下到的兰考，大家都知道，我就不多说了，总而言之，最穷最苦最难的时候他到了兰考。难到什么地步呢？兰考当时亩产只有 43 斤。

我们都清楚亩产 43 斤是一个什么概念，兰考当时很出名，穷得出名，要饭的多得出名。兰考当时有 36 万人，有将近 20 万人都在逃荒，昨天我们听雷大爷也讲了，他当年就是在要饭，后来在火车站碰见我父亲，他才又回来的，可能大家听他讲时，也都非常地有感触。当时，上级领导和两个干部进行了谈话，他们都表示种种原因说来不了，一个说工作能力不强，一个说自己身体不好，其实这些都不是真正的原因。为什么？当时流传一句话叫"灾区栽干部"，所以谁也不愿意来这个地方，这就是一个穷了几百年、上千年的地方，大家都到黄河看了，自从有了黄河，兰考就有了"三害"。

所以这个地方它就是留不住干部，有的人有一点办法都想调出去，外边的干部又很难调进来。在谈了两个干部他们都表示来不了的情况下，当时的地委书记张申他突然想起了我的父亲，他们是一块儿南下的干部，他根据对我父亲的了解，觉得如果去跟焦裕禄说，他肯定会去。果不其然，当他把我父亲叫到他的办公室，把这个情况跟他一说，我父亲当时就说了，兰考的情况我是知道的，感谢组织对我的信任，越是艰苦的地方越是能锻炼人，请组织放心，不改变兰考面貌，我决不离开那里。他为什么说这句话？我刚才说了，兰考是很难留住干部的，我父亲属于临危受命，就是在这种情况下，他到了兰考。

他到兰考有三个对他非常不利的条件：第一个条件，是他到兰考的时候，他不是来当县委书记的，这个可能有些同志知道，有些同志不知道，跟他谈的，就是说县委副书记干得好了，那就是县委书记，因为他一直在工业战线，如果你干不好那就再说。所以他 1962 年的 12 月份来到了兰考，1963 年的 11 月份他才转为县委书记，就是说组织肯定了，他干得不错，给他转为县委书记，具体地说他当县委书记仅仅半年的时间就去世了，这是第一个（不利）。第二个是父亲从工厂到地方，他的工资降了40多块（钱），放到现在就是一顿饭钱。但是在那个时候就是一家人一个月的生活费，有的家庭连这40块钱他还没有呢。父亲也是二话没说，服从组织上的调动，没有任何附加条件。第三个也是对他最不利的，就是他来兰考的时候他身体状况不是很好。他在1960年的时候，因为三年困难时期，那时候吃不好吃不饱的，所以他得了一个叫营养不良型肝炎的肝病，后来又没有得到很好的休息和治疗，就演变成慢性肝炎。再后来他到了兰考，也是因为太辛苦，兰考的条件太艰苦，病情迅速在慢性肝炎的基础上转为肝癌，诊断清楚20天他就去世了。

当年找我父亲谈话的这位张申老人家，我在前年的时候见到过他一次，如果他现在还健在的话，他今年应该是99岁。他见我的时候九十六七岁了，但他那个思路非常清楚，看见我以后他特别地高兴，他用两只手捧着我的脸，喊我宝宝。那时候我也60岁出头了，但不管我多大，在一个90多岁的老人家跟前，我就是个宝宝。他说宝宝，我这一辈子做了一件好事，也做了一件坏事。这是老人家反复说的一段话。他说我做了一件好事，我把你父亲调到了兰考，我为党培养了一个好干部；我做了一件坏事，我真的不知道你父亲当时有病。他说如果我知道他那时候有病，我肯定不会叫他兰考，如果我不让他到兰考，他也许会多活几年，也可能会像我一样活到现在。老人家说这段话的时候老泪纵横，在场的人无不为之动容。我当时听老人家这么一说，我也是泪流满面，这是老人家感觉有遗憾。

父亲到兰考以后，他的主要工作方法：第一条是调查研究。第一次县委会议上，别人说："焦书记你说两句。"我父亲就说了，没有调查就没有发言权，他说，我还没有经过调查，所以我就不说了，后边他又说了非常经典的那句话，大家都知道叫"吃别人嚼过的馍没味道"。他组织"三害"调查队，开始搞调查研究。那个时候不像现在有气象卫星，现在我们的卫星都可以拍照，如果当时也能拍照，我们就知道兰考的"三害"在最肆虐的时候是个什么样子。那时候你必须在大风大雨大雪天亲临现场去调查，你不到现场你就看不清楚，你看不明白，你就不能制定出最佳的除"三害"的方法，这是第一条。我父亲一直在和大家说，兰考人与"三害"斗争了这么多年，他们一定有一些办法。他说，我们目前的情况，一定要用最经济的办法，因为我们没有钱，要用最快捷的办法，我们要首先解决兰考人吃饭的问题，走这样的路子，才能解决兰考当下的问题。他说，如果你们觉得脑子里没有智慧了，你们就到群众中去，你们要相信群众，要依靠群众，一定要相信群众的智慧是无穷的，向群众学习。他说，我告诉你们一个办法，他和下乡的干部们做要求，你们如果觉得工作不好开展，我教给你们三个办法——"三勤"，眼勤、腿勤、手勤。

眼勤是你要看，不能走马观花地看，要好好地看，你才能看明白；腿勤，就是说该跑到的地方都得跑到，你不能说我这儿去那儿不去，只要是你该去的地方你就要去，不要偷懒；手勤，他说，好脑子不如个烂笔头，你把白天看到的事情在晚上再好好考虑考虑，你都记到你的笔记本上，一个是可以指导以后的工作，再一个你没事翻出来看看，还可以加深印象！这些都是他教给大家的办法，他说如果你能发现群众的智慧，总结群众的智慧，合理运用群众的智慧，那就是你自己的智慧。

在治"三害"过程中，我父亲他所用的那些办法基本上都是从群众中得来的。比如说封沙丘，有些人说，我们可以用沥青把沙丘包上。总书记在《念奴娇·追思焦裕禄》这首词里也说道，"生也沙丘，死也沙丘"，表现的就是父亲活着的时候有一大段时间都是在和沙丘斗争。那沙丘，刮风它就跟着跑，这风在哪里停着，新的沙丘它又形成了。所以你不把沙丘封住，它就是个活动的东西，它所路过的地方什么都能给打死。有些人说我们弄沥青把它包上，大家笑了，兰考那么穷，饭都吃不上，那么多沙丘，上哪儿弄那么多沥青把它们包上，再说我们是想封上沙丘、种上树，让树挡风的、挡沙的，结果你把沥青封到上面，好，它连草都不长了，大伙儿说这个办法不行。

　　大家昨天去看了农民封坟的，我父亲就是从那里得到的启发，农民们通常用淤泥（胶泥）封上坟，在上面栽上草，这样风就刮不动了。他说我们也用胶泥把沙丘包上，再种上树，这就叫"贴上膏药、扎上针"。后来兰考的沙丘就是用这个办法慢慢地给解决了，当然，这是几十年的时间，几代人的努力，最重要的原因是黄河给治好了，它不闹事了，所以这个沙丘治一点就少一点。像翻淤压碱，我父亲也是通过观察，他说其他的（田）地的庄稼长得都不好，为什么这一片地的庄稼长得好，他就问了那位农民，对方说他是把1米以下的淤泥翻上来了，盖到原来的盐碱地上，他说庄稼是被种在含盐含碱很少的淤泥里，都很肥，所以就长得好。我父亲就想了，这小片（田）地可以这样搞，那我们大片（田）地难道不可以这样搞吗？当然这是一场很艰巨的劳动。

　　他当时还搞了一些"政策"，他说只要大家留在兰考除"三害"，我保证你们一天有四两粮食。当然，四两粮食是不够吃的，所以又要冒着风险到外地去采购代用粮。我们都知道那时候粮食是统购统销的，我父亲就说，出了问题都由我焦裕禄担着，上级要处分就处分我，要摘官帽子就摘我的帽子，我不能叫大家饿着肚子和我一起除"三害"。后来有人告状，可是他没违反政策，在当时用这样的办法也是一种鼓励措施。他们在短期内赶在种麦子前把地翻完了，就是我们所说的那个秦寨大队把这个地翻完了，他们收的麦子是 1958 年以来最好的收成。你看，这不又找到了一条路子？

兰考还有一害就是内涝。大家知道这个内涝，我们的城市下了大雨排不出去，这叫作内涝。大家都知道兰考的沙土地，一下大雨、黄河一发水，就会把那个地冲得千疮百孔的，沟不是沟、河不是河、坑不是坑的。一下雨，水就存住了，那不就没法长庄稼了嘛，所以一定要想办法把水给排出去。我父亲在下雨最大的时候，撑着伞画了很多洪水流向图，我们在纪念馆也看见了这些图。画图是他的强项，他在哈工大学习时那些工业图纸那么复杂，对他来说都不成问题。当时他得站到洪水里头去画，因为你只有在下雨的时候才能发现哪儿高、哪儿低，水从哪里来，又往哪里流，怎么流的……当然，他的很多图纸都没有得到实施应用，他就去世了。他去世以后，兰考人打出大大的条幅，就是"挥泪继承壮士志，誓将遗愿化宏图"。意思就是说，焦书记，你安息吧，我们会把你画的这些"图"都实现的。

我父亲还是一个特别擅长做政治思想工作的人。他在工厂的时候，大家都喊他政治科长，他把他的特长也运用到工作中。比如说在治水的时候，兰考和山东的曹县地理位置上紧挨着，每年都会发生一些水利纠纷，有时候还会打架，一打打了几十年。我父亲就给大家说了，就算我们的水路疏通了，我们的心路还堵着，那也不能算我们治水成功。他有一个特点，他善于把复杂的问题变简单，把简单的问题又能变成几句话、几个字，非常好记。

他和大家说，雨停之前，我们要完成工作，因为这雨一停我们又看不出来那水怎么流的了，又得等到明年了。他说，我给大家一个"16 字工作方针"，你们按照这个去办，这 16 个字是怎么说的呢？

他说"圈要跑圆"，是说调查研究该跑的地方你们都得跑到；"理要讲全"，要给大家讲理，也相信大部分人他都是讲理的；他说要"心平气和"，他说不能吵也不能打，那样是不解决问题的；第四句话就叫"抓紧时间"，这场雨一停又得等到明年了，我们的工作只能往前赶，不能往后拖。

后来这两个县的领导和水利部的领导耐心沟通，这样几十年的水利纠纷在几天之内就被解决了。

父亲他是一个对自己要求很严的人，如果他自己做不到，他不会要求你做到。为什么？他认为他的行为就是最好的榜样。

我父亲那时候要求干部下乡，如果需要在群众家里吃饭，那你必须到村里最穷的一家去吃饭。为什么？因为你不到最穷的一家里去吃饭，你就不知道这个地方的最低生活标准是什么样的。而且他还提出了一不准他们"买"，二不准他们"借"，老百姓吃什么我们就吃什么。但不管你吃的什么，你走的时候都要把粮票、钱给交清楚了。兰考的百姓穷，一分一厘的便宜都不能占。

父亲他曾经吃过百家饭，所谓的百家饭就是农忙的时候在家里种地，农闲的时候还得出去要饭，东家一口西家一口，为什么？因为你不能保证你种下去的庄稼，它一定会有收成。一场自然灾害，一场大风，一场大雨，庄稼可能就完了，到时候你还得出去要饭。如果要来的饭吃不完的话，你比如说，我当天要了一些窝窝头、一些红薯什么的，要是吃不完的话，有太阳了就摊到太阳底下晒，晒干了以后，弄个篮子装上，吊到房梁上，害怕老鼠、猫跟人抢粮食吃。这个要来的饭也不是说天天都可以吃到的，平时如果不劳动，或者家里要是不来亲戚朋友做客的话，要来的饭也是不吃的。为什么？它再不好，也是粮食，要等着家里有事的时候、有重体力劳动的时候，或者有亲戚朋友客人的时候才能吃。

我父亲到了这家农民家里，他家里没有别的东西，只有要来的饭，宝贝一样地挂到房梁上。他把这个篮子拿下来，把里头那些窝窝头一些什么的大块掰成小块，搁到锅里，放上水，加上盐，或者再放点野菜，放点什么榆树叶子啊，等等，煮好了以后，就端给我父亲他们吃。我父亲他们就一人端一碗蹲在地上，吃老百姓要来的饭。这家的农民兄弟他也蹲在地上，他抱着头，在那里小声地哭起来，小声地在那里抽泣。

我父亲看到这个情况以后，就端着碗过来了，拍拍他的肩膀说，你怎么了？他这一问不好，他哭出了声。他说，焦书记，你一个县委书记吃我们要来的饭，我们真的是心里不忍，可是我们又没有别的东西让你吃，我们觉得心里过意不去。后来我父亲就安慰他说，这是我们的责任，是我们的工作没做好，可是你要相信，只要我们齐心合力地除"三害"，过不了几年，我们兰考人就会过上好日子。这位农民兄弟说，焦书记，等我们的日子过好了，你再来，我们给你炖老母鸡，我们给你烙饼吃。这就是当时兰考人所憧憬的最美好的生活。我父亲笑了，我父亲说，好、好，等日子好过了，我再来，吃你们的老母鸡，吃你们的饼。父亲在兰考仅仅一年零四个月的时间就去世了，他没有看着兰考人过上好日子。他自己也说，他说，我就是浑身都是铁，我能打几个钉？没有看到兰考人过上好日子，这也成了他一辈子死不瞑目的一个遗憾。一位文人来兰考的时候，他曾经说过这样一句话，他说焦裕禄在兰考，他做到了先天下之忧而忧，而没有享受后天下之乐而乐。

父亲对干部们要求很严。那时候有一句话叫"同吃同住同劳动"。我父亲就特别强调，我们下乡的时候一定要记住带上被子，说你到了农民家里，你千万不能向老百姓借被子，他说兰考的百姓穷，也许一家人就那一床被子。他说，他曾经到过一个家里，弟兄两个，就一条棉裤，谁出去谁穿。他说你要管，你要把老百姓被子借走了，你让老百姓盖什么？他甚至想到了下雨天下雪天，也不能吃老百姓家的饭，不能喝老百姓家的水。为什么？因为百姓家里缺柴烧，一下雨一下雪，柴火就会被雨雪打湿了。这时候我们干部就不能再给百姓家里添乱了。

大家知道，老百姓都是看着太阳做饭的，太阳正头顶了，老百姓就会生火做饭。当时，大家发现他有一个习惯，他下乡的时候，喜欢站到原地转着圈地往天上看。刚开始大家看焦书记往天上看，也跟着看天上有什么，大家什么也没看见。就有一个人问我父亲，焦书记，您看什么呢？我父亲就笑了，他说，我看的东西你们看不见，为什么？他说那是因为有个事儿我心里有，你们心里没有。我在看谁家的烟囱不冒烟。他说现在是做饭的时间，如果谁家的烟囱不冒烟，无非就两种情况，一个是家里没有人，一个是家里没有粮食了。那时候断粮是经常的事儿，这时候你当干部的就要到这一家去看看，如果这一家是家里没有人的话还好，如果是没有粮食的话，咱不能叫老百姓饿着，这救济粮你就得给他及时补充了。

你看，他考虑问题就是考虑得这么细致。他进了老百姓家，第一个看的地方就是这家的锅灶。我父亲在兰考一年多的时间，他主要解决的就是老百姓吃饭的问题，因为那时候太多人吃不上饭。他掀开锅盖看看这锅里还有东西，红薯也好，红薯干也好，窝窝头也好……只要人不饿着，他心里就是觉得多多少少安慰了一点儿！父亲下乡曾经住过老百姓的牲口棚，因为有一段时间，大家就觉得这地也没法种了；至于牲口，人都没有吃的了，这牲口还吃什么呢？有的甚至把牲口都杀了。那时候说实在的，那一个牲口就相当于现在一台拖拉机，那是主要生产工具，也是每个人家里头的重要财产。

我父亲就觉得这样不行，即便是暂时地种不了，老百姓依旧是要以种地为主的，所以他就说这牲口不能杀，他出台了一系列关于饲养牲口的优惠政策。一天，他到村里去考察牲口的养殖情况，到了牲口棚跟前，他就说，大爷，我今天晚上住你这牲口棚里，行不行？大爷当时就愣了，可是他也应承下来了，他就说中、中，可他没想到我父亲晚上真的不走了，真的就住到他这牲口棚里了。这位大爷他就说，焦书记，你一个县委书记，你住到我这牲口棚里，即便你不嫌这牲口粪臭，但是也会生虱子啊。

那时候农村卫生条件也不是特别好。我父亲说不怕不怕，我是来向您老人家请教的。这位大爷是个十里八乡的能人，我父亲当时在他这里还真的学到了很多东西。

你比如说，他说兰考有"三害"，兰考还有"三宝"——花生、泡桐、大枣。当然，那时候是沙土地，它适合种花生；这个大枣，是因为地上不长东西，所以我父亲有一句话就是说"我们地面损失，空中捞"，意思是说我们到树上去捞。那时候他就说谁都不能砍枣树，秋后结了枣，我们卖了枣也可以换粮食吃。现在这些都不稀罕了。泡桐树，我想大家来这里最先映入眼帘的就是我们兰考的泡桐树。我们来得稍微早了点，如果再过十天半个月，这泡桐就全部开花了。它在不长叶子的时候就先开花，一团团一簇簇的，花开得非常漂亮，非常非常香。泡桐树现在还是个景观树，是我们兰考人的"绿色银行"。那时候我父亲要栽这个泡桐树，最早的意思是用它来挡风挡沙的。为什么？因为它长得快，它十年就成材。2009年，习近平同志种下的那棵泡桐树，你看现在都已经长得那么粗了。当我父亲了解到泡桐树长得快、能挡风挡沙这个情况后，就搞"农桐间作"，一排泡桐树，一块庄稼地，一排泡桐树，一块庄稼地。泡桐树有一个特点，你看它往上长，不是说树荫很大，就要影响庄稼生长，它不会影响，它的根是往下扎的。泡桐树的根扎得很深，我父亲曾经告诫我们这些年轻人，说你们应该像泡桐一样，把根深深地扎到人民群众之中。

那时候泡桐树大多用来做风箱，但其实它还有很多用途。比如说，可以用泡桐树做各种模型，因为它很轻；也可以用它来做活动板屋，或者是做家具，因为它特别耐腐蚀。我们其实应该发挥它最大的经济效益。我们常说，这稻草你绑到白菜上，那就跟着白菜卖个白菜价；如果你要把它绑到螃蟹上，它肯定就能卖个螃蟹价，那不就是个好价钱了？现在，我们的泡桐树就和我们中国的民族乐器绑在一起了。古筝、古琴、二胡、琵琶、扬琴，等等，这些民族乐器，它们木板的一部分现在绝大部分都是用我们兰考的泡桐树来做的。这些民族乐器产品不但满足了我们国内的乐器市场，而且还漂洋过海，出口全世界。大家现在看一看，我们的泡桐树是不是和乐器的价钱一样贵了啊，对不对？

我不知道大家这回有没有去参观我们兰考的乐器厂。我们兰考有很多乐器厂，它们都是用泡桐树的木料做乐器的音板，这样一来，就发挥了它最大的经济效益。现在，我们的泡桐越种越多、越种越多，而且真的非常有气势。以后大家有机会的话，可以在4月中旬来看看，真是一片花海。这确实对咱们兰考来说，是一个致富的好门路，泡桐树也被咱们兰考人誉为"绿色银行"。

那篇长篇通讯里有一句话说"他心里装着全体人民，唯独没有他自己"。我想这句话大家是非常有印象的。工作的时候，同志们的疾苦，比如说谁生病或者谁感冒，他自己的身体他倒不是很在意，但是如果哪个同志家里有人生病，或者是身边有人得了重感冒，他就会整天牵挂人家好没好。我给大家讲一个小故事，我父亲是个非常风趣幽默的人，他的语汇特别丰富。

一天，他和一个通讯员下乡。恰巧下起雨来，刚开始是小雨，当时他们两个就带了一件雨衣。那通讯员说，焦书记，下雨了，你穿上雨衣吧。我父亲他说，咱俩商量一下，现在是小雨，下小雨你穿，等到下大雨的时候我穿，你看这样行不行？后来啊，这雨真就下大了，这通讯员想着这雨衣得焦书记穿，于是就说，焦书记，雨下大了，你快穿上雨衣，你身体不好，别淋湿了。这时，我父亲又说了，你看咱俩总得有一个干的吧，你看我这都淋湿了，这样，这雨衣还是你穿。他对周围的人真的是非常关照，他处理问题很有办法。其实，他压根儿也没想着要自己穿那雨衣。

遇见下雪下雨这些恶劣天气时，他不喜欢干部们坐在办公室里烤火，就动员他们到群众中去，要在群众最困难的时候出现在群众面前，去关心他们、帮助他们，积极帮助他们解决困难。那时候，大风大雪天，很多干部准是在下乡的路上，或者在老百姓家里。我父亲他也是这样，虽然他身体不好，但是下大雪的时候，他一定是要到老百姓家里去访贫问苦的。有一个大雪天，他亲自拉着架子车，架子车上放着救济粮款、救济棉衣棉被，到了一个叫梁俊才的老大爷家里。这位老大爷已经病了，老大娘是个盲人，他们无儿无女。我父亲到了他们家里，先看看锅里有吃的没有，然后再转过身来摸摸铺盖，摸摸老人家身上穿的衣服能不能过冬，这大雪天可千万别把老人家给冻坏了，之后才坐下和老人聊天。大娘听见家里来人了，就摸摸索索地过来了。我父亲他非常尊重老人，看见大娘过来，他大老远地就快步迎上去，拉住大娘的手。大娘看不见啊，就问他，你是谁啊？大雪天你来干什么？这时候我父亲就非常深情地喊了一声——"娘，我是您的儿子，是毛主席派我来看望您老人家的。"当然这是那时候讲话的口气。我们有些年轻人觉得这是不是作秀？但是那个时候真的没有时间没有精力去作秀。大娘听了以后真是感动得直流眼泪，她说，旧社会啊，俺们没有地方住，下大雪的时候就住到人家房檐子底下，人家还撵我们。她说，新社会好啊，毛主席还派你来看望俺，毛主席好，共产党好。我们的人民就是这么朴实，她相信这就是毛主席派来的干部。

所以，我有句话还真是想说，我们的领导干部也好，我们每一个同志也好，特别是我们的党员，你在外边做了什么事，老百姓都给你记到党的账上；特别是你做了坏事，那真是影响共产党的形象。

我父亲他还有一个特点，他会把他自身的有些特长，用到工作上。第一个，他会拉二胡。他的二胡是童子功，他几岁的时候就开始学拉二胡，所以他的二胡拉得是有相当的水准的。那时候，群众思想工作不好做，你叫他们去开个会，去听听方针政策，有的人不愿意去，有的人压根儿不关心。父亲办法多，他就搬个凳子，拿一把二胡往那儿一坐拉二胡，开一个场子，那时候也没什么别的休闲娱乐方式。等到的人围得差不多了，他就会开始进入正题，讲我们党的方针政策。那时候我母亲就像普通群众一样，刚开始远远地听、远远地看，最后走到近处看……一直走进我父亲的心里。所以，二胡是一座桥梁，是我父亲和母亲能够结为夫妻的桥梁，这是第一个。

第二个，我父亲是一个非常亲切、非常和蔼的人。老版电影里有一幕他打我弟弟的片段，我曾经跟李雪健说，我说雪健你打我弟弟干什么？父亲真的是一个非常和蔼的人。他在老家就有喊娘的习惯，他老家是个孝文化之乡，他那个时候百姓的工作不好做，他进了穷苦老百姓的家里，喊一声娘，拉近了与群众的距离，好多事情都迎刃而解了。当然这得真有感情，你必须真把自己当成是人民群众的儿子。他经常告诉干部们，我们要做人民群众的儿子，还要做个孝顺儿子。如果说你不好好为人民群众服务，你就是不孝顺，其实，他自己就是这样做的。他这一声"娘"一喊，你看看这老人家无儿无女，她能不感动地感谢共产党吗？

　　我是30集电视连续剧《焦裕禄》的总策划，大家都觉得，如果我能够为电视剧做一个主题曲，那是最好不过的了。有的人可能知道，中央电视台的电视剧主题曲不管原曲有多长，就只放2.5分钟，不会全都放完。比如说，这个曲子有三段，可能到时间了，就会被截去一部分，但是人家处理得比较艺术，不会让你听出来是掐了；有些地方台急着播广告，就可能会在曲子播半截的时候给你掐了，这确实让人听的时候感觉挺不舒服的。

　　一些名人啊大家啊写的那个歌词确实很好，会有一些中国元素，长江、黄河什么的，泰山、蓝天、大地、白云，等等，不过有些就是一些华丽辞藻的堆砌。我当时看了也挑不出什么毛病来，人家确实写得很好，可是我总感觉这说的就不怎么像我父亲。我父亲他在干工作的时候，他每天心里都焦急万分，就是为了改变兰考的面貌。他曾经说，不改变兰考面貌，我死不瞑目，拼上老命大干一场，决心改变兰考面貌。其实，他是不会想着去用那么多华丽的辞藻来喊口号、来鼓励自己，估计他也没想到他去世50多年了，50多年了，我们还在这儿说着这些，那真的是不可能。后来我就说，我们事隔50多年再来学他，本来就不好切入，你再把他整到云里雾里，看不见摸不着的，我们就更不知道从何学起了。

当时我就想了，向导演说，我试试，根据我对我父亲的了解，根据我对我父亲所做的一些事情的理解，来写写试试。我就写了现在的这首主题曲，叫《喊了一声娘》。我刚才说了我父亲喊娘，不是说他到兰考偶尔喊一声娘，他就有这个习惯。我在这歌词中写道："小时候我喊了一声娘，山也应来水也响，脚下的路啊，步步要走稳，有娘我就胆气壮。"这个其实就是他小时候很依赖娘，娘扶他学走路的情景，我不怕摔跟头，因为有娘扶着我，出门时我喊了一声娘！

"娘抻平我的旧衣裳，娘啊，娘啊，你的话儿记心上"，这里就有焦门家风的传承。家风是一代一代相传的，我的奶奶是个小脚老太太，真正的三寸金莲，她没有上过学，但是她家也不穷，因为她父亲是个木匠，而且还比较有名气，所以她有很好的家教。她嫁到焦家以后，焦家虽然破产了，但是她会告诉她的两个儿子一些道理。她拿那个小扫把，孩子出门给你扫扫，进门给你扫扫，我们虽然穷，我们穿的衣服虽然破，但这不是我们的错，我们出门进门都要干干净净的，我们出门走路要挺起胸来走路，所以我说"娘抻平我的旧衣裳"，衣服抻平扫扫，这是焦家的一个习惯，"长大后我喊了一声娘，天也阔来地也广，人生的路啊步步有脚印，有娘我就挺脊梁"。这个就是说长大后工作了，天也大了地也大了，但是人生的路不是乱走的，有时候走错一步难回头。为什么？因为你每一步都会留下脚印的，我们要对我们每个脚印负责。有党的教导，有人民群众的支持，我就可以挺起脊梁来走路，挺起脊梁来做事！"回家时我喊了一声娘，娘抚平我的痛与伤，娘啊，娘啊，你的嘱咐永不忘"，这个"娘"呢，就是他到了老百姓家里喊老百姓"娘"。

1963 年秋天以后，我父亲的病情明显加重了，他的脸色很不好看，身体也非常消瘦，老百姓就会问他，老焦你怎么这么瘦啊，脸色这么不好看，你是不是有病了？"你是不是要去看病"，抚平了他的痛与伤。他又想起了远在千里之外的娘，想起了娘的教导，娘从小怎么教导他？娘告诉他，天上一颗星照着地下一个人，如果你是个好人，和你相对应的那颗星就特别亮；如果你不做好事，和你相对应的那颗星就黯淡无光。如果你不是个好人，那么天上就没有你这颗星，地上不承认你这个人。所以我奶奶啊，很早就教给她的两个孩子，要做天上最亮的那颗星，做地上最好的那个人。所以，在歌词里我就把它简化为"天上一颗星，地下一个丁，好男儿要有担当"！

父亲的担当精神，也是他的娘从小这么教育他的，因为他很小就失去了父亲，他在家里必须要有担当！在歌词的尾部反复地吟唱"天上一颗星，地下一个丁，好男儿要有担当"。后来这首歌由孟卫东老师作曲，演唱者是余音，也是我的儿子，他是中国音乐学院歌剧系毕业的，学歌剧的，由他来演唱。2017 年 3 月 24 日到 3 月 29 日，音乐剧《焦裕禄》，由余音主演，在天桥艺术中心连演 6 场，这个音乐剧会在全国各地演出 60 场，也是对我父亲的一个纪念。这个音乐剧非常有震撼力，不仅仅有教育意义，它的思想内容和艺术水准也是很高的。

我父亲是一个非常清正廉洁的干部。父亲去世那一年我 12 岁，对于他所做的一切我能看得清楚，也能看得明白。那时候我们家跟大家一样也很穷，也是缺吃少喝的，中午饭永远都是一块红薯，或者是一个窝窝头，或者是一锅杂面条。当然现在杂面条大家都喜欢吃，那时候天天吃就很难喜欢了。放点菜，糊涂面条又是菜，又是饭，又是汤的，每天吃，吃得也是很烦。有一天，我父亲中午回去了，我母亲就像变戏法一样端出来一碗大米饭，因为我们是北方人，大米饭别说吃，见都很少见。那个时候，我们家的房子也不大，大米饭的香味立刻在不大的房间里头弥漫开来了。我们这群孩子，大家大眼瞪小眼的，都瞪着那个碗，都馋啊。我父亲是这样一个人，他说我们这家里头有老人，不能让老人吃亏，因为他们老了；也不能亏着小孩子，因为他们还在成长。夫妻俩在家里不管什么好吃的好喝的，都是紧着老人和小孩。他一看我们瞪着眼、瞅着那个碗。当时，我妈妈在米饭里拌了点红糖，她为什么不拌菜？因为那时候，普遍缺医少药的，红糖被认为是保肝的，所以妈妈拌了点红糖，红彤彤的、亮晶晶的、香喷喷的。父亲给我们每个小孩的小碗里头都拨了一筷子大米饭，边走边拨，最后他自己也就所剩无几了。他边走还边问我母亲，这大米从哪儿来的？我母亲就跟他说，这是兰考县委办公室考虑你身体不好，照顾你的。我父亲这时候就站那儿不动了，他说这不老不小、不病不灾的，照顾什么？比我需要照顾的多了去了，他说这大米不能吃了，把它送给那两个研究泡桐树的大学生，他们是南方人，吃不惯我们这儿的粗粮，老吐酸水，解决不了大问题，给他们熬点粥喝也是好的。就是这样，一份又一份的小的关怀就留住了那两个大学生，当然，他们也真的是把青春献给了兰考。我父亲去世以后，他们也说就冲着焦书记对我们的那份关怀，我们也不会离开兰考。领导干部们对下边同志们的每一份关怀，其实都会化成他们工作的动力。

　　我父亲对我母亲的要求也很严。那时候，还没有自来水，要到外边去拉水。兰考县委食堂把水拉来了以后会把水烧开，我母亲看到有人去到那儿提开水，她也去提。但是，别人提可以，我母亲提不行。有一次，母亲提开水被我父亲看见了，他说你是县委书记的老婆，你带了个坏头，人家食堂把水拉回来又烧开了，你提回家用，你知道这叫什么行为吗？这叫剥削人家的劳动。你看他说得这么严重。后来我母亲就说，那我不提了不就得了，你不要说得这么严重。父亲那一级的干部可以看《参考消息》，我母亲不能看，她不够级别。其实，我母亲的文化水平比父亲高，她在新中国成立前是初中毕业生。我母亲老想看那份报纸，因为那时候可看的东西也不多，后来当我父亲发现她偷着看他的《参考消息》的时候，他就跟我母亲说，你以后不要偷看我的《参考消息》，你不到那一级，你就是不能看。

你说这都是发生在家里头的事儿，她看不看，那谁知道？后来他干脆把《参考消息》看完了锁到抽屉里。他是认真的人，大事小情，他都这么认真。你看他作为一个县委书记，但是从来不会公权私用。他的侄子千里迢迢从山东跑到兰考，说叔叔，我初中毕业了，你给我安排个工作，可能我们有些做领导的也会碰到这样的事儿，你猜我父亲他怎么说？他说安排工作？就是我有这个能力，我也没有这个权力。他说，我们国家招工也好，安排人员也好，都是有政策有计划的，我是个县委书记，如果我带头破坏了规矩，我还怎么去要求别人呢？他说，你是个初中毕业生，在农村也是个秀才，回去好好干，一样大有作为。后来，他还送给这个孩子一支钢笔，告诉他回去要好好学习。我那个堂哥啊，后来和我说，他当时很生气，出门的时候甚至想把钢笔掰断了，心想："不给我安排工作！还叫我好好学习？"后来转念一想，这钢笔在当时农村还是个物件儿，然后给带回去了。我们老家的亲戚到现在为止全部都是农民，没有一个人身前身后沾上我父亲的光！他就是这么认真的人、坚守原则的人。习近平总书记经常讲家风，2014年我代表家人向习近平总书记汇报我们家情况的时候，我就说了一句话，我说，请总书记放心，我们一定会把焦家的家风一代一代传下去！

一说起家风，我们小的时候，父亲也没有给我们讲什么焦家家风。那时候我们只知道父亲对我们要求严，他说："我有六个孩子，我也不嫌多。"但他真的不溺爱我们。现在我想起来，这焦家家风无非就三条：培养我们从小要热爱劳动，就是说你不能不劳而获，这是一条；第二条就是要艰苦朴素，你不能和别人比吃比穿，要比就比学习、比进步；第三条也是最重要的一条，就是要求我们领导干部的家人不能搞特殊化。比如说，看白戏这个事儿。其实看白戏就是两毛钱一张戏票的问题，我哥哥去看了一场白戏，刚开始在门口挤来挤去，想看戏没有钱，人家不让他进，说你是谁家的孩子，你家是哪儿的？你爸爸是谁？对方一听是焦书记的孩子，就让他进去坐到前三排。戏场前三排的票其实是不卖的，这就是一个搞特殊化的地方。我哥哥他们还选了个"排长"，这人也是个县委的领导，他逢戏必看，闲着也是闲着，就是好看戏。不是他们队伍里的人还得被清除出去，后来我哥哥回家，我父亲了解到这个情况以后，就十分生气。我父亲是从不打孩子的，那时候都是我母亲打我们，我母亲性格比较急躁，我父亲一般都是和我们讲道理，可是这一次他是真的火了，他嗓门高八度。他说，好你小子，竟敢打着我的旗号去看白戏，你知道我这个县委书记是干什么的吗？他说："我是为人民服务的。"这句话对孩子来说其实有点高深，我哥哥他可能还弄不明白什么叫"为人民服务"。我父亲说我都没有资格去看这个白戏，后来，他又用批评我母亲的话来讲我哥哥，你知道你这是什么行为吗？你这叫"剥削"。我母亲就说我父亲，你和我讲剥削，我知道剥削什么意思，你问问他（我哥哥），剥削是什么意思？后来我父亲对哥哥讲，那些叔叔阿姨在台上又跳又唱又演的，你不买票就去看戏，你就是剥削人家的劳动成果；最严重的是，你这么小，你就敢打着我的旗号去看白戏，长大了还得了？！父亲一直说，一直说到我哥哥低头认错。这还不算完，第二天父亲又领着我哥哥去补上了那两毛钱的戏票，叫他向检票员阿姨"做检查"，保证以后不再看白戏了。其实那时候，咱说实在话，好多小孩子看白戏，他爬墙，他走后门，他就怎么着变着法儿地混进去看。

我父亲也做检查了，他说我对自己孩子要求不严，让他看了白戏，我焦裕禄说了，以后前三排的票都要卖出去，谁买票谁看戏，谁都没有资格看白戏。从那以后，这个风才刹住了。这还不算完，出台了《干部十不准》，如果我们研究研究的话，那上面就有一条，谁看戏谁掏钱，从自己家里人身上开刀，堵截这些不正之风，把它消灭在萌芽状态。

我哥哥这一辈子他也不会看白戏了。咱再说你不给别人家的孩子安排工作，亲戚家的不行，自己家的孩子也不行吗？自己家的孩子也不行！我姐姐1963年初中毕业，没考上高中。我母亲就说了，小梅初中毕业了，你看你给她安排个工作，我想让她到县委当个打字员，在你的眼皮子底下，我也放心。我父亲就说了，那不行，她出了学校门就进机关门，她缺了劳动这一课，这县里要是哪些部门知道了，比如说，商业局、教育局、卫生局什么的，知道你焦家闲着这么个姑娘，人家把招工表送到家里，说你一填就可以到我们那儿去报到了，你填不填？当然我母亲我姐姐她们肯定不敢，因为平时父亲就对家人要求比较严。有一天，我父亲回到家里，我姐姐跟他撒娇，趴到他背上，爸爸，你看看，你给我参谋参谋，你看我到哪儿好。父亲看了一遍说，你到哪儿都不好。为什么？他说，因为你不想参加劳动，你看你，出了学校门你就想进机关。我母亲接过话说，那你总不能叫这么大的姑娘待在家里吧，你总得给她安排个工作吧。后来，我父亲说我给她想好了，她有三样工作可以做，你们不是想留到县委吗？可以。打扫卫生，打扫个厕所都行。

那时候的厕所还是旱厕，那就是掏大粪。我母亲说，亏你想得出来，让你的闺女在你眼皮底下掏大粪。后来我父亲又说了，他说那去学个理发，做个理发员，学一门技术，那也挺好。他为什么这么说呢？当时，我姐姐有个好闺蜜是个理发员，她爱到我们家玩，我父亲就觉着，你看人家不是干得挺好的？我母亲有点"封建"，那时候理发也没现在这么多名堂，就是剃头，后来我母亲说，那不行，这么大姑娘天天去给人剃头？她就接受不了。后来，我父亲说，那当工人，兰考县有个食品加工厂，你到那个地方去当工人。报到那一天，我父亲领着我姐姐去了，找到厂长专门交代：我把女儿放到你这儿，是让她来参加劳动的，你一定给她搁到车间去，你不能叫她坐办公室，要叫她劳动锻炼。

我姐姐到那里去工作了，她的主要工作有两项：一个是腌咸菜，另一个是酿酱油。先说腌咸菜。刚开始时，她是切白菜切萝卜切辣椒，每天不停地切，像堆小山一样，切好了再腌，腌好了卖。她每天站到板凳上，要在那大缸里头翻一遍又一遍；如果说这样的强体力劳动姐姐还能接受的话，那她不愿意接受的就是挑着担子去卖酱油。好多人，同学啊，朋友啊，还有一些认识焦书记的闺女的人，遇上了，我姐姐就觉着这面子上过不去，她哭过闹过，不吃饭罢工，小女孩的各种招儿都使出来了，都不好用。我父亲说，你不就是不想劳动吗？你不就是觉得你是县委书记的姑娘，别人能干，你为什么不能干？有一天，我父亲说，小梅，今天爸爸事不多，爸陪你去卖酱油。他说，我告诉你怎么挑担子不磨肩，怎么吆喝能把这个酱油赶快卖出去。他说，你知道吧，爸爸小时候卖过油，就是爸爸的爷爷曾经开过一个油坊，我以前不是说过他是个经商的吗，对吧？他开过一个油坊，那时候他就会走街串巷去卖油。我姐姐看着我父亲挑着担子卖酱油卖咸菜很自如很从容，一点儿都没觉得丢人，她突然反应过来了，我什么都不是，我觉着丢人，我父亲还是个县委书记，那我能叫他跟着我卖咸菜？她说，爸爸，你回去吧，我再也不闹了。从那以后，我姐姐就老老实实地在这个岗位上工作了许多年。我姐姐她就比我们能吃苦、能耐劳，为什么？因为她接受父亲的教诲比较多，她那时候年龄大一点，她能够理解父亲对她的一片苦心。她现在日子过得也不好，说句老实话，家里病人多，还有没有工作的。她刚下岗的时候，就有人说，守凤啊，你家天天来那么多大领导，你随便给哪个领导说说，你家的困难不就解决了！我们也承认这一点，如果我们有问题找组织的话，组织不会不管我们的，可是我们没有这个习惯。我母亲在世的时候就是这样的，她和我姐姐就说，居家过日子，每家都会遇到困难，你们有这么个爹，你们要是去跟组织说问题，可能能解决；那别人家没这么个爹的，人家就不过日子了吗？自己的问题要自己解决。这个真的是实实在在的情况。现在我们的孩子都大了，都工作了，我们可以帮助她了，但是在最初的时候她确实非常辛苦。

在纷纷杂杂的社会里，我们要耐得住寂寞，我们甚至要耐得住贫穷；因为好多事情别人能干我们不能干，我们要守卫好父亲这面旗帜，如果没有本事给他争光，也不能给他抹黑。就像我母亲在世的时候说，你们在外边犯了事儿，人家不会说你是我徐俊雅的孩子，人家会说你是焦裕禄的孩子。这个确实对我们压力很大，我们必须规规矩矩的。

1963 年的秋天，我父亲的病越来越重了。大家都看得出来他是个病人，就劝他去看病。他说，现在除"三害"已经到了白热化的程度，我作为一个总指挥，不能离开。后来，有一位工作人员给他找了当地最好的老中医，开了三服中药，说焦书记你把这个药吃完，如果好咱们再接着吃。三服药吃完以后，他去问我父亲，这个药吃得怎么样？我父亲顺便问了一句，这个药多少钱一服，那位工作人员说30块钱一服。我父亲当时眼都瞪大了，嘴也张大了，说："30块钱一服？30块钱一服的药你都敢让我吃！你知道这30块钱对兰考的一个家庭来说意味着什么吗？那是一个家庭一个月的生活费啊，你到农村去还远远达不到这个水平，这个药就是再好，让我吃，我也咽不下去！"

可是啊，当我父亲知道有一个农民的孩子奄奄一息，没有钱治疗，也没有交通工具把他送到更大的医院去，大家把他放到筐里垫上麦秸草就守着他，等他咽气。我父亲赶到了，听见有人哭，一看是这个情况，赶快从笔记本上撕下来一张纸给县医院院长写了一个条子，说这是咱农民的儿子，不管付出多么大的代价，都得把他救活。后来孩子被救活了，他叫张继焦，长得又高又壮的，他的父母在徐州逃荒要饭的时候生的他，原来名字叫张徐州，后来我父亲去世以后，他改名叫张继焦。张继焦在纪念馆已经工作了几十年了，他面对着成千上万的参观学习的人，一遍又一遍地讲述他的焦裕禄爸爸救他的故事。父亲去世这50多年，他跟着我们喊爸爸喊妈妈喊了这么多年。他说，我这一辈子，就做这一样工作，就是给我的焦裕禄爸爸守坟，我现在守得动我守，因为我也50多岁了，有一天我守不动了，我会让我的儿子、让我的孙子用车子拉着我、推着我去，我每天都要到我的焦裕禄爸爸坟上，我去陪他说说话。

一个非常孝顺的孩子（张继焦），当然现在他也是这座纪念馆的副馆长，他现在下乡扶贫去了，他有时候会回来。像我讲的我父亲住牲口棚、老大爷还有孩子这些事，我们在纪念馆里送葬照片上都能看见他俩，这都是实实在在的父亲生前做过的事情。

1964年的春节，已经10年没有回过老家的父亲突然向组织打报告说要回老家陪娘过年。现在看来，我们当时并不知道他病得有多重，可是他自己知道，他也许觉得这可能是他在人世上过的最后一个春节了，他要陪他的娘一起过，他要带着我们姊妹六个回老家去寻根问祖，他要亲自给我们讲一讲祖辈的故事。

一个县委书记回家过年，遇到了一个不可思议的问题，他居然连买火车票的钱都拿不出来，真的是没有钱吗？真的穷到那个地步了吗？一家10口人靠他跟我母亲的工资，但是我父亲的工资不低，他那时候一个月130多块钱，我一说大家都知道，那时学徒工一个月才18块钱，在县里他的工资是属于比较高的，他在尉氏县当了几个月的县委书记，那时候还有第二书记，人家都喊他1.5书记，就是因为他的级别，他的工资不比县委书记低。

可是用我妈妈的话来讲，她说，你父亲是个大男人，又是个领导，他对自己要求又很严，他出门的时候总不能不给他带钱吧，装上钱装上粮票，但是你不管给他装上多少，他回来都是什么都没有了，母亲说有时候连衣服都没有了。有时父亲说衣服丢了，但是后来谜题解开了。他去世以后，有两个农民拿着已经是补丁摞补丁的衣服到我们家给我母亲哭诉，说这是焦书记给我们的衣服，当时他看我们没衣服穿，冻得发抖，便把自己的衣服给了我们。我母亲才知道他的衣服不是丢了，而是披到人家的身上了。

这没钱回家过年怎么办呢？他跟我母亲说，难不倒我啊，我去借。他写好了借条，写好了还款计划，那时候县委有个互助组，可以找互助组帮忙。当他去借钱的时候，互助组的人发现他冻得浑身发抖。那位领导就问，焦书记你冷吗？我父亲说，今天不算冷，我们还抱着火炉子呢。那时候屋里都生火。那人拉了拉我父亲的衣服，焦书记，你能不冷吗？你这是穿了一件空心棉袄啊！我们北方人穿棉袄里面要套件衣服。他那会儿不像我现在穿这件衣服里面还套件毛衣，套件什么他都没有，他就套了一件破秋衣，棉袄脱下来对着太阳照照，有的地方有棉花，有的地方没棉花，再加上那会儿他病得已经很重了，身体抵抗力弱，他怎么会不冻得发抖？！

互助组的这位领导当时就说，你是县委书记啊，你可不能这样回去，你是娘的骄傲，是娘的依靠，你在外边是当官的，你如果就这样回去，娘看了会伤心的。他说我给你补助点布票，你赶快去做件保暖的衣服再回去，你那儿是山区，风大。后来，我父亲苦笑了一下，他说，你看我这回家买车票还得借钱呢，咱也没那个钱再来做衣服了，将就将就就过去了。可这位领导认真了，他说，那不行，我不能叫你这样回去，这样，我家庭条件比你好一些，我来给你做件保暖的衣服，你一定要穿着回去，暖暖和和地陪娘过年，让娘高兴。

在这种推托不了的情况下，我父亲就穿上了这件保暖衣服，回去陪娘过了最后一个春节。从老家回来以后，他的病就越来越重了，他就开始了和疾病作斗争的艰难的痛苦的历程。刚开始时，大家发现焦书记在大冬天里，衣服扣子第二个、第三个他也是不扣的，还发现他的手老要从那儿穿进去，他经常性出现这个动作。其实他就是要用这只手来摁住他的肝，他在摁着的同时，他自己发现了异常，他就觉着这肝上长了一个疙瘩，他很瘦，肚皮很薄，他自己是能摸出来的。

他就和我母亲说，俊雅啊，我这肝上长了个疙瘩，有点像个老鳖的头，我一摸它一缩。咱们都知道肿瘤是滑溜溜的。我父亲说这不是个好东西，母亲就说你既然知道那不是个好东西，你就赶快去看病。可是父亲他又说，这一年之计在于春，这春天有好多会要开，好多工作要布置，要春耕要春播要春种，我哪有时间去看病啊，等过了这一段时间我就去。已经都这样了，他还骑着车子下乡去呢，肝疼了，就趴到车座上，用车座顶着肝。平时他有时候还用茶杯盖，最早的时候他摸着肿瘤了，他就是拿茶杯盖顶，特别使劲地杵着瘤子，这样他感觉会稍微好一点。

后来啊，这茶杯盖也不行了，他就换成鸡毛掸子；大家可能都看见了，那根鸡毛掸子都已经没有鸡毛了，他当时就是拿着那根鸡毛掸子就这样杵着，一是能用上的面积大，二是可以使上劲儿，能杵得深一点。再到最后，他觉得就是这样也耽误事，因为你看看这样的话，是一只手什么也不能干啊。于是，他就开始拿刷衣服的刷子，一头顶着藤椅，一头顶着他的肝，时间长了以后，藤椅上顶出来个大窟窿。这个大窟窿是一个共产党员为我们党的事业"鞠躬尽瘁，死而后已"的一个真实的见证。

终于有一天，我父亲倒在了生产队的办公室里了。陪他下乡的干部就赶快给当时的地委书记打电话，就是我前面提到的那位老人家，向他报告说焦书记不行了。那位老人家也很吃惊，他说，之前不是好好的吗？怎么会突然不行了？就是这时候他才知道我父亲到兰考的时候身体就不是很好。他说，赶快！在中午 12 点以前一定要把他送到开封地区的人民医院。开封离这里很近，开封地区人民医院诊断是肝癌，初步诊断就是肝癌。他们当时觉着这个地方医院小，又到河南医学院附属医院去，附属医院做诊断也是肝癌，大家就慌了。现在有的癌症可能能治好，但是那时候癌症就等于死亡。

后来，我们又去了北京，到了协和医院，诊断就更为清楚了——肝癌后期皮下扩散。这个时候，父亲肚子里头已经长满了大大小小的瘤子，大的像鸡蛋那么大，小的像黄豆那么大。大家想想，他当时就是带着这一肚子的瘤子，还在兰考大地上奔跑，还在为兰考人民能吃上饭、吃饱饭而拼命，这是一种什么样的精神？他不知道疼吗？他太知道了，他比谁都清楚他自己的病，但是党的事业和人民的利益在他心目中永远都是最高的利益。当时，陪我父亲去看病的人一听这个消息，就拉住医生的胳膊，使劲地晃着说："我求求你，我恳求你，我哀求你，请你把他的病治好，兰考是个灾区，离不开他，真的离不开他。"

医生说："焦书记的情况我们是知道的，但是你们送来得太晚了，赶快回去吧，他的生命最多还有 20 天时间。"在他生命的最后 20 天时间里，他与疾病作了最坚决的斗争。医生当时就说了，他这个病不是疼死就是饿死。因为那时候不像现在医疗条件这么好，现在起码能解决你疼的问题。那会儿，刚开始疼的时候，他还打止疼针，后来他就不打了，因为什么？当他问别人我究竟得了什么病的时候，别人都躲着他，或者是敷衍他；而且，他自己也疑惑，我到底得了什么病，我怎么一天不如一天……后来他就不打止疼针了，不打止疼针，那他怎么办呢？他点烟。他将点着的烟头的火给吹旺了，将病号服的袖子给撸起来，他烧他自己的胳膊，烧胳膊后再把袖子放下来，就没有人发现了。后来胳膊这个地方不敏感了，他就开始烧他肝外边的皮肤，这就被别人发现了，医生、护士、身边的人员都劝他，有时候甚至是哭着劝说他："焦书记，你不要这样折磨自己了，我们还是打止疼针吧。"我母亲那一年才 33 岁，我母亲劝他。他不听，后来他就和大家说，你们别劝我了，这是我自己发明的办法，叫疼痛转移疗法，他说我这地方疼了，我里头就会好一点，他说止疼针只能止疼，不能治病，这个药这么贵也这么稀缺，还是留给那些比我更加需要的人吧。兰考这么穷，我不能再花这个钱了！

我母亲劝不住他，我母亲说她没有办法，只有跑到外头找个没人的地方哭一场，擦干眼泪回去再照顾他。我父亲他就躺在病床上，天天望着窗外，病重的时候不能动了，天下雨了，他担心的是兰考之前挖的那些排水工程起了作用没有，会不会淹到田地。当别人告诉他没有淹到庄稼，他才稍感安慰！当兰考的农民去看他的时候，告诉他说，焦书记，我们盐碱地上的麦子长得可好了，今年是个丰收年。我父亲笑了，他说如果有人再来，把兰考盐碱地上的麦穗拿来一把让他看看。

他走得很急，没有看到兰考盐碱地上的麦穗长得怎么样，但是他知道他治碱的工程获得了成功。特别是有领导干部去看他，他反复交代，现在正是青黄不接的时候，我们可千万不能打扰老百姓，一定要做好访贫问苦的工作。这个时候他惦记的还不是他自己，下了病危通知，省委组织部和地委组织部去了两个副部长到病房去看他，他迷迷糊糊地睁开眼，一看是领导来了，他一把拽住人家，第一句话就问，请组织告诉我，我究竟得的是什么病？那意思就是说我死也得死个明白。这位领导就跟他说了，当然不说也不行了。他说，裕禄同志，组织上为了治疗你的病，已经尽了最大的努力。他听懂了，他说，我知道了，现在我心里很难过；他不是为他在世上没有几天了、他的病治不好而难过，而是因为他自己觉着组织上交给他的任务没有完成而难过。他说，组织上派我到兰考，你看这才一年多的时间，我没有完成组织上交给我的任务，也没有达到兰考人民对我的要求，我心里很难过。这位领导说，裕禄同志，你在兰考干得很好，组织上对你的工作也很满意。

我之前提到过，他主持工作后不久就转为县委书记了，其实这就说明了组织上对他的工作还是很肯定的。然后这位领导又问他，你对后事有什么安排？对组织上有什么要求？你就跟我们说。我父亲考虑了一下，他说了四个字，"后事从简"。又过了一会儿，他又说，我也没有别的要求，我就一个要求，那就是等我死了以后，请求组织上把我运回兰考，埋在兰考的沙丘上。活着，我没有治好兰考的沙丘，死了我也要看着兰考人民把沙丘治好。这就是总书记所说的"生也沙丘，死也沙丘"，活着治理沙丘，死了以后埋在沙丘上，父老生死系。

当然，父亲去世以后，他并没有被埋在兰考的沙丘上。在父亲去世两年以后，1966 年长篇通讯发表以后，大家提出了"为什么不实现烈士的遗愿"。在 1966 年的 2 月 26 日，人们又把原来埋好的灵柩起了出来，在郑州铁路局动用了一辆专列，挂了两个车厢，一个车厢拉着一个哀乐队，一个车厢拉着父亲的灵柩和工作人员，又将他重新埋在了现在我们所看见的这个地方。埋葬父亲的那一天，兰考县还有附近县市的几万人的送葬队伍，几乎大家都在流泪。大家哭，有的人甚至失声痛哭，捶胸跺脚地哭。有一张照片大家可能看到了，两个人搀着那位老大爷，我父亲当时就是跟他在牛棚里一张床上睡了好几天。有一幕特别感人，就是在最后往墓穴里送土的时候，不知道是谁喊了一声，说我们不要用铁锹，我们不要惊动了我们的焦书记，他太累了，让他好好休息。当时，大家就自觉地排成队，捧着土，一把土、一把土地安葬了他们的好书记。

我的父亲和我的母亲，他们两个非常恩爱，他虽然对我母亲要求比较严，但是他非常爱我的母亲。临终的时候，他把我母亲叫到他跟前，对她说，俊雅，咱们结婚这些年来，你跟着我吃了不少苦，受了不少罪，我也没想到我这么快就要走了，我给你承诺的事情我也不能兑现了。我母亲有时候会埋怨他太忙，不顾家，不在家里待着。他老是说，等我退休了，等我闲了。可是他没有等到那一天。他对我母亲说，我走了以后，你就更难了，我们有两个老人，你得好好孝敬他们，给他们养老送终；我们还有六个孩子，再苦再难，也都得把他们养活大，把他们培养成对社会有用的人；可是有一条，不管你有多苦多难，你都不能随便向组织上，要钱要东西，要补助要救济。

这是一个深爱着妻子的丈夫对自己妻子最后的约法三章，一个规矩人，活，活得规矩，死，也死得规矩。父亲去世以后，我母亲领着我们走过了一大段非常艰难的路，一直到我们长大，日子才好一些。父亲很爱我们，他临终的时候因为我们都还小，只有我的哥哥和姐姐在跟前，他拉过我姐姐的手，跟我姐姐说，小梅，爸爸要走了，爸爸也没有什么好东西送给你，他摘下他手上那一块旧表，那是一块从旧货市场买回来的二手表，他把它戴在了我姐姐的手腕上。他告诉她，你已经是个工人了，上班不要迟到。他又给我姐姐说，我枕头底下还有两本书，等我不看了也留给你，你要好好读，那里边会告诉你怎么工作，怎么做人，怎么生活。这两本书，一本是《毛泽东选集》，一本是《论共产党员的修养》，这都是当时的领导干部会经常带在身边读的两本书。现在父亲留给我们的这三样礼物，都在焦裕禄纪念馆收藏、展出。1964 年 5 月 14 日，上午 9 点 45 分，父亲走了，带着许多的遗憾，带着许多的不舍，他走了。

父亲活着的时候，虽然没给我们留下金山银山，但是父亲的精神就像一座金山银山一样，对我们全社会、对我们的党都是一笔宝贵的财富，这财富我们世世代代取之不尽、用之不竭。父亲究竟是一个什么样的人呢？在"新三字经"里有这么几句话，是这样说的：好公仆，焦裕禄，一身死，万民哭。总书记也说，"思君夜夜，肝胆长如洗"。为什么在他去世 50 多年的时候，我们还在这里怀念他，我们还在这里说他、念他、想他，甚至哭他？他除了具备一个共产党人和一个优秀领导干部的优秀素质以外，做人的魅力也是不可小觑的。我刚才说了，父亲是一个山东人，他生得高大英俊。李雪健老师饰演的银幕形象大家都非常熟悉，他给大伙儿留下的印象太深了，但是我觉着雪健老师他什么都好，就是有些不像，一是个子上他照我父亲将近少了 10 厘米，二是那时候他刚演完《渴望》，他又白又胖的。所以，他一进家门，我母亲就说这哪里是老焦？之后，他就下定决心减肥，两个月减掉了 30 斤，这就把我母亲感动了，再加上他非常好的人品，非常精湛的演技，他把一个焦裕禄的形象演得感天动地。

这是 1990 年拍的片子了，到今年都已经 30 多年了，我们还在看，这就是艺术的魅力，是人格的魅力。而且他风趣幽默，多才多艺，我刚才说了；在南下工作队的时候，他在文工团工作，他不但能拉还会唱。他曾经演过《血泪仇》，这部歌剧在当时仅次于大型歌剧《白毛女》，他在里边演男一号。

当我发现我的儿子跟他的外公一样是一个男中音的时候，我就想着说什么也得好好培养，隔代也得继承他外公的艺术天赋。

我父亲是用脑子工作的人。他不是说我想起个什么就是个什么，他苦干实干，也还有巧干，他一定要想办法把目的达到。他作为一个搞工业的人，那时候机器都是苏联的，他就萌生了想要学俄语的想法。他去找翻译，人家说焦主任，你是车间主任，你一个山东人，学俄语？你连普通话都说不好呢，他说你那舌头不行。后来他还跟我父亲说，先教给你个办法，你先把你的舌头给练练，什么办法？他说你整块鹅卵石，洗干净了含到嘴里，没事，你就拿舌头搅拌鹅卵石，他说你不停地搅拌，你的舌头就会变得灵活了，到那时我再教你学俄语。大家都知道俄语好多特殊儿化音，他说我父亲舌头不灵活。我父亲一想可能有道理，他就每天都含着那块石头在那儿搅，他急于求成啊，不但没把舌头练得更灵活，还水肿了。他就开始又想别的办法，他直接去找苏联专家，苏联专家就说焦主任，我们上班不能教你，下了班我们要跳舞，也不能教你！我父亲除了把他身边的一切物件全部用俄语标好，完了以后，他就想着那不就是跳舞吗，只要能学到俄语，我去学跳舞还可以培养一下文艺细胞呢。三十出头的年龄在洛矿，他很快就学会了跳舞，之后还和我母亲一起练。我母亲身高一米六四，我们全家男女老少都是大个儿，就我矮，他和我母亲练习好了以后，不踩人家脚了，跳得有模有样了，他就去找苏联专家去了。苏联专家也很吃惊，说没想到你一个拉牛尾巴的，这个舞也能跳得这么好。"拉牛尾巴"就是农民跟着牛后头耕田种地，这就是我的父亲，他的目的达不到，他会利用一切他可以利用的办法，也要将这个目的达到。这个时候你接近这些专家，你跟他跳舞，你再跟他学俄语，请教一些工作上的问题，他就很乐意给你解答了。

父亲他这一辈子穿的最好的就是这件衣服，这是他跟我母亲1953年在大连的时候照的。你看他薄呢子的衣服，那时候叫干部装，就跟现在的中山装差不多。他在大连实习的时候，隔三岔五的，就有个小文章见报，什么广播电台、厂刊厂报上就会登，有个一块两块的稿费，我母亲给他攒下来，给他做了这件衣服，我母亲说你看你老去跳舞，你总不能老穿着很脏的工作服去吧？你穿上这件衣服跳舞那不更好吗？后来也给李雪健做了一件，我说雪健你那衣服不能那样穿，我父亲虽然艰苦朴素，但他也不是前后屁股上都是大补丁，用我母亲的话来讲，他要到北京开会，到省里开会，他虽然保持劳动人民的本色，但也是个领导干部啊，还是要注意基本形象。他的衣服可能大家也都看了，有旧的时候有脏的时候，他的棉衣棉裤上会有补丁，但是外边罩着的衣服，不会露着那种赤裸裸的大补丁，咱就实话实说，他是一个非常干净而且也挺讲究的一个人。

我父亲他一直在大城市的工厂工作，他自己也觉得这件衣服一穿舒服多了。他酷爱篮球运动，如果说哪一场篮球赛老焦没来，那大家都会觉着没把握。总而言之，他真的非常热爱生活。可是到了兰考以后，这一切都结束了，他一门心思地解决兰考人的吃饭问题，用兰考的一个老领导的话来说，焦裕禄是跑步度过了在兰考的 475 天。

我作为他的女儿，有人会问我，你认为焦裕禄精神是什么？我也在琢磨这个问题。你比如说，几乎历届中央的最高领导人对他都有很高的评价，还有家人，我们作为他的家人对他也有评价。我奶奶就说，禄子这孩子打小懂事孝顺，是个好孩子。我奶奶是教儿子做天上最亮的星、地上最好的那个人这样的一位母亲，她教导儿子要有担当，她也要求自己要有老人的担当。我父亲病重、病危时，还有第一次安葬、第二次安葬时，她都在跟前，她一滴眼泪都没掉！非常刚强。我奶奶那时候已经是一位年过古稀的老人了，她不但没有掉眼泪，还跟在我母亲的身前身后照顾着我母亲。可是当第二次安葬完我父亲，她要离开兰考的时候，她让一个孩子用架子车把她拉到了我父亲现在的这个墓地上，她一下架子车就踮着小脚、几乎是连跑带奔的速度跑过去，那时候我父亲的墓碑还有些低，她一下子就扑到我父亲的墓碑上，死死地抱住墓碑上我父亲的像。

她哭着喊着说禄子，这可能是咱娘儿俩最后一次说话了，娘老了，走不动了，以后也来不了了。当别人问她，焦妈妈，那时候安葬焦书记，您怎么不流泪啊？我们都担心您、怕您憋出病来。我奶奶说，我是家里的老人，我不能哭，我不能只顾着我自己哭，俊雅那么年轻，孩子那么小，她说我得照顾俊雅啊。这就是她作为一个家里的老人的担当。

我母亲非常爱我的父亲，我母亲就说你们姊妹六个，哪一个都没赶上你们的父亲。你看现在的条件也都比较好，是吧？但是你们哪一个都没赶上你们的父亲，她说，你们的父亲有两个最大的优点：一是聪明；二是刻苦。聪明是天生的，刻苦那可是自己要求出来的。你们父亲，他说他要做什么，他一定把它做到最好，他做工作的时候，他一定会找一条最好的路子，达到事半功倍的效果。

我呢，对父亲也有我肤浅的理解。我就觉得我父亲这个人可以用两句话、六个字来概括。两句话就是，他做人讲感情，做事讲担当。他就是为人民服务，他都喊着爹、喊着娘去为人民服务，没有感情的话，有些事情是做不到的。搞工业时他造出了第一台机器卷扬机，这就是一种担当。当县委书记半年时间能当成县委书记的榜样，特别是临危受命到兰考，这都是一种担当。六个字就是忠实、踏实、平实。忠实于党的事业，忠实于人民群众；不管在什么工作岗位上他都能踏踏实实地干，不玩虚的，不玩花的；平实，平平实实地做人，平平实实地做官，几乎每一任总书记到兰考都会说这样一句话：焦裕禄在兰考，他做到了为官一任，造福一方。2009年4月1日，2014年3月17日，2014年5月9日，习近平同志三次到兰考。习近平总书记说："我们这一代人都深受焦裕禄精神的影响，是在焦裕禄事迹教育下成长的。我后来无论是上山下乡、上大学、参军入伍，还是做领导工作，焦裕禄同志的形象一直在我心中。"习近平总书记说，虽然焦裕禄离开我们50年了，但焦裕禄精神是永恒的。焦裕禄精神和井冈山精神、延安精神一样，体现了共产党人精神和党的宗旨，要大力弘扬。只要我们搞中国特色社会主义，只要我们还是共产党，这种精神就要传递下去。

大爱无声　花开有音

第二讲　焦裕禄精神是我们党精神谱系的
　　　　重要组成部分

□ 韩庆祥

　　韩庆祥，中共中央党校（国家行政学院）一级教授、博士生导师，中央党校专家工作室领衔专家。十八届中央政治局第十一次集体学习主讲专家。学术研究方向：主要为马克思主义理论、马克思主义哲学、马克思主义人学、政治哲学、习近平新时代中国特色社会主义思想、21世纪马克思主义。

　　人学研究及提出的能力本位论、社会层级结构理论、马克思哲学三形态理论、三种机制理论、新一届中央领导集体治国理政基本思路、21世纪马克思主义的框架性含义等，在学术界和社会上产生较大影响。在《中国社会科学》、《求是》、《人民日报》、《光明日报》发表论文百余篇，30多篇论文被《新华文摘》全文转载。主要著作有：《面向"中国问题"的马克思主义哲学》、《马克思的人学理论》、《能力本位》、《发展与代价》、《中国特色社会主义的发展逻辑》、《强国时代》、《论马克思开辟的哲学道路》等。现任十三届全国政协委员，中国马克思主义哲学史学会"21世纪马克思主义研究会"会长。

2021 年 9 月 29 日，党中央批准了中央宣传部梳理的第一批纳入中国共产党人精神谱系的伟大精神，在中华人民共和国成立 72 周年之际予以发布。在我们党的社会主义革命和建设时期，焦裕禄精神同抗美援朝精神、"两弹一星"精神、雷锋精神等一起位列其中，可见其重要性。

一、如何学习和理解习近平总书记关于焦裕禄精神重要论述

我们学习习近平总书记关于焦裕禄精神的重要论述，会发现其中有一条直接提出了焦裕禄精神孕育形成的历史过程。2009 年 3 月 31 日，习近平同志视察中信重工（原洛阳矿山机器厂，以下简称洛矿）时曾指出："焦裕禄精神孕育形成在洛矿，弘扬光大在兰考。我们这一代人都深受焦裕禄精神的影响，是在焦裕禄事迹教育下成长的。"现在，我国党史界、理论界对焦裕禄精神的研究和宣传，主要集中在焦裕禄在兰考工作的 475 天当中，焦裕禄在大家心目中的形象主要是一名优秀县委书记。针对焦裕禄同志在洛矿工作的 9 年，相对来说研究得不是很多，虽然有了一些成果，但社会各界的重视程度还有提升的空间。这个时期实际上是非常重要的，具有重大研究价值。正如总书记所指出的，这段时间是焦裕禄精神孕育形成的重要时期。

1953 年 6 月，31 岁的焦裕禄在组织的安排下来到洛矿工作，最初他任洛矿筹建处资料办公室秘书组的副组长，负责在洛阳收集地质、水文、气象等资料，为选择厂址提供科学依据。一年以后的 1954 年 8 月，焦裕禄在洛矿的安排下，到哈尔滨工业大学进修，学成后又到大连起

重机厂的机械加工车间进修。1956年底，焦裕禄回到洛矿，担任一金工车间主任，后又担任厂调度科长等职。这一时期，因工作繁忙、营养不良，焦裕禄患上了肝病。焦裕禄在洛阳一干就是9年时间，尽管中间有两年在东北学习，但这也是洛矿派他去的，而且在大连起重机厂想要把他留下时，他还是选择回到了洛矿。

焦裕禄同志42岁英年早逝，洛矿的9年在他的工作经历中大约占有一半的时间，在他短暂的人生里占有重要的分量。9年当中，焦裕禄在洛矿留下了很多感人的事迹。他文化基础弱，就刻苦攻读工业知识；他没有技术，就勤学苦练生产技术；他没有管理经验，就探索实践管理方法。他夙夜在公，鞠躬尽瘁，逐渐锻炼成长为一名优秀的工业干部，用拼搏和奋斗彰显了新中国成立初期工业战线优秀领导干部的杰出风范。这9年在工业战线的工作经历，也为焦裕禄后来在兰考的工作筑牢了基础，所以习近平总书记说："焦裕禄精神孕育形成在洛矿，弘扬光大在兰考。"

2009年，习近平同志在兰考祭奠焦裕禄同志的忠魂，在与干部群众一起召开的座谈会上，习近平同志把焦裕禄精神概括为"亲民爱民、艰苦奋斗、科学求实、迎难而上、无私奉献"。焦裕禄精神是我们党的宝贵精神财富。党的十九大报告指出，全党要"不忘初心、牢记使命"，中国共产党人的初心和使命是什么？就是为中国人民谋幸福，为中华民族谋复兴。"心中装着全体人民、唯独没有他自己"的为民情怀，正是焦裕禄精神的重要内容。焦裕禄的一生就是共产党员践行初心使命的一生，尽管那个时候的提法不同，但本质上是相同的。焦裕禄打游击、参加土改、在洛矿当工业干部、到兰考当县委书记，他始终心系百姓，为党分忧，始终政治立场坚定，对党忠诚。

半个多世纪以来，焦裕禄精神的影响越来越广泛，越来越深远，焦裕禄精神已经成为中国人民心中的一座丰碑，感染了一代又一代共产党人不忘初心、砥砺奋进；激励了一代又一代共产党人牢记使命、开拓进取。

首先，焦裕禄是县委书记的好榜样，同时也为包括县委书记在内的各级领导干部作出了表率。1966 年 2 月 7 日，长篇通讯《县委书记的榜样——焦裕禄》在《人民日报》发表，在全国范围内引发了强烈反响。从那时起，全国范围内不断掀起学习焦裕禄精神的热潮，社会各界特别是学界对焦裕禄精神的研究也不断深化，大量的历史、理论、文艺成果面世，为我们国家的精神文明建设提供了宝贵而丰富的内容。

焦裕禄精神也成为中国共产党精神谱系的重要组成部分。早在 2014 年 3 月 18 日，习近平总书记在河南省兰考县调研时就明确指出："焦裕禄精神，同井冈山精神、延安精神、雷锋精神、红旗渠精神等都是共存的。任何一个民族都需要有这样的精神构成其强大精神力量，这样的精神无论时代发展到哪一步都不会过时。"2021 年是中国共产党成立 100 周年，党中央批准中央宣传部梳理第一批纳入中国共产党人精神谱系的伟大精神，并在中华人民共和国成立 72 周年之际予以发布。焦裕禄精神同雷锋精神、大庆精神（铁人精神）、老西藏精神（孔繁森精神）、王杰精神等一起，被第一批纳入了党的精神谱系，成为我们党的精神谱系的重要组成部分。

焦裕禄精神既是共产党人优秀品质的体现，也是中华民族优秀传统的体现，为我们的民族精神注入丰富和强大的精神力量。焦裕禄精神体现了中华民族自强不息、刚健有为的精神品格，体现了修己笃行、知行合一的道德自觉，体现了勇于进取、努力拼搏的人生态度。它是中华优秀传统文化的集中体现。中国古人所说的"先天下之忧而忧，后天下之乐而乐"的政治抱负，"位卑未敢忘忧国"、"苟利国家生死以，岂因祸福避趋之"的报国情怀，"富贵不能淫，贫贱不能移，威武不能屈"的浩然正气，"人生自古谁无死，留取丹心照汗青"、"鞠躬尽瘁，死而后已"的献身精神等，都体现了中华优秀传统文化和中华民族精神，这些是中华民族五千年来生生不息、赖以生存和发展的精神纽带、支撑和动力，是创新社会主义先进文化的民族灵魂。正因为焦裕禄精神既是中华民族精神的体现，又在新时代为民族精神注入丰富和强大的精神力量，所以焦裕禄精神就更富有渗透力、吸引力，从而获得广大人民群众的认同和追求，成为实现中国梦的精神动力。

虽然焦裕禄同志离开我们 50 多年了，尽管社会在不停发展，时代在不断变迁，但焦裕禄精神是永恒的，永远都是激励我们求真务实、开拓进取的宝贵精神财富，因此永远不会过时，永远要发扬光大。

二、新时代的共产党员和领导干部如何深学细照笃行焦裕禄精神

新时代，共产党员和领导干部要深学细照笃行焦裕禄精神。习近平总书记在同中央党校第一期县委书记研修班学员进行座谈时指出，"县级政权所承担的责任越来越大，尤其是在全面建成小康社会、全面深化改革、全面依法治国、全面从严治党进程中起着重要作用。焦裕禄同志以自己的实际行动塑造了一个优秀共产党员和优秀县委书记的光辉形象。做县委书记就要做焦裕禄式的县委书记，始终做到心中有党、心中有民、心中有责、心中有戒"。

心中有党。共产党员和领导干部要向焦裕禄学习坚定的理想信念，学习他牢固的党性意识，始终对党忠诚。这也是党员领导干部安身立命

之本。在新时代，我们要牢固树立"四个意识"、坚定"四个自信"、坚决做到"两个维护"，深入学习贯彻习近平新时代中国特色社会主义思想；要坚定政治自觉，在思想上政治上行动上同以习近平同志为核心的党中央保持高度一致。

心中有民。共产党员和领导干部要把百姓冷暖记在心间，关心群众、真诚为民、心中有民。焦裕禄在兰考工作期间曾说："党把这个县36万群众交给我们，我们不能领导他们战胜灾荒，应该感到耻辱。"群众有困难的时候，他总是第一个出现，群众劳动的时候，他和群众并肩作战。在那个物资匮乏、条件简陋的年代，他克服种种困难，想的就是如何让人民吃饱穿暖，过上幸福的生活。他心中有百姓，百姓也把他挂在心上。焦裕禄病逝2年后，他的棺木回到了兰考，数十万百姓前来参加这场迁葬。在这场葬礼上，孩童的脸上挂着泪，年届八旬的老人哭得站不住身子，中年妇人也悲伤得披头散发。直到今天，焦裕禄仍活在广大人民群众的心中。

心中有责。焦裕禄在洛阳的9年和他在兰考的475天，都充分诠释了共产党员心中有责、勇于担当与开拓进取的优良品质。中国共产党人眼中的担当精神，其内涵既包括本职担当、责任担当、大局担当、难题担当、风险担当、使命担当，也包括为民族担当、为人民担当、为党担当。其特质就是咬定目标、迎难而上、越挫越勇、越险越进、勇于斗争、久久为功。担当精神能使我们破解矛盾难题、克服障碍阻力、应对风险挑战，能"爬坡过坎闯关"，进而实现既定的伟大目标。向焦裕禄同志学习，要像他那样勤勉敬业、忘我工作，始终保持无私奉献、实干拼闯的工作激情。

心中有戒。学习焦裕禄精神，就要学习他的廉洁奉公、严于律己，共产党员和领导干部在工作和生活中，始终要牢记纪律和规矩。"心中有戒"始终贯穿焦裕禄的人生始终，无论是"不让儿子看白戏"，还是"拒绝自己家的救济粮"等事迹，都充分彰显了焦裕禄同志的严于律己，正确运用自己手里的权力，决不占公家便宜，既"管住自己"，也"管住家人"。

三、伟大建党精神、中国共产党人精神谱系、焦裕禄精神三者之间的关系及内在联系

伟大建党精神和精神谱系是"源"和"流"的关系、本体和具体的关系。伟大建党精神是"源"，是"根"，精神谱系是"流"，是"干"；伟大建党精神是本体精神，是精神谱系的共同基因，精神谱系以伟大建党精神为基础，是伟大建党精神在不同历史时期的具体彰显和体现。焦裕禄精神，则是精神谱系中的重要内容，是"枝"。

先来说伟大建党精神这个"源"，这个"根"。2021 年 7 月 1 日，习近平总书记在庆祝中国共产党成立 100 周年大会上发表重要讲话时指出："一百年来，中国共产党弘扬伟大建党精神，在长期奋斗中构建起中国共产党人的精神谱系，锤炼出鲜明的政治品格。历史川流不息，精神代代相传。我们要继续弘扬光荣传统、赓续红色血脉，永远把伟大建党精神继承下去、发扬光大！"这次重要讲话，是我们党首次提炼出的伟大建党精神及其基本内涵。为什么中国共产党一直注重精神建设？这就涉及中国共产党注重精神建设的根基问题。中国共产党注重精神建设的根基，植根于中国共产党远大目标、宏大使命与道路曲折坎坷的矛盾，其远大目标、宏大使命可以概括为为人民谋幸福、为民族谋复兴、为世界谋大同、为政党谋强大、为共产主义而奋斗，但实现远大目

标和宏大使命的道路是艰辛曲折坎坷的，在艰辛曲折坎坷的道路上实现远大目标和宏大使命，就必须发扬中国共产党人的伟大精神。这些精神蕴含着中国共产党人的理想信念、对党忠诚、家国情怀、社会奉献、为民奋斗、本领提升。在中国共产党百年奋斗史中，逐渐形成了中国共产党人的精神谱系。

再来说说精神谱系这个"流"，这个"干"。贯穿中国共产党人精神谱系的本体基因究竟是什么？中国共产党的精神建设有两个层次，可概括为精神谱系与精神基因。这是有哲学基础的，即从特殊到一般。从特殊上，我们看到的是由各个时期各种独特的精神构成的精神谱系。在新民主主义革命时期，我们党的精神建设相对注重战胜敌人、强大自己；在社会主义革命和建设时期，我们党的精神建设相对注重战胜艰难困苦、完成创业任务；在改革开放和社会主义现代化建设新时期，我们党的精神建设相对注重锐意进取、攻坚克难；在中国特色社会主义新时代，我们党的精神建设相对强调自信自强、守正创新。这些精神建设都关乎我们党的执政基础、国家命运、社会风气。从一般上，我们看到的是精神基因（本体精神），这就是伟大建党精神，即坚持真理、坚守理想，践行初心、担当使命，不怕牺牲、英勇斗争，对党忠诚、不负人民。这是中国共产党的精神之源。伟大建党精神是紧紧围绕"不忘初心、牢记使命"，从四个逻辑层次展开，即认知层次（坚持真理、坚守理想）——目标层次（践行初心、担当使命）——意志层次（不怕牺牲、英勇斗争）——情怀层次（对党忠诚、不负人民）。

那么今天我们谈到的焦裕禄精神，就是共产党人精神谱系中的重要内容，是"枝"。基于伟大建党精神，中国共产党人在不同历史时期形成了具有不同历史特征的精神，这些精神构成中国共产党人的精神谱系。

各个历史时期形成的精神是有规律可循的，那就是体现并反映了各个历史时期的时代品质、实践品格及其本质特征。在新民主主义革命时期，主要是围绕"浴血奋战、百折不挠"与战胜敌人、强大自我而形成的精神。在这一历史时期，革命问题是首要问题。而革命的首要问题，就是"谁是我们的敌人、谁是我们的朋友"。伟大长征精神，就是新民主主义革命时期形成的精神谱系的典型样本。在社会主义革命和建设时期，主要是基于"自力更生、发愤图强"与战胜艰难困苦、完成创业大任而形成的精神。这一历史时期的整体景象，就是一穷二白、百废待兴。由此，特别需要自力更生、发愤图强、艰苦创业、立国兴国。"两弹一星"精神，就是这一历史时期形成的精神谱系的典型样本。在改革开放和社会主义现代化建设新时期，主要是针对"解放思想、锐意进取"与披荆斩棘、攻坚克难而形成的精神。改革开放是我国的第二次革命，社会主义现代化建设是一项开创性的伟大事业。然而，当时各种庞杂的思想观念与僵化的体制机制阻碍着改革开放和社会主义现代化建设。这就要求中国共产党人必须解放思想、锐意进取、披荆斩棘、攻坚克难。伟大改革开放精神，就是这一历史时期形成的精神谱系的核心，也是分析这一历史时期精神谱系的典型样本。在中国特色社会主义新时代，主要是需要"自信自强、守正创新"与应对风险、自我革命而形成的精神。在新时代，中国共产党人打的"铁"相当坚硬，它不仅要解决人民生活"好不好"、国家"强不强"、政党"硬不硬"、世界"太平不太平"的根本问题，而且要应对来自各方面的矛盾问题、障碍阻力、风险挑战。为此，就必须进行伟大斗争、勇于自我革命，就必须自信自强、守正创新。伟大抗疫精神，可以作为这一历史时期形成的精神谱系的典型样本。焦裕禄精神，具有社会主义革命和建设时期"战胜艰难困苦、完成创业大任"的特点，同时也体现了改革开放和社会主义现代化建设新时期"解放思想、锐意进取"精神和中国特色社会主义新时代"自信自强、守正创新"等精神，所以焦裕禄精神才具有如此强大的生命力。

四、对"亲民爱民、艰苦奋斗、科学求实、迎难而上、无私奉献"的学习领悟

2009 年，习近平同志把焦裕禄精神概括为"亲民爱民、艰苦奋斗、科学求实、迎难而上、无私奉献"。我们可以一项一项来学习领悟。

亲民爱民，重点在"民"。"为人民服务"是党的根本宗旨。党之所以能够带领全国人民取得革命胜利、之所以能够取得社会主义建设的伟大成就、在一穷二白的基础上建设了崭新的社会主义国家，就是因为党代表了人民的利益和愿望，得到了人民的拥护和支持。习近平总书记指出，"我们党来自人民、扎根人民、造福人民，全心全意为人民服务是党的根本宗旨，必须以最广大人民根本利益为我们一切工作的根本出发点和落脚点，坚持把人民拥护不拥护、赞成不赞成、高兴不高兴作为制定政策的依据，顺应民心、尊重民意、关注民情、致力民生"。我们领悟焦裕禄精神中的"亲民爱民"，重点要学习他牢记宗旨、心系群众，"心里装着全体人民、唯独没有他自己"的公仆精神。

艰苦奋斗，重点在"奋斗"。艰苦奋斗是中华民族的光荣传统，是我们党的立业之本、取胜之道、传家之宝。党的历代中央领导集体都十分重视继承和发扬艰苦奋斗的精神，并将其作为一贯的治党、治国、治军的重要原则贯穿始终。在新的历史条件下，追寻党大力弘扬艰苦奋斗精神的思想发展轨迹，永远高扬艰苦奋斗的旗帜不动摇，对于全

党、全社会自觉抵御各种腐朽思想侵蚀、保持党和国家政权永不变质、全面推进社会主义现代化建设事业，无疑具有十分重大的意义。艰苦奋斗同样也是焦裕禄精神的精髓。在新的伟大斗争中赢得胜利、实现伟大梦想，就要顽强拼搏、不懈奋斗，勇于战胜一切风险挑战，奋力夺取全面建成社会主义现代化强国、实现中华民族伟大复兴的新胜利。

科学求实，重点在"实"。求实，原指根据实证，求索真知；按照实际情况办事，不夸大不缩小。焦裕禄同志所倡导和实践的根本工作方法就是科学求实，求真务实，坚持一切从实际出发。正是这种探索规律、把握规律的科学精神，让焦裕禄在短时间内抓住了改变兰考落后面貌的"牛鼻子"。科学求实是焦裕禄精神的灵魂，是务实发展之基。

迎难而上，重点在"上"。焦裕禄同志不怕困难、不惧风险。他说："革命者要在困难面前逞英雄。"这鲜明地体现了共产党员的大无畏精神。当然，迎难而上不是一味蛮干，而是在遵循客观规律进而科学合理行动的同时，也要敢闯、敢试、敢拼搏、敢奋斗、敢担当，遇到困难不低头，面对困难敢挑战。知难而进、迎难而上是中国共产党人的宝贵品格，也是焦裕禄精神的重要内容。

无私奉献，重点在"奉献"。共产党员不仅是一种荣誉，更是无私的奉献。百年党史当中，无论是战争年代还是和平年代，都有千千万万的共产党员用无私奉献推动了中华民族伟大复兴的历史进程，点燃自己的生命之火。习近平总书记指出，忠于党、忠于人民、无私奉献，是共产党人的优秀品质。党的事业，人民的事业，是靠千千万万党员的忠诚奉献铸就的。焦裕禄同志廉洁奉公、勤政为民，为党和人民事业鞠躬尽瘁、死而后已的奉献精神，是共产党人先进性的重要体现，也是焦裕禄精神的鲜明特点。

五、焦裕禄精神在当今和未来的时代价值

国无精神不立，人无精神不强，党无精神不兴。从我们党百年奋斗历程中可以揭示出一条规律，即一个政党的精神是其强大的一种内在基因。有了精神，一个政党就会从无到有、从小到大、从弱到强；有了精神，一个政党就会自觉主动地加强思想建设、制度建设、组织建设、作风建设、能力建设、队伍建设，这就是所谓的"助推"作用。习近平总书记于 2013 年 3 月 17 日在十二届全国人大一次会议闭幕会上说："实现中国梦必须弘扬中国精神。这就是以爱国主义为核心的民族精神，以改革创新为核心的时代精神。这种精神是凝心聚力的兴国之魂、强国之魂。"前面也讲到，焦裕禄精神既是共产党人优秀品质的体现，也是中华民族优秀传统的体现，也为我们的民族精神注入丰富和强大的精神力量，奏响了中国精神的时代强音。那么在未来，我们继续建设现代化强国，仍然需要大力弘扬焦裕禄精神，要在改革发展实践中学习弘扬焦裕禄精神。

习近平总书记强调，要结合时代特点大力学习弘扬焦裕禄精神。改革与发展是我们这个时代的鲜明特点：改革开放是决定当代中国命运的关键抉择，发展是解决我国所有问题的关键。20 世纪 60 年代，焦裕禄同志在极其艰苦的条件下带领群众同严重的自然灾害作斗争，努力让兰考人民吃饱穿暖，用实际行动谱写了一曲干事创业、一心为民的赞歌。当前，我们正在为实现中华民族伟大复兴的中国梦而努力奋斗。广大党员干部要大力学习弘扬焦裕禄精神，敢负责能负责、勇担当善担当，带领人民群众奋力推进改革发展。

在全面深化改革中大力学习弘扬焦裕禄精神。精神的力量是无穷的，也是弥足珍贵的。精神是人的"精气神"，是人的实践活动的灵魂，是文化层面的立国之本、强国之魂。"精神"一旦被广大人民群众所掌握，就能变成强大的物质力量。目前，我国改革已进入攻坚期和深水区，凝聚改革共识与合力难度加大，统筹兼顾各方利益任务艰巨。新形势新任务要求我们进一步振奋精神、增强勇气，敢于啃硬骨头，敢于涉险滩，以更大决心冲破陈旧思想观念的束缚，突破利益固化的藩篱，消除各方面体制机制的弊端。"在困难面前逞英雄"的焦裕禄精神，为我们凝聚力量、攻坚克难、全面深化改革提供了强大精神动力。为此，必须大力学习弘扬焦裕禄精神，以重大问题为导向，抓住重点问题、难点问题、关键问题进一步研究思考、寻找答案，提高改革的针对性和实效性。我们要按照中央统一部署和要求，落实好本地区本部门具有标志性、关键性、引领性作用的重大改革举措；围绕稳增长、调结构、惠民生、防风险，把握好改革的重点和力度，妥善处理好改革发展稳定的关系，不失时机地推进重要领域和关键环节的改革。

在推动高质量发展中大力学习弘扬焦裕禄精神。发展是硬道理。我国的现实国情，决定了发展仍是解决所有问题的关键。因此，我们仍然必须坚持以经济建设为中心，推动经济社会持续健康发展。目前，我国发展中不平衡、不协调、不可持续的问题依然突出，经济发展方式不转变不行，经济发展不适度也不行。只有不断推进经济提质增效、转型升级，才能保持我国经济中高速增长，推动我国经济发展向中高端水平迈进，为全面建成小康社会打下坚实基础。科学求实的焦裕禄精神，为我们推动经济转型升级、高质量发展提供了重要精神动力。为此，必须大力学习弘扬焦裕禄精神，老老实实地从客观实际出发，妥善应对和有效解决前进道路上的各种挑战、困难和矛盾、问题，努力推动质量效益提高和节能环保的发展，推动发展成果更多更公平地惠及全体人民的发展，推动符合经济规律、社会规律和自然规律的发展，推动就业和收入并进的发展。

党的二十大报告指出：全面建设社会主义现代化国家、全面推进中华民族伟大复兴，关键在党。我们党作为世界上最大的马克思主义执政党，要始终赢得人民拥护、巩固长期执政地位，必须时刻保持解决大党独有难题的清醒和坚定。经过党的十八大以来全面从严治党，我们解决了党内许多突出问题，但党面临的执政考验、改革开放考验、市场经济考验、外部环境考验将长期存在，精神懈怠危险、能力不足危险、脱离群众危险、消极腐败危险将长期存在。全党必须牢记，全面从严治党永远在路上，党的自我革命永远在路上，决不能有松劲歇脚、疲劳厌战的情绪，必须持之以恒推进全面从严治党，深入推进新时代党的建设新的伟大工程，以党的自我革命引领社会革命。

砥砺奋进，时不我待。一个政党的"精神建设"至关重要。焦裕禄精神，本质上是为中国人民谋幸福，为中华民族谋复兴，为人类谋进步，为中国共产党谋强大的精神。它作为我们党精神谱系的重要组成部分，对党的建设具有宝贵而持久的重要意义。

大爱无声　花开有音

第三讲　焦裕禄精神孕育形成在洛矿

□ 赵飞龙

赵飞龙，1970 年 7 月出生，大学学历，现任中共洛阳市委党校（洛阳行政学院）分管日常工作的副校（院）长。曾任中共洛阳市委副秘书长，洛阳日报社党委书记、社长，中共洛阳市委宣传部常务副部长。

2022 年是焦裕禄同志诞辰 100 周年，逝世 58 周年。焦裕禄离开我们已经多年，但他在 42 年的短暂人生中铸就的焦裕禄精神，作为中国共产党人精神谱系的重要组成部分，永远是激励中国共产党人踔厉奋发、勇毅前行的强大精神动力和宝贵精神财富。习近平总书记指出："一个人的精神不是一朝一夕形成的，焦裕禄在洛矿工作的 9 年，是焦裕禄精神形成的重要时期，焦裕禄精神孕育形成在洛矿，弘扬光大在兰考。"在担任兰考县委书记前，焦裕禄曾在洛阳矿山机器厂（简称洛矿，即中信重工）工作生活长达 9 年。洛矿 9 年是焦裕禄逐步走向成熟的关键期，也是焦裕禄精神孕育形成的关键期。在党的二十大开启全面建设社会主义现代化国家、向第二个百年奋斗目标进军的新征程之际，追溯回顾和生动展现焦裕禄在洛矿 9 年的锻炼成长历程，深刻领会习近平总书记关于"焦裕禄精神孕育形成在洛矿"重要论述的精髓要义，对于全面、完整认识和理解焦裕禄精神，进一步增强学习弘扬焦裕禄精神的行动自觉，更好地从中汲取精神力量和智慧力量，为全面推进中华民族伟大复兴凝心聚力具有十分重要的现实意义和理论价值。

一、深刻理解"焦裕禄精神孕育形成在洛矿"的丰富内涵

焦裕禄于 1922 年 8 月出生在山东省淄博市的一个贫苦家庭。1953 年 6 月至 1962 年 6 月在洛矿工作生活。1962 年 12 月，调任兰考县委书记；1964 年 5 月，焦裕禄积劳成疾，因肝癌英年早逝，年仅 42 岁。洛矿和兰考曾是焦裕禄为党和人民事业拼搏奉献的主要工作地。洛矿这段历程对

焦裕禄的成长和焦裕禄精神的形成具有关键性意义。2009 年，习近平同志莅临洛矿、兰考视察，首次将焦裕禄精神集中概括为亲民爱民、艰苦奋斗、科学求实、迎难而上、无私奉献，并提出"焦裕禄精神孕育形成在洛矿"的重要论断。怎样理解"焦裕禄精神孕育形成在洛矿"？这一问题关涉完整把握焦裕禄精神。只有梳理和分析焦裕禄在洛矿的工作状态与精神风貌，把焦裕禄在洛矿和兰考的工作经历和思想变化前后贯通起来，才能更加准确全面、生动具体地呈现焦裕禄精神的全貌。

（一）焦裕禄亲民爱民的公仆情怀是在与洛矿工友团结奋斗的相处中生发出来的

亲民爱民是焦裕禄精神的本质。在焦裕禄看来，一个共产党员以什么样的态度对待群众、关心群众，不是什么方法问题，而是为人民服务思想纯不纯、无产阶级感情深不深的问题。他视工友为亲人，使党心民心深情交融，以最朴素的方式深刻诠释了什么是为民服务，什么是公仆情怀。

在洛矿，焦裕禄全心全意为人民服务，心里永远装着别人，唯独没有他自己。他说，一个共产党员要密切联系群众，做群众的知心朋友，要帮助群众进步，就要有一颗对党对阶级兄弟的赤诚忠心，不能有任何私心杂念，有了私心杂念，就会忘掉党性，人就会变得自私起来，听不到群众的心声，摸不到群众的脉搏。当老工人还在担心家里炉火生不起来时，他已经送去了一大堆取暖的木柴；当从大连远道而来的同事为住宿问题发愁时，他无私地让出了厂里分配给自己的新房，自己全家老小 7 口人却挤在只有 13 平方米的小房子里；当工友生病住院时，他在病床前守了一天一夜，直到工友脱离生命危险……焦裕禄与群众之间的那种自然、真实、朴素的情感，体现了他和人民群众融为一体，想群众之所想、急群众之所急的为民情怀。到兰考后，焦裕禄时刻保持对人民的深情厚爱，视人民群众为衣食父母，把自己当成群众的儿子，诚心诚意当人民公仆，直至献出宝贵的生命。

（二）焦裕禄艰苦奋斗的优良作风是在洛矿建设初期艰难困苦的环境中磨砺出来的

艰苦奋斗是焦裕禄精神的精髓。在新中国工业建设最为困难的起步阶段，焦裕禄来到洛矿投身于工业建设。工业战线上自力更生、攻坚克难的经历，锻造了焦裕禄不怕吃苦、艰苦奋斗的精神。

焦裕禄常讲："搞工业是艰苦的，担子是沉重的，但是我们是共产党人，这个担子一定能挑起来。只要钻进去，外行也能变成内行。"艰苦奋斗、勤俭节约，不是说出来的，而是做出来的，关键在于领导干部要带头吃苦，率先垂范。在备战修筑公路期间，时任洛矿筹备建设修路总指挥的焦裕禄每天与工人一起挥汗如雨地劳动，亲自铲土、推车、抬筐，工棚不够住，他率先倡导"共产党员、青年团员、干部睡露天，把工棚让给工人住"，提前三个月圆满完成了修路任务。在制造卷扬机的日日夜夜，焦裕禄始终和工人们奋战在一起，一件破棉大衣，陪他在一条光板凳上度过了50多个夜晚，最终攻克技术难关。在物资短缺、资源匮乏的特殊时期，焦裕禄坚持把废旧箱子上的钉子一个一个拔起来，并带动了更多的人加入勤俭节约的行列，体现了中国共产党人的艰苦奋斗、勤俭节约的优良作风。到兰考后，焦裕禄始终坚持"坐在破椅子上也能革命"的艰苦奋斗精神，在带领全县人民封沙、治水、改地的斗争中，身先士卒，以身作则，经常和群众一起翻地、封沙丘、种泡桐、挖河渠，在有限的475天时间里极大地改变了兰考的面貌。

（三）焦裕禄科学求实的优秀品质是在洛矿工业生产管理的实践中涵养出来的

科学求实是焦裕禄精神的灵魂。在洛矿的这段工业建设与工厂管理的经历练就了焦裕禄凡事探求就里、深入细致做调查研究、善于找到问题关键要害的科学严谨的工作态度和方法，培养了他大工业的气魄和宽广的胸怀，涵养了他科学求实、实事求是的作风和精神。

焦裕禄常说："你要了解一台机床，就得亲自把每一个部件都看明白了，吃别人嚼过的馍没味道。"在哈尔滨工业大学深造期间，焦裕禄倍加珍惜来之不易的学习机会，争分夺秒、如饥似渴地学习工业知识，体现了科学求实的精神态度、精益求精的工作作风。在长期与钢铁、图纸、零部件、机床设备打交道的过程中，车间主任焦裕禄扎根生产一线，埋头苦干，亲自钻到机床下面，拿着厚厚的图纸仔细地研究机床部件，采用"解剖麻雀"的方法，从图纸到工艺、从工具到材料，把百十台不同机床所有的零部件一一对照、逐一标注，一个个熟悉它们，最后提出了更加优化的解决方案。正是这种凡事必亲身躬行的科学求实精神，让焦裕禄在面对各种困难和问题的时候，能够处处找准问题的关键，成功破解了一个个工业技术难题和生产管理难题。到兰考后，焦裕禄扑下身子、求真务实、真抓实干，深入基层、深入群众。他到牛棚同老饲养员促膝长谈，得出沙土窝里种泡桐，能防风固沙、涵养水源的方法；他调研走访群众，探索出"贴膏药"治理风沙的方法，有效遏制了风沙的肆虐。

（四）焦裕禄迎难而上的英雄气概是在坚定建设中国工业化的伟大理想中锻造出来的

知难而进、迎难而上是焦裕禄精神的重要内容。为了改变新中国落后面貌，来自五湖四海的建设者怀揣着工业化强国梦，奔赴洛阳全力支援洛矿建设。洛矿的创业者们意气风发、不怕困难、奋发图强的革命英雄主义精神，激励和鼓舞焦裕禄敢于应对挑战和困难的底气和信心，培养了他勇于战胜一切困难而不被任何困难吓倒的迎难而上、敢于斗争的意志。

狭路相□□□□□□□□□□□□□□陌生的工业生产领域，焦裕禄直面问□□□□□□□□□□□以"明知山有虎，偏向虎山行"的冲□□□□□□□□□□□□的有关工业生产和管理知识，很快成□□□□□□□□□□了完成卷扬机的研制任务，焦裕禄不□□□□□□□□□□没用过，咱们就不能用吗？咱现在做的□□□□□□□□□□□语，勇于打破长期受限于苏联工业技□□□□□□□□□□原材料和零部件奇缺的情况下，毅□□□□□□□□□□作，攻克一个又一个技术难关，最终□□□□□□□□□□用两个多月时间，就成功研制出新中□□□□□□□□□□了我国矿山机械生产史上的一项空白□□□□□□□□□灾害，焦裕禄不等不靠、迎难而上，□□□□□□□□□□□改变兰考面貌"的铮铮誓言，抱病带领全县干部群众□□□□搏，终于征服了三大灾害，铺平了兰考脱贫致富的发展之路。

（五）焦裕禄无私奉献的崇高品格是洛矿红色大熔炉的政治洗礼中淬炼出来的

爱岗敬业、无私奉献是焦裕禄精神的鲜明特色。在洛矿，焦裕禄常说："党叫干啥就干啥，决不能挑肥拣瘦讲价钱。""只恨自己力量太小，为党做的工作太少。"可见，焦裕禄的无私奉献精神在洛矿就已经形成了。

焦裕禄一心向党、一心为公，始终把党和人民的利益放在心中最高位置，始终做到与老百姓心相连、情相依，赢得了人民的崇敬和爱戴。焦裕禄听党指挥，积极响应农业支援工业政策来到洛矿投身工业建设，后来又响应工业支援农业政策而告别洛矿到艰苦的地方工作，对此，他从不讲任何条件和代价，完全服从党组织的安排，坚定永远跟党走。他说："我愿意去，也一定坚决完成党交给我的任务。"在洛矿，焦裕禄积劳成疾罹患肝炎，却因牵挂工厂生产而不愿住院治疗。洛矿党委不得不采取组织措施，强制焦裕禄进医院治疗，并与焦裕禄约法三章：不允许到车间去、不允许接电话、不允许接待厂里的工作人员。可是焦裕禄"宁肯自己多受苦，不让职工心里堵；宁愿瘦掉十斤肉，不让生产落了后"，住院治疗期间还多次关心和指导厂里的生产工作。焦裕禄无私奉献、为党为民精神在洛矿孕育形成并在兰考发扬光大。到兰考后，他肝病日益严重却坚持工作，经常把右脚踩在椅子上用右膝顶住肝部，甚至用茶缸盖、鸡毛掸子、长把刷子顶住压迫止痛，日子久了竟把藤椅顶出了一个大窟窿，忍痛带领兰考人民蹚出了一条根除"三害"的新路，却燃尽了他生命中最后一丝气力。

二、焦裕禄精神在洛阳的传承与弘扬

焦裕禄精神是焦裕禄在洛矿艰苦创业、拼搏奋进的九年岁月中形成的智慧结晶。马克思曾指出："理论一经掌握群众，也会变成物质力量。"焦裕禄精神一旦形成，就成为一种最深沉、最持久的文化力量，犹如一座高山仰止的丰碑，标定了共产党员的精神高度，犹如一面旗帜、一把火炬，积聚了后继者不断前行的动力。在洛阳这片火热的土地上，从建设新中国到奋进新时代，从涧河之西到伊洛之滨，从工业战线到现代化强国建设，从繁华都市到偏僻乡村，处处流淌着焦裕禄的故事，代代传承着焦裕禄精神。焦裕禄精神历久弥新、经久不衰，如汤汤洛水深深地滋养着一代代河洛儿女，显示出超越时空的强大生命力。

（一）焦裕禄精神成为洛矿人团结拼搏进取的精神源头

洛矿是焦裕禄精神的孕育形成地。焦裕禄虽然离开了洛矿，但是焦裕禄精神却从来没有远去。半个多世纪以来，洛矿已经发生了翻天覆地的变化，但是焦裕禄这个永恒的精神路标从来没有改变。在焦裕禄精神的指引下，洛矿涌出了像刘玉华、曲绍惠、闫光明、杨奎烈等不同时期的先进典型，接续传承和弘扬焦裕禄精神的红色血脉，沿着焦裕禄走过的路奋勇前行。

创业之初，在焦裕禄精神的感召下，洛矿涌现了闻名全国的"刘玉华姑娘组"。原洛矿党委副书记刘玉华是焦裕禄生前同事，在她的带领下，"刘玉华姑娘组"发扬忘我的奉献精神和大无畏的创业精神，处处拣最重的任务、揽最苦的活，重革命利益而不计较个人得失，出色完成国家各项生产计划，创下了新中国"女工也能干重工业"的纪录。1959年，刘玉华代表"刘玉华姑娘组"到北京参加全国群英会，受到了党和国家领导人的接见。"刘玉华姑娘组"之所以能甘于奉献，勇于创新，屡创佳绩，是因为长期受到焦裕禄精神潜移默化的熏陶。正如刘玉华在晚年回忆时所说：焦裕禄以事业为重、以厂为家、迎难而上、艰苦奋斗的精神对她们影响很大，激励着她们拼命工作、不断取得新成绩。如今，"刘玉华姑娘组"精神和焦裕禄精神一样，已成为中信重工企业文化的精髓，一代代薪火相传，融入了广大干部职工的血脉，转化为企业发展源源不断的动力。

企业转型时期，洛矿人传承焦裕禄精神，创造了爱厂如家、勤俭节约的"万斤钉"精神。20世纪80年代末，洛矿在改革大潮中陷入了前所未有的困境。为给单位节约成本，洛矿公司铸铁厂曲绍惠、周保真等几位女天车工，自发成立"万斤钉小组"，坚持业余时间捡钉子，十年如一日，无私奉献12年，共回收旧钉子11万余斤，不仅为企业节约了30多万元资金，更为企业创造了一笔无价的精神财富——爱厂如家、艰苦创业、精打细算、无私奉献的"万斤钉"精神。2000年，曲绍惠被授予"全国劳动模范"荣誉称号，成为企业转型时期洛矿人践行焦裕禄精神的典型代表。

改革开放新时期，焦裕禄式好干部杨奎烈用一生践行焦裕禄精神，铸造生命的动能。1977年4月，杨奎烈从部队转业到洛矿，历任工人、车间党支部书记、气体厂厂长、能源供应公司工会主席、经理、党委书记。2012年3月9日因患肝癌医治无效去世，享年58岁。在企业工作的34年间，杨奎烈把自己的一生献给了洛矿事业，用自己的初心坚守、使命担当书写了精彩人生，是广大党员干部学习的榜样。杨奎烈生前数十年如一日心系企业发展，关心职工群众，求真务实，无私奉献，清正廉洁，罹患肝癌后仍以顽强的意志和毅力坚持工作，在平凡的岗位上创造了无愧于时代的业绩，用自己的生命诠释了对洛矿事业的忠诚，展现出新时代共产党人为民务实清廉的政治本色和崇高品格，被广大群众誉为"新时期焦裕禄式的好干部"。和焦裕禄一样，杨奎烈身上承载了以焦裕禄同志为主要代表的共产党人的操守、胸襟和情怀，他的模范事迹彰显着焦裕禄精神的时代延续。

60 多年来，中信重工（原洛矿）始终坚持传承弘扬焦裕禄精神，薪火相传，重新焕发出了勃勃生机。如今，中信重工已经发展成为中国最大的矿山机械制造企业、中国最大的重型机械制造企业之一、国家级创新型企业和高新技术企业、世界最大的矿业装备和水泥装备制造商，被誉为"中国工业的脊梁、重大装备的摇篮"。

（二）焦裕禄精神成为洛阳工业创业创新精神的精神内核

洛阳是一座拥有 5000 年文明史、4000 年城市史、1500 年建都史的历史文化名城，13 个王朝曾在这里演绎出难以磨灭的沧桑活剧，缔造了无数中华文明的"神都传奇"。新中国成立后，国家将全国 156 项重点项目中的 7 项布局在洛阳（洛阳第一拖拉机厂、洛阳轴承厂、洛阳铜加工厂、洛阳矿山机器厂、洛阳耐火材料厂、洛阳热电厂、河南柴油机厂），拉开了洛阳工业文明进程的序幕。后来，随着一批一批工业企业、科研院所落地洛阳，历经不同历史时期的漫长发展，洛阳工业战线逐渐萌发，形成了以"为国争光、胸怀全局的奉献精神，团结一心、不畏艰难的奋斗精神，自立自强、锐意进取的开拓精神，解放思想、求真务实的改革精神，开放包容、不懈追求的梦想精神"的洛阳工业创业创新精神，使古都洛阳重新焕发新的生机和活力。

焦裕禄精神是焦裕禄在投身社会主义大工业建设的长期实践中积累起来的重要财富。作为新中国现代工业文明孕育的历史产物，焦裕禄精神是洛阳工业创业创新精神在社会主义革命和建设时期的典型代表。在新中国工业化建设战略布局中，洛阳被确定为 8 个重点建设的工业城市之一，急需有文化、懂技术、会管理的各方面优秀人才。1953 年 6 月，时年 31 岁的焦裕禄响应国家农业支援工业的号召到洛矿参加工业建设，直到 1962 年 6 月离开洛矿，在工业战线上忘我地奋斗工作了9 年。洛矿 9 年，焦裕禄的人生轨迹与国家"一五"计划（1953—1957年）、"二五"计划（1958—1962 年）的时间高度重叠，镌刻下深深的时代烙印。伟大的事业造就伟大的英雄，伟大的时代呼唤伟大的精神。在9 年的工业建设与工厂管理生涯中，焦裕禄通过用自己的行动，在改变国家命运、民族命运的过程中升华了个人命运，成为那个崇尚英雄又英雄辈出时代的楷模，孕育形成了焦裕禄精神。焦裕禄精神与洛阳工业创业创新精神一脉相承、一以贯之，不仅生动诠释了洛阳工业创业创新精神的丰富意蕴，而且成为洛阳工业创业创新精神进一步丰富和发展的核心动力。

中国特色社会主义新时代，以焦裕禄精神为核心的洛阳工业创业创新精神仍不断传承发展，激励一代又一代洛阳工人群体向着目标奋力迈进，推动洛阳工业经济健康快速增长，为实现洛阳高质量发展凝聚强大精神力量。

（三）焦裕禄精神成为重振洛阳辉煌的不竭精神动力

焦裕禄精神是激励和鼓舞着 700 余万洛阳人民团结奋进新征程，凝心聚力谱新篇的强大思想动力。新时代，在焦裕禄精神的感召下，洛阳党员干部按照深学、细照、笃行的要求，认真学习贯彻习近平总书记关于焦裕禄精神的重要论述，把学习焦裕禄精神同履行好自身职责、落实市委市政府部署的重点工作有机结合起来，把弘扬焦裕禄精神的成效体现到实际工作中，在推进脱贫攻坚与全面推进乡村振兴有效衔接中，在重振洛阳辉煌的伟大实践中先后涌现出一批像马海明、武淞生、罗继伟等焦裕禄式的好党员、好干部、好公仆。

"泥腿子干部"马海明，曾任栾川县潭头镇副镇长、栾川县旅游工作委员会副主任。1996年，他主动请缨开发重渡沟，发誓要让这里的百姓依靠乡村旅游脱贫致富。马海明以焦裕禄为榜样，"向焦裕禄同志看齐"。面对困难，马海明常说："比焦裕禄同志还难吗？困难是弹簧，你弱它就强，我们要迎难而上。"在马海明的带领下，重渡沟从深山里的一个贫穷小山村变成了闻名省内外的4A级旅游景区，被命名为"中国乡村旅游示范村"，全村群众通过发展家庭宾馆等旅游服务产业走上了富裕之路，创造了"重渡沟现象"。2011年5月，马海明在景区开发中遭遇车祸不幸殉职，时年58岁，后被追授中国十大旅游风采人物、河南省道德模范、河南省人民满意的公务员等荣誉。作为党的基层干部，马海明同志用忠诚诠释了一名共产党员的责任，用生命铸就了一座新时期人民公仆的丰碑。马海明带领重渡沟村民脱贫致富的先进事迹，是焦裕禄迎难而上精神指引的结果。

武淞生是嵩县黄庄乡三合村党支部书记、村委会主任。在武淞生的带领下，三合村依托村内原生态、纯天然的山水资源，大力发展生态旅游写生产业，打造特色"手绘小镇"，走出了一条具有三合村特色的脱贫致富路，使三合村从一个深度贫困村变成了远近闻名的乡村旅游景区、家喻户晓的小康村。三合村之所以能够实现旧貌换新颜的巨大转变，主要是因为武淞生在为民服务中大力弘扬和践行焦裕禄精神。正如武淞生所说："我们学习和弘扬焦裕禄精神，就要始终保持一种敢做善成的勇气，不怕矛盾复杂、不怕任务艰巨、不怕责任重大，敢于挑起重担、敢于克难制胜、敢于奋勇争先。"流汗的日子不空白，奋斗的人生最美丽。2021年2月，武淞生被党中央、国务院授予"全国脱贫攻坚先进个人"荣誉称号，成为新时代乡村振兴战线上的焦裕禄式的好党员。

罗继伟是一名长期奋战在洛阳工业生产研发一线的先进工作者，曾任洛阳轴承研究所所长，教授级高级工程师，享受政府特殊津贴。罗继伟是在焦裕禄事迹的影响下逐步成长起来的。早在初中时期，罗继伟就对焦裕禄"吃别人嚼过的馍没味道"的科学求实精神的印象十分深刻。在焦裕禄事迹的影响下，1981年大学毕业后，罗继伟来到洛阳轴承研究所从事产品研发工作。自工作以来，罗继伟一直以焦裕禄为学习榜样，始终坚持科学求实精神，在中外技术悬殊的情况下提出了更加科学的技术优化方案，成功填补了国外轴承相关分析软件的关键技术漏洞，赢得了国外同行的认可和肯定。在焦裕禄精神的指引下，罗继伟从一名普通工程师一步步成长为轴研所科研带头人，先后主持并完成国家和省部级重大科研项目20余项，有效带动我国通用轴承产品实现大规模升级换代。回顾自己的科研经历，罗继伟说："在我众多抉择的关键时刻，焦裕禄敢想敢干、科学求实的精神，始终给我指引方向，鼓励我一往无前。"罗继伟带领技术人员投身工业科研事业，突破多项技术瓶颈，实现了轴研所跨越式发展，成为工业战线上学习弘扬焦裕禄精神的优秀践行者。

巍巍洛阳城，悠悠河洛水。焦裕禄精神一直在洛阳薪火相传，始终焕发时代光芒。当前，围绕产业发展、城市提质、乡村振兴、疫情防控等重点工作，无数党员干部冲锋在前、奉献在先……重振洛阳辉煌的梦想正一步步变为现实。这些一心为公、同心奋进的伟大实践都是焦裕禄精神在洛阳传承发展、发扬光大的生动注脚。

三、焦裕禄精神的时代价值与现实意义

岁月流逝，精神永恒。如今，焦裕禄的故事仍直抵人心、催人奋进，

焦裕禄精神永远是一座不朽的精神路标。2017年5月，习近平总书记在中国政法大学考察时说："焦裕禄精神跨越时空，永远不会过时，我们要结合时代特点不断发扬光大。"党的二十大全面把握党和国家事业发展新要求、人民群众新期待，吹响了为全面建设社会主义现代化国家、全面推进中华民族伟大复兴而团结奋斗的前进号角。击鼓催征，奋楫扬帆。面对新使命新形势，我们仍需学习弘扬焦裕禄精神，振奋精神、激发斗志、树立形象、赢得民心，努力创造无愧于党、无愧于人民、无愧于时代的业绩。

（一）学习弘扬焦裕禄亲民爱民的公仆情怀，坚守为民造福之旨

为什么人的问题，是检验一个政党、一个政权性质的试金石。毛泽东同志在《为人民服务》中指出："我们这个队伍完全是为着解放人民的，是彻底地为人民的利益工作的。"为人民利益而奋斗是中国共产党人干事创业的根本出发点和落脚点。焦裕禄始终坚持"心中装着全体人民、唯独没有他自己"的公仆情怀，视人民为衣食父母、无时无刻不挂念着群众，从工作生活上关心、帮助群众，成为群众的"贴心人""解困人"，充分彰显了一名优秀共产党员的人民情怀。

经过几十年发展，我国已经成功解决了十几亿人的温饱问题，全面建成了小康社会，人民生活得到了极大改善，社会治理明显改进。同时，随着时代发展和社会进步，人民对美好生活的向往更加强烈，对民主、法治、公平、正义、安全、环境等方面的要求日益增长。民之所盼，政之所向。习近平总书记指出："中国共产党将坚持人民至上，坚持全心全意为人民服务的根本宗旨，践行以人民为中心的发展思想，不断促进人的全面发展和全体人民共同富裕，更好满足中国人民对美好生活的向

往。"党的二十大报告提出："为民造福是立党为公、执政为民的本质要求。必须坚持在发展中保障和改善民生，鼓励共同奋斗创造美好生活，不断实现人民对美好生活的向往。"新的征程上，要牢牢坚持以人民为中心的发展思想，心怀"国之大者"，始终站稳人民立场，自觉践行群众路线，同人民想在一起、干在一起，同呼吸、共命运、心连心。只有紧紧抓住人民最关心最直接最现实的利益问题，坚持尽力而为、量力而行，不断提高人民生活品质，才能让人民期盼变成美好现实。

（二）学习弘扬焦裕禄艰苦奋斗的优良作风，保持踔厉奋发之貌

艰苦奋斗是中华民族的传统美德，也是中国共产党的政治本色。邓小平同志曾指出："中国搞四个现代化，要老老实实地艰苦创业。我们穷，底子薄，教育、科学、文化都落后，这就决定了我们还要有一个艰苦奋斗的过程。"正是靠着艰苦奋斗精神，焦裕禄从洛矿到兰考始终坚持不怕苦、能吃苦、勇拼搏的劲头，带领群众不畏艰难、砥砺前行，战胜了各种艰难险阻，在不同工作中创造不平凡的业绩，展现了共产党员艰苦创业、奋发图强的鲜明作风。

一路走来，我们党始终保持自力更生、艰苦奋斗精神，团结带领人民，于一穷二白中奋起，在改革开放中奋发，在新时代中奋进，一路披荆斩棘，一路凯歌前行，创造了举世瞩目的中国奇迹，中华民族迎来了从站起来、富起来到强起来的伟大飞跃，实现中华民族伟大复兴进入了不可逆转的历史进程。同时，必须清醒看到，世纪疫情冲击下，百年变局加速演进，外部环境更趋复杂严峻和不确定，前进道路上仍然存在难以预料的各种风险挑战。正如习近平总书记强调的："中华民族伟大复兴绝不是轻轻松松、敲锣打鼓就能实现的，也绝不是一马平川、

朝夕之间就能到达的。"筚路蓝缕，以启山林。新的征程上，要继续坚持艰苦奋斗作风，大力发扬钉钉子精神，踔厉奋发、笃行不怠，以永不懈怠的精神状态和一往无前的奋斗姿态，埋头苦干、真抓实干，集中精力办好自己的事情，一个任务接着一个任务完成，一个目标接着一个目标实现，乘势而上、再接再厉、接续奋斗，把党的二十大擘画的宏伟蓝图变为现实，在波澜壮阔的历史奋斗中夺取更加伟大的胜利。

（三）学习弘扬焦裕禄科学求实的求真精神，把牢行稳致远之舵

科学求实是实事求是、调查研究，坚持一切从实际出发的求实精神，是中国共产党人重要的实践品格。毛泽东同志曾指出："……实事求是，理论与实际密切联系，则是一个党性坚强的党员的起码态度。"焦裕禄之所以能够处处找到正确解决工业生产中的问题的抓手，在短时间内抓住了改变兰考落后面貌的"牛鼻子"，根本在于焦裕禄始终坚持科学求实的科学精神，深入基层一线，深入调查研究，坚持从实际出发谋划工作，按客观规律办事，在务实重干中推动革命事业发展。

科学求实、实事求是，是中国共产党立党立国、兴党兴国的重要法宝。百余年来，中国共产党坚持实事求是原则，坚持和发展中国特色社会主义，推动物质文明、政治文明、精神文明、社会文明、生态文明协调发展，成功走出了一条适合中国国情、符合人民意愿的中国式现代化道路，创造了人类文明新形态，拓展了发展中国家走向现代化的途径。习近平总书记在党的二十大报告中强调："从现在起，中国共产党的中心任务就是团结带领全国各族人民全面建成社会主义现代化强国、实现第二个百年奋斗目标，以中国式现代化全面推进中华民族伟大复兴。"然而，在国土面积广袤、人口规模巨大、地区差异悬殊的中国实现现代

化，而且是全体人民共同富裕、物质文明和精神文明相协调、人与自然和谐共生、走和平发展道路的现代化，是一个世界性和世纪性的难题，所面临的挑战之严峻，所遇到的困难之巨大，在人类历史上前所未有。新的征程上，要始终坚持凡事探求就里、"吃别人嚼过的馍没味道"的求实作风，坚持和运用习近平新时代中国特色社会主义思想的世界观和方法论，根本立足于中国国情和实际，准确把握当今国际形势，深入调查研究、广泛听取各方面意见、进行反复讨论，形成符合现代化建设规律、中国式现代化建设规律的战略策略，既不走封闭僵化的老路，也不走改旗易帜的邪路，不断开创现代化新局面，确保中华民族复兴号巨轮初心不改、航向不偏、行稳致远。

（四）学习弘扬焦裕禄迎难而上的奋斗精神，筑牢民族复兴之基

中国共产党是迎难而上、敢于斗争的伟大政党。邓小平同志曾指出："没有一点闯的精神，没有一点'冒'的精神，没有一股子气呀、劲呀，就走不出一条好路，走不出一条新路，就干不出新的事业。"焦裕禄坚持迎难而上的奋斗精神，发出"不达目的，我死不瞑目"的铮铮誓言，抱病带领全县干部群众风雨无阻、奋力拼搏，和"三害"展开了猛烈斗争，终于征服了三大灾害，拔掉了兰考人民的"穷根"，彰显了中国共产党人不惧困难、敢于斗争、善于斗争的精神品格。

为人民谋幸福、为民族谋复兴是中国共产党的初心使命。100多年来，中国共产党不怕牺牲、不怕困难，团结带领人民进行了艰苦卓绝的斗争，确立了实现中华民族伟大复兴的目标，找到了实现中华民族伟大复兴的道路，奠定了实现中华民族伟大复兴的厚实基础，创造了中华民族发展史、人类文明发展史上的奇迹，使我们比历史上任何时期都

更接近、更有信心和能力实现中华民族伟大复兴的目标。同时，也必须看到，中华民族伟大复兴战略全局和世界百年未有之大变局相互交织、相互激荡，我国未来发展面临着越来越错综复杂的风险考验，甚至会遇到难以想象的惊涛骇浪。正如习近平总书记所说："中华民族伟大复兴，绝不是轻轻松松、敲锣打鼓就能实现的。全党必须准备付出更为艰巨、更为艰苦的努力。"新的征程上，要始终坚持"革命者要在困难面前逞英雄"的奋斗精神，把握好新的伟大斗争的历史特点，抓住和用好历史机遇，知难而进、迎难而上，不断增强斗争本领，依靠顽强斗争全力战胜前进路上的一切艰难险阻，以咬定青山不放松的执着奋力实现中华民族伟大复兴。

（五）学习弘扬焦裕禄无私奉献的高尚情操，抓实自我革命之要

无私奉献是中国共产党人的优秀品质。习近平总书记指出："新中国成立以来，我们党和人民一路筚路蓝缕、艰苦奋斗走来，使国家越来越富强、民族越来越兴盛、人民越来越幸福，其中很重要的一条就是有无数焦裕禄这样的优秀党员、干部为党和人民无私奉献。焦裕禄同志的事迹归结到一点，就是坚定跟党走，他一生都在为党分忧、为党添彩。"从洛矿到兰考，从为工友寻医问药，到帮助老战友申请平反，再到给新同事让房子，从缝了 42 个补丁的被子，到教育儿子不能搞特殊"看白戏"，再到亲自起草《干部十不准》，焦裕禄始终坚持廉洁奉公、"任何时候都不搞特殊化"的道德情操，用实际行动践行着共产党人大公无私、对党忠诚的革命精神。

勇于自我革命是中国共产党最鲜明的政治品格和取得事业成功的关键所在。100 多年来，中国共产党接续推进自我革命，管党治党取得

了历史性成就。特别是党的十八大以来，以习近平同志为核心的党中央深入推进全面从严治党，解决了党内许多突出问题，探索出依靠党的自我革命跳出历史周期率的成功路径，开创了自我革命新境界，赢得了人民衷心拥护、走在时代前列的历史主动。同时，必须看到，"四大考验"、"四种危险"将长期存在，党的建设还面临不少顽固性、多发性问题，管党治党依然任重道远。舟行万里，操之在舵。党的二十大强调："全党必须牢记，全面从严治党永远在路上，党的自我革命永远在路上，决不能有松劲歇脚、疲劳厌战的情绪，必须持之以恒推进全面从严治党，深入推进新时代党的建设新的伟大工程，以党的自我革命引领社会革命。"新的征程上，要始终忠诚于党、忠诚于人民，用习近平新时代中国特色社会主义思想武装头脑，牢牢坚持立党为公、执政为民的政治立场，强化政治意识，严守政治纪律，自觉带头捍卫"两个确立"、增强"四个意识"、坚定"四个自信"、做到"两个维护"，不断增强自我净化、自我完善、自我革新、自我提高能力，以对党绝对忠诚推动新时代党的自我革命，为创造新的历史伟业保驾护航。

大爱无声　花开有音

第四讲　弘扬焦裕禄精神　厚植人民情怀

□ 尹传政

尹传政，中共山东省委党校教授，山东省习近平新时代中国特色社会主义思想研究中心研究员；山东省理论人才"百人工程"成员；山东省十九届六中全会、党的二十大宣讲团成员；长期从事企业党建研究，所指导的党建课题多次获得国家评比奖项。主要研究方向：中国共产党领袖人物思想、中国共产党政治制度史；学术领域：优抚制度、抗战时期村政建设等。出版专著 12 部：《当代中国优抚制度》、《毛泽东与新中国水利工程建设》、《不忘初心　砥砺奋进：中国共产党党代会轶事》、《党章背后的故事》、《毛泽东与共和国非常岁月》、《从延安整风到党的七大》等。在《人民日报》、《光明日报》、《红旗文摘》、《学习时报》等报刊发表论文 70 多篇。

一、弘扬焦裕禄的公仆情怀，有利于改进党的作风，筑牢党的执政基础

人民至上的精神是焦裕禄精神的本质，也是中国共产党在革命、建设和改革中所呈现出的性质、宗旨的具体展现。1946年焦裕禄同志加入中国共产党，直到他1964年与世长辞，他18年的党员生命中将全心全意为人民服务的宗旨做到了极致，兰考人民就是他的命，甚至比他的命更重要。焦裕禄"心中装着全体人民，唯独没有他自己"。这一点也体现在焦裕禄的工作经历上，焦裕禄在艰难的工作环境中向人民承诺："共产党员要在群众最困难的时候，出现在群众面前，在群众最需要帮助的时候，去关心群众，帮助群众。"这承诺是焦裕禄向干部们传递的人生价值，也是他自己最大的人生信念，一生一世忠于人民，无论是南下革命还是在残酷的剿匪斗争中，无论是在洛矿的工作上还是在兰考县奋斗的日子里。人民至上，是历经多年依旧震撼每一位中国人民内心的根本原因。

回首党的百年历程，从弱小到强大再到成为世界上最大的执政党，我们为何能够走到今天，焦裕禄精神是对这时代之问的一种回答。这也告诉我们，如今中国共产党的党员数量迅速地增长，也已经从革命党变成了富有经验的最大的执政党。这也就告诉我们，党员干部应该牢牢记住我们从革命党到执政党的力量来自于我们的人民群众。如何在今天继续从人民群众当中汲取力量是对每一位党员干部提出的命题。党的十八大以来，以习近平同志为核心的党中央全面从严治党，在反腐

领域不手软。当前一些地方和部门出现了形式主义、官僚主义、享乐主义和奢靡之风，我们每一位党员干部要明白，这样的现象严重损害了党群和干群关系。全面从严治党永远在路上，在实现中华民族伟大复兴的道路上，每一位党员干部都要牢记焦裕禄的公仆精神，处处把人民放在心上，搞好党群和干群关系。这是我们党长期执政的关键所在，是新时代党员干部的必修课。

在中华民族伟大复兴的道路上，我们要以焦裕禄为榜样，将他的公仆精神熔炼到自己身上，像他那样一生践行全心全意为人民服务的宗旨，坚持人民至上。要明白，人民的立场是我们真正的立场，时时为人民着想，处处为人民谋利，真正做到当官是为人民服务的，为实现社会主义现代化和中华民族的伟大复兴而奋斗。

二、弘扬焦裕禄的求实作风，是遵循执政党执政的客观规律，加快我国社会主义现代化建设的进程的重要方式

科学的求实精神是焦裕禄精神的灵魂，更是焦裕禄同志的工作作风和工作方法。实事求是是我们党的思想路线，是让党在革命中取得胜利的重要法宝。而这也体现在焦裕禄同志在兰考县第一年的工作当中。焦裕禄同志在兰考的第一年，依靠人民群众，打击脱离群众的基层干部，解决了除"三害"的问题，掀起除"三害"的高潮，为当地的老百姓解决了饿肚子的问题，让老百姓走出饥寒，究其原因就是焦裕禄同志在工作中科学求实，亲力亲为，心系人民。事实上，焦裕禄的工作作风注重调查研究，走向群众了解事情。焦裕禄到兰考就职后的第一件事就是下乡调研，走近人民群众，从人民群众那里掌握兰考县的具体

实情。为了解决问题他要求县委将"劝阻办公室"改设为"除'三害'办公室"，成立"除'三害'调查队"。为了彻底解决问题他亲力亲为担任组长，经过470余天的奋斗，一名县委书记仅仅依靠一双铁脚板和一辆破旧自行车，走遍了兰考县120个基层农村大队，要知道整个兰考也不过149个大队啊。焦裕禄同志记下了全县的84个风口、1600座沙垄沙丘、63个沙丘群、17条沙龙、13条大河、1266条小河、164处较大阻水工程，他在289公里路途中的勘查中对所有风口、沙丘、洼地和淤塞河道进行绘图编号，彻底摸清了兰考"三害"的情况。他到当时风沙最严重的张庄调研，总结出了"扎针"、"贴膏药"的治沙方法。他到盐碱化最严重的秦寨调研，用舌头亲自品尝地里的盐碱，分清了盐碱的种类，并对症下药提出不同的治理方法。雨下得最大的时候，他到内涝最严重的赵垛楼查看水势，摸清了水的流向，带领群众挖渠排水，让七季绝收的赵垛楼大队一季翻身。正因为他科学求实的工作态度，让兰考的干部转变了工作作风，让兰考的人民群众看到了存活的希望。

攻坚克难，迎难而上，这是焦裕禄同志展现给我们的精神品格。当今社会，面对国内国外两个大局，我们更应该深入学习焦裕禄精神，因为我国社会发展进入了新阶段，在这一历史时期我们全党全国人民面临着新形势、新目标和新任务。习近平总书记指出，中华民族伟大复兴绝不是轻轻松松、敲锣打鼓就能实现的，也绝不是一马平川、朝夕之间就能到达的。我们要常怀远虑、居安思危，保持战略定力和耐心，"致广大而尽精微"。为此，我们要攻坚克难，迎难而上。焦裕禄同志深入群众调查研究的工作方法和尊重客观规律的求实作风，对新时代的党员干部有着新的启示。

三、弘扬焦裕禄的奋斗精神，是传承党的光荣传统，凝心聚力实现社会主义现代化建设的磅礴力量

艰苦奋斗是焦裕禄精神的精髓，也是中国共产党的光荣传统。焦裕禄同志为党和人民奉献了一生，尤其是在共和国年轻的日子里，他不畏艰难奋勇而上，在尉氏县，他在剿匪反霸的刀光剑影中和土匪做斗争，最终使土匪头子黄老三伏法；在洛矿，他和工友们共同研制出中国第一台2.5米双筒卷扬机，为此，他裹着一件棉衣在一条装箱板钉成的长板凳上睡了50个夜晚；在兰考，面对最严重的"三害"，他给开封地委打报告说："我们要有革命的胆略，坚决领导全县人民苦战三五年，改变兰考的面貌，不达目的，我们死不瞑目。"豪言壮语不是用来说的而是用来做的，焦裕禄同志将自己的豪言壮语践行到自己的实践过程中。历史给他的责任很重，党给他的任务很重，人民群众对他的期盼很重，他的肝病也很严重。

为了对得起人民对得起党，焦裕禄用他认为的"压迫止痛法"生生把他坐的藤椅顶出了一个大窟窿，却依然还在工作；为了人民殷切的期盼，为了早一天治理好沙丘，他坚持与"三害"进行斗争，风沙越是阻拦，就越要到风沙中去，他要亲眼看见风口在何方，沙丘治理得怎么样，大雨越是滂沱，就越要到大雨中去，只有这样，他才能够通过水的流向解决排水的问题。他以疾病身躯，走在群众当中，带领兰考的广大人民走在与盐碱、风沙和洪水的搏斗中，有此县委书记，兰考县的人民群众才能凝聚力量解决"三害"之难。焦裕禄就是有这样"敢教日月换新天"的斗志和"在困难面前逞英雄"的大无畏精神，焦裕禄的这种精

神在今天更应发扬光大。

今天我们的国家在发展的进程中依然要面对很多问题，如生态环境问题、乡村振兴问题、共同富裕问题、教育公平问题、医疗服务问题，等等。这一系列问题的解决，需要我们的党员干部要像焦裕禄书记一样，自觉践行艰苦奋斗、勤俭节约、自强不息、勇于创新的精神，始终保持不怕困难、奋力拼搏、积极向上的精神状态，这样才能把人民的力量凝聚起来，共同实现国家社会主义现代化，实现中华民族伟大复兴。

四、弘扬焦裕禄的高尚道德情操，是党员干部树立正确的价值导向，永葆共产党员的先进性和纯洁性的重要路径

廉洁奉公和无私奉献的高尚道德情操是焦裕禄精神的战斗气质，也是中国共产党党员所追求的先进性和纯洁性的重要体现。《中国共产党章程》第一章第三条规定，共产党员必须"坚持党和人民的利益高于一切，个人利益服从党和人民的利益，吃苦在前，享受在后，克己奉公，多做贡献"。党章是这么要求的，以焦裕禄同志为主要代表的中国共产党人也是这么做的。作为县委书记的焦裕禄不仅仅对自己的家人提出了严苛的要求，更是给自己定下了廉洁奉公无私奉献的重大目标。比如，焦裕禄在尉氏县工作的时候，他亲自下田地指点和帮助生产队的瓜农们种植西瓜，西瓜成熟后，心存感激的群众只是给他送了几个西瓜，他都不肯接受；在兰考县时他的孩子更是因为看了一场"白戏"，就被自己的县委书记父亲一顿训斥，而后焦裕禄为了廉洁奉公还上了两角钱的戏票。作为县委书记，他从这一点看到了问题，为此事专门召开了县委全会，起草了《干部十不准》，这不仅约束了当时的领导干部，更是对我们今天也有着深刻的教育意义。

焦裕禄的一生是勤俭节约的一生。作为县委书记的焦裕禄用自身的经历告诉全县的百姓什么是艰苦朴素、克己奉公。县委书记的一床褥子，缝了36块补丁，他的衣服、鞋子甚至袜子也是缝了一次又一次，补了一层又一层。每次下乡的焦书记，吃住在群众家中还不忘按照标准给群众留足餐费。这样的党的干部怎能不赢得百姓的尊重？焦裕禄同志是中国共产党党员的一个缩影，他以自己勤政为民、廉洁奉公的实际行动，展现了共产党人的高尚道德情操，在人民群众的心目中树立了崇高的形象。

改革开放已经40余年，中国的腾飞令世界瞩目。在社会主义现代化建设的道路上，在全面深化改革的历程中，每一名党员干部都必须认真地将弘扬焦裕禄廉洁奉公和无私奉献的高尚道德情操记在心间，引为榜样，要像焦裕禄同志那样一辈子廉洁奉公，不搞特殊，为党和人民的事业甘于奉献、无怨无悔，像焦裕禄同志那样，磊落做人，清朗为官，以人格感化群众，以党性示范群众，为全面建成社会主义现代化强国而不懈奋斗。

大爱无声　花开有音

第五讲　焦裕禄精神的形成及其时代价值

□ 陈百行

　　陈百行，1974 年 7 月出生，硕士研究生，现任兰考县焦裕禄纪念园（馆）管理处主任，长期致力于焦裕禄精神的传承和弘扬，获得"河南省学术技术带头人"、"河南省文物工作先进个人"、"开封市十大杰出青年"等荣誉称号，主编编著《永葆初心——焦裕禄故事》、《焦裕禄精神传播记》等作品。

　　焦裕禄是中国共产党百年党史中的楷模人物，焦裕禄精神是中国共产党精神谱系中的重要精神之一。习近平总书记说过："焦裕禄精神仍然是我们现在需要弘扬、需要秉承的一种精神，因为它体现了共产党人的精神，体现了我们党的宗旨。"而要弘扬焦裕禄精神，就要了解焦裕禄精神。

一、焦裕禄精神的丰富内涵

（一）习近平总书记对焦裕禄精神的深情

　　总书记不止一次提起他第一次听老师读《县委书记的榜样——焦裕禄》的情形：我当时上初中一年级，政治课老师在念这篇通讯的过程中多次泣不成声。特别是念到焦裕禄同志肝癌晚期仍坚持工作，用一根棍子顶着肝部，藤椅右边被顶出一个大窟窿时，我受到深深震撼。

　　1990 年 7 月 15 日，时任福州市委书记的习近平同志读完《人民呼唤焦裕禄》后，深情写下《念奴娇·追思焦裕禄》词。

（二）习近平总书记五次阐述焦裕禄精神的内涵

　　2009 年 4 月 1 日，习近平同志第一次参观焦裕禄事迹展，在讲话中指出"五种精神"：亲民爱民、艰苦奋斗、科学求实、迎难而上、无私奉献。

　　2014 年 3 月 17 日，习近平总书记第二次参观焦裕禄事迹展，18 日在兰考县委常委扩大会上发表重要讲话，指出焦裕禄精神的"四个内涵"：公仆情怀、求实作风、奋斗精神、道德情操。

2014年8月27日，习近平总书记在京听取兰考县委、河南省委党的群众路线教育实践活动情况汇报时指出焦裕禄身上的"三股劲"：对群众的那股亲劲、抓工作的那股韧劲、干事业的那股拼劲。

2015年1月12日，习近平总书记同中央党校县委书记研修班学员进行座谈时强调，"做县委书记就要做焦裕禄式的县委书记，始终做到心中有党、心中有民、心中有责、心中有戒"。

2017年5月3日，习近平总书记在中国政法大学考察时强调，"焦裕禄同志的事迹归结到一点，就是坚定跟党走，他一生都在为党分忧、为党添彩。焦裕禄精神跨越时空，永远不会过时，我们要结合时代特点不断发扬光大"。

二、焦裕禄精神的形成

焦裕禄的一生只有42年，我们可以分为4个大的时期和10个小的阶段。第一个时期是"苦难中成长"，从1922年到1945年，共23年，分为三个阶段：懂事童年（1922—1929年）、勤奋求学（1930—1937年）、艰难求生（1938—1945年）。第二个时期是"烽火中锤炼"，从1946年到1953年6月，先后经历了解放战争、剿匪反霸战争、抗美援朝战争等，包括家乡革命（1946—1947年）、磨炼成长（1948年—1953年6月）两个阶段。第三个时期是"工业中磨砺"，从1953年6月到1962年6月，焦裕禄在洛阳矿山机器厂度过了9年。包含三个阶段：建厂元勋（1953—1954年）、大连锻炼（1955—1956年）、洛矿建功（1957年—1962年6月）。第四个时期是"奉献中辉煌"，从1962年6月到1964年5月，分为重回尉氏县（1962年6月—12月6日）、奉献兰考（1962年12月6日—1964年5月）两个阶段。

习近平总书记说过："焦裕禄精神孕育形成在洛矿，弘扬光大在兰考。"根据这四个时期与焦裕禄精神形成的关系可以称作：准备期、积聚期、形成期、光大期。

同时奋发图强的社会风貌对焦裕禄精神的形成也发挥了重要作用。二十世纪五六十年代，是一个艰苦奋斗的年代，一个乐于奉献的年代，一个理想闪光的年代和意气风发的年代。这些时代精神深深地影响着焦裕禄精神的形成，有的被直接吸收。

下面我们重点来了解一下焦裕禄在兰考的工作经历。

（一）初到兰考

1962年的兰考县，正是风沙、内涝、盐碱三大自然灾害最严重的时期。全县共有耕地面积90万亩，上半年连续168天大旱，风沙打死了20万亩麦苗；下半年大雨没命地下，又把30万亩的庄稼淹掉；同时，盐碱地上又有10万亩禾苗被碱死。全县的粮食产量下降到历史的最低水平，当时亩产仅有43斤，广大人民群众食不果腹，人均每天4两红薯干。群众编了一个顺口溜"十二愁"：吃也愁，穿也愁；住也愁，烧也愁；前也愁，后也愁；黑也愁，白也愁；进门愁，出门愁；愁来愁去没有头。而正是在这个时候，党决定派焦裕禄到兰考工作，明确告诉他兰考是全开封地区最穷、最苦、最难的县，要他在思想上做好接受严峻考验的准备，焦裕禄坚定地说："感谢组织上对我的信任，请组织上放心，不改变兰考面貌我决不离开那里。"

1962 年 12 月 6 日，焦裕禄到兰考上任，第二天就下乡调研去了。他在老韩陵大队住了三天，白天走访群众、开座谈会，晚上就住在牛屋里，和饲养员肖位芬老人打地铺睡在一起，他们畅谈了三个夜晚，从此成了无话不谈的朋友。也是在这里，焦裕禄知道兰考有"三宝"，就是花生、泡桐和大枣；在这里，焦裕禄找到治理风沙良策，就是广泛种植泡桐树。

深入的调研让焦裕禄认识到，光救灾不治灾，越救越穷。于是，下决心带领兰考人民向"三害"宣战，开始轰轰烈烈的除"三害"斗争。

（二）治理"三害"

首先，焦裕禄抽调干部、技术员、老农组成"三害"调查队，焦裕禄亲自带领调查队在全县范围内对"三害"开展了大规模的调查。每当风刮得最大的时候，就是他查风口的时候，他说风有风路，水有水路，他常常追着风沙跑上几十里路，直追到沙落地。每当雨下得最大的时候，就是他查流水的时候。1963 年夏天的一天，大雨滂沱，焦裕禄说，这正是探清水路的好机会，他带着三个同志冒雨出发了，雨太大，根本看不清路，他们就一人拿着一根高粱秆，用来探路，蹚着水往前走，边走边绘制地形图。由于长时间泡在雨水里加上劳累，焦裕禄的肝病又犯了，走着走着，一阵剧烈的肝疼迫使他用手按着肝部蹲在了雨水里，随行的人都劝他回去，并再三保证一定会完成任务，但焦裕禄坚决不同意，他说"吃别人嚼过的馍没味道"，还是坚持走下去。这天，焦裕禄忍着病痛，走过了 10 多个村庄，每过一个村，都要找到当地干部和老农，仔细听取他们对根除内涝的意见。夜幕降临时，他们来到了金营大队。党支部书记李广志一见是县委书记，吃惊地说："下这么大的雨，您怎么来的呀？""撑船来的呀。"焦裕禄扬了扬手中的高粱秆，风趣地说。谈完工作，党支部要给他们派饭，焦裕禄连忙摆手说："雨下得这么大，烧柴困难，不要再麻烦群众了。"他们又饿着肚子连夜回到了县里。

当时有人建议买一些测量盐碱的仪器，焦裕禄说："兰考是重灾区，哪有钱买那些先进的仪器。我和群众学会了用舌头尝来鉴别盐碱的方法，咸的是盐，苦的是碱，凉的是硝，又苦又涩的是马尿碱。"就是靠舌头尝，焦裕禄带领调查队硬是尝出了 10 万亩盐碱地分布图。

靠着一双铁脚板和一辆旧自行车，在一年多的时间里，他走遍了兰考 149 个大队中的 120 多个，行程 5000 余里。摸清了"三害"的基本情况：全县共有风口 84 个，沙丘 1600 个；阻水路基、涵闸 164 处，长 289 公里；盐碱 10 万亩。绘制了"三害"分布图。

在给地委的报告上，焦裕禄说："我对兰考的一草一木都有深厚的感情。面对着当前严重的自然灾害，我们有革命的胆略，坚决领导全县人民，苦战三五年，改变兰考的面貌。不达目的，我们死不瞑目。"

1963 年 7 月，兰考县成立了"除'三害'办公室"，焦裕禄用亲劲、韧劲、拼劲影响带动全县干部群众，开始了大规模治理"三害"的斗争。

（三）顽强斗争

1964 年初，焦裕禄的肝病已经很严重了，但仍然坚持在除"三害"一线。3 月的一天，焦裕禄骑着自行车到三义寨公社检查工作，走到半路，肝病又犯了，他一手按着肝部，一手推着自行车艰难地走到三义寨。公社书记见他脸色煞白，就劝他先休息一下，焦裕禄说："我是来工作的，不是来休息的。还是先谈谈你们的工作吧。"他一边用手按着肝部，一边记笔记，他疼得浑身颤抖，钢笔几次从手中滑落。汇报的干部实在忍不下去了，流着泪说："焦书记，您就休息一下吧！"焦裕禄说："你继续说，我没事儿。"坚持听完汇报，又实地查看之后才回到县城，此时，他浑身已经被汗水浸透了。

为了能坚持工作，他发明了"压迫止疼法"。在开会、作报告、听汇报时，他总是把右脚踩在椅子上，高抬右膝顶住肝部。钢笔、茶缸盖儿、鸡毛掸子都是他用来顶肝的工具，时间长了，他坐的藤椅的右侧被顶出了一个大窟窿。为了治好兰考的"三害"，焦裕禄忍受了多少常人难以忍受的痛苦，度过了多少个不眠之夜啊！

1964 年 3 月 22 日，在开封地委的强烈要求下，焦裕禄不得不同意住院治疗，本来买好了这天中午 12 点半的火车票，可是焦裕禄不愿意白白等待一上午，一大早他就下乡了。他每到一处，看到的都是热火朝天的除"三害"劳动场面，他被兰考人民战天斗地的热情和干劲深深感染了，心情非常激动，却忘记了住院治疗的事，直到晚上，焦裕禄才回到家中，火车早就错过去了，这一天就没有走成。晚上，心情激动的焦裕禄坐在桌前，准备写一篇反映兰考人民治理"三害"干劲的文章，他写下一个标题《兰考人民多奇志，敢教日月换新天》，又拟好了四个小标题，可剧烈的肝痛迫使他放下了手中的笔。这晚他一夜未睡，蜷缩着身子，用双膝顶着肝部在床上坐了一夜，爱人也流着泪守了他一夜，看他疼得实在难以忍受，就想找医生给他打止痛针，但焦裕禄却说："这么晚了，就不要麻烦人家了。"坚决不让打，就这样他苦苦坚持了一夜。

第二天一大早，爱人就买好了火车票，焦裕禄手按着肝部，弯着腰一步一步走到火车站。火车开动前，他还在向送行的同志反复交代工作。焦裕禄本来想着到开封检查一下，拿些药就可以回来继续工作了，但没想到，他这一走，竟是永别。

（四）英灵长存

在医院的每一天，焦裕禄始终牵挂着兰考人民、兰考的除"三害"斗争。在生命的最后时刻，他留给组织上的要求是：把我运回兰考，埋在沙堆上；他留给兰考人民的遗言是：活着没有治好沙丘，死了也要看着你们把沙丘治好。1964 年 5 月 14 日，焦裕禄与世长辞了，那一年他仅仅 42 岁。第二天，也就是 5 月 15 日，举行了一个简单的追悼会，焦裕禄被埋在郑州人民公墓，也就是现在的郑州烈士陵园。1966 年 2 月 26 日，根据焦裕禄生前遗愿，他的灵柩迁葬兰考。当载着焦裕禄灵柩的专列抵达兰考火车站时，火车站人山人海，街道两边挂满了挽联，成千上万兰考百姓自发披麻戴孝。灵车一出现在街头，悲痛万分的人群像一股湍急的浪潮，呼啦一下涌了上去，瞬间将灵车淹没。人们齐刷刷跪倒一片，哭声惊天动地。匍匐棺前的群众挥泪如雨，退一步，叩一个头，棺两边的群众则扶棺前行，泣不成声。火车站离墓地只有 3 里路，灵车却整整走了两个半小时。曾经和焦裕禄畅谈过三个夜晚的肖位芬老人扑倒在焦裕禄的墓前，泣不成声地说："焦书记啊，您是为了俺兰考人民活活给累死的呀！"孔令焕的妻子披麻戴孝跪在墓前号啕痛哭。

焦裕禄于 1962 年 12 月 6 日到兰考，1964 年 3 月 23 日离开兰考住院治疗，在兰考工作了 475 天，在医院里住了 53 天，一共 527 天。但他却带领兰考人民在治理"三害"方面，取得了巨大成绩，第二年，兰考的粮食就丰收了，再也不吃救济粮了。为兰考根治"三害"打下坚实的基础，更重要的是为兰考留下了宝贵的焦裕禄精神。50 多年来，焦裕禄精神一直激励着兰考党员干部，为实现脱贫攻坚目标而接续奋斗。2017 年的春天，兰考在全国率先脱贫。2021 年 2 月 25 日，全国脱贫攻坚总结表彰大会在北京举行，中共兰考县委员会荣获"全国脱贫攻坚先进集体"称号。

三、焦裕禄精神永放光芒

（一）坚守理想信念，用担当书写对党忠诚

焦裕禄的坚守理想信念主要表现在三个方面：

1. 有坚定的信仰。焦裕禄尤其是对毛泽东思想有着坚定的信仰。他说："不看报不知道天下大事，不读毛主席著作就会迷失方向。""干劲不足的时候查思想，思想不通的时候就要抓紧读毛主席的书。"就是在医院里，他也没有停止学《毛泽东选集》。他去世后，在整理遗物时人们在他的枕头下发现了两本书：一本是《毛泽东选集》；另一本是《论共产党员的修养》。

2. 绝对服从组织安排。焦裕禄真正做到了党让干啥就干啥，从不和组织讲价钱。焦裕禄为党工作 18 年，经历了五次大的工作调动，但他每次都是从相对好的地方到不好的地方去。在他的心里只有党的利益、人民的利益，没有个人的利益。1954 年，焦裕禄被洛阳矿山机器厂党委选派到哈尔滨工业大学深造，他学习刻苦，很快就完成了初、高中课程的学习，并考试合格，正当他准备转入本科学习时，厂党委来了通知，要他停止学习回厂工作。焦裕禄非常珍惜这次学习机会，很想继续读

下去。但他还是放弃了这次难得的深造机会，选择服从组织安排，回厂工作。

3. 坚决完成党交给的任务。焦裕禄的病都那么严重了，他为什么不去治病呢？他不是不想治病，而是没有时间；他不是不爱惜生命，而是他认为有比生命更重要的东西。他有一个坚定的信念，就是要坚决完成党交给他的任务，根治"三害"，改变兰考面貌，让兰考人民过上好日子。为了这个信念，他可以战胜所有困难，也可以牺牲一切，包括自己的生命。

（二）一心为民，用奉献践行人民至上

习近平总书记说过，江山就是人民，人民就是江山。焦裕禄眼里看到的是人民群众，心里想着的是人民群众，一切工作为了人民群众。

在一个风雪交加的夜晚，焦裕禄带着县委委员们来到兰考火车站。当时的火车站几乎被漫天大雪所淹没，车站的屋檐下挂着尺把长的冰柱，灾民们穿着国家救济的棉衣拥挤在候车室里，等待着登上开往丰收地区的列车要饭去。看到这些背井离乡的灾民，焦裕禄的眼睛湿润了。他把身上的大衣脱下来，披在一位老大娘的身上；又把围巾解下来，裹住了一个一岁多的小男孩。然后眼含热泪对灾民们说："乡亲们，我是咱兰考县委书记焦裕禄，这大雪天乡亲们背井离乡，外出逃荒要饭，是我们的工作没做好，我代表县委给乡亲们道歉了。"他转身沉重地对县委委员们说："同志们，他们都是我们的阶级兄弟，是灾荒逼迫他们到外面去的，这不能怪他们，我们有责任；党把这36万人民交给我们，我们没能领导他们战胜灾荒，应该感到羞耻和痛心。"在场的县委委员们都默默地低下了头。从此，治理"三害"，让乡亲们过上好日子，不再背井离乡，成了焦裕禄和他的战友们的使命。

1963年12月9日晚，鹅毛大雪铺天盖地，焦裕禄望着漫天风雪，心里惦记的是人民群众缺不缺吃的？有没有柴烧？牲口会不会冻死？风刮了一夜，雪下了一夜，焦裕禄办公室的灯也亮了一夜。第二天天不亮，他就召集县委委员们说："在这大雪拥门的时候，我们不能坐在办公室里烤火，应该走到群众中间去。"焦裕禄顶着呼号的北风、踩着没膝的积雪出发了。在梁孙庄，焦裕禄走进了一座低矮的茅屋，这里住着一对无儿无女的老人，老大爷叫梁俊才，有病躺在床上，老大娘双目失明。一进屋，焦裕禄就坐在梁大爷的床头问寒问暖。梁大爷问他："你是谁呀？大雪天你来干啥？"焦裕禄拉着大爷的手说："我是你们的儿子，是毛主席让我来看望您老人家的。"

（三）科学求实，用实干实现伟大梦想

治沙：先"贴膏药"，就是翻淤压沙，改良土壤。再"扎针"，就是植树造林，防风固沙。

治水：在不到一年的时间里，焦裕禄带领兰考人民挖大河道161条，支沟190条，整修老沟12条，发动群众开挖小型沟渠2785条，拆除阻水工程100多处。

治碱：开沟淋碱、打埂躲碱、翻淤压碱。

（四）迎难而上，用创新引领发展潮流

一是有魄力，焦裕禄常说："革命者要在困难面前逞英雄。"他有不怕困难的豪情。二是有担当，他有无私的担当。治"三害"，不是头痛医头、脚痛医脚的短期效益，而要从根本上治理。正如习近平总书记所

说："焦裕禄同志在兰考干了一年多时间，但做的都是谋划长远、打基础的事情，不是急就章。"三是敢创新。为了提高泡桐苗的成活率，他开创性地在全县范围内实行了"包树到户"政策。

（五）廉洁自律，用作风凝聚强大力量

1. 清正廉洁。1963年4月的一天，焦裕禄下乡回到家里，看到桌子上放着一碗白米饭，他非常奇怪，就问爱人："哪来的大米呀？"他爱人说："你身体不好，县委特意从救济粮里拨出来20斤大米，照顾你，让你补身子用的。"焦裕禄一听，立即放下筷子说："兰考的群众在吃什么？他们在吃糠菜团子，在喝野菜汤。你让我吃大米饭，我怎么能吃得下去！"焦裕禄坚决不吃。他爱人说："那怎么办？我们再送回去吗？"焦裕禄说："我有地方送。"于是，他把这20斤大米送到了兰考泡桐试验站。

2. 不搞特殊化。焦裕禄喜欢看戏，每次看戏，他都买票。有一次大儿子焦国庆，看戏没有买票，焦裕禄严厉地批评了他，并立即拿出两毛钱，让他把票钱补上。并且出台了《干部十不准》，规定任何人不能搞特殊。

3. 艰苦朴素。当时县委办公条件十分简陋，曾有个干部向焦裕禄提出装潢县委办公室、改善办公条件的主张。针对这种思想，焦裕禄对这位干部进行了耐心的批评教育，他说："只要能树立起艰苦奋斗的思想，坐在破椅子上，同样能干出成绩。"从参加革命工作到当县委书记，焦裕禄始终保持着劳动人民的本色，他穿过的衣帽鞋袜都是缝了又缝、补了又补的，他用过的一条被子上有42个补丁，褥子上有36个补丁。他穿过的鞋里面的衬布全部都磨光了，鞋面破了12个窟窿。他爱人要

给他买双新袜子，他说："跟贫下中农比一比，咱穿的就不错了。目前，国家正处在困难时期，咱也得为国分忧，过几年紧日子。朴素的土气，就是革命的正气呀！"

四、焦裕禄精神走向世界

50多年来，焦裕禄精神不仅在神州大地传播，更走向了世界，感动了无数人。

1966年2月，《县委书记的榜样——焦裕禄》发表，当时越南民主共和国主席胡志明读后深受感动。当年6月11日，他以"黎农"为笔名，在越南《人民报》4448号上发表题为《中国经验》的文章，高度赞扬焦裕禄，号召越南干部学习焦裕禄。1968年夏，越南驻华大使向焦裕禄墓敬献花圈。1969年，越南派了一批又一批人员、学生来兰考参观学习。

1968年，美国、加拿大等国际友人来兰考瞻仰焦裕禄烈士墓。1969年7月，智利、阿尔巴尼亚、坦桑尼亚、印度、老挝等12个国家的国际友人来兰考学习治沙经验。二十世纪八十年代，联合国官员瞻仰焦裕禄烈士墓。2016年，一个来自美国、新加坡、澳大利亚、瑞士等23个国家和地区的50名海外媒体考察团走进兰考，实地参观、考察、学习焦裕禄精神。2016年，老挝县委书记、县长参观焦裕禄纪念馆；亚非40国参观团100多人参观焦裕禄纪念馆。

2019年6月，中共中央对外联络部和中共河南省委在河南兰考共同举办的"中国共产党的故事——习近平新时代中国特色社会主义思想在河南的实践"专题宣介会，来自30多个国家的近300名政党领导人参会并参观焦裕禄纪念馆。

2020年6月18日，"中华源——河南故事"中外文系列丛书新闻发布会在河南省新闻发布厅举行。

蓝图已绘就，奋斗正当时。让我们在习近平新时代中国特色社会主义思想指导下，进一步学习弘扬焦裕禄精神，心系群众、至诚报国，为建设社会主义现代化强国而不懈奋斗！

大爱无声 花开有音

第六讲　做焦裕禄式的好干部

□ 焦玉星

　　焦玉星，1966 年 6 月出生，中共山东省委党校研究生学历，焦裕禄纪念馆（故居）原馆长、焦裕禄干部教育学院副院长。主编《焦裕禄的 80 则贴心话》一书，被省委组织部评为山东省干部培训好教材；主持策展推出的《焦家小院听家风——焦裕禄家风故事展》荣获 2022 年度全国文博社教百强案例、山东省革命文物利用十大经典案例；组织摄制的焦裕禄家风故事纪录片荣获山东省"泰山文艺奖"、亚洲微电影艺术节好作品奖；撰写的《魂飞万里盼归来——从焦裕禄生平事迹陈列看焦裕禄成长》《新时代名人故居类纪念馆的定位与功能研究》等专题文章、学术论文多次在《中国文物报》、中国纪念馆专业领域会议和刊物媒体上交流发表。

　　党中央部署开展"党史学习教育"系列活动以来，"学习强国"平台上推出了一系列"习近平讲党史故事"。其中，党史故事中讲的第一个人物就是焦裕禄。焦裕禄精神作为一种伟大精神列入了第一批中国共产党人精神谱系，这是我们学习弘扬焦裕禄精神的一个新起点。习近平总书记讲过这样一段话："焦裕禄同志是一个很高很高的标杆，虽不可及，但我们要见贤思齐。"焦裕禄精神的境界是一个很难达到的标杆，但我们仍然可以以此为榜样，努力做一名焦裕禄式的好干部，并将此作为一名党员干部人生奋斗目标和崇高追求。

　　本次汇报主题是"做焦裕禄式的好干部"。肩题"做人讲感情，做事讲担当"，是焦裕禄的二女儿焦守云对其父亲的评价。焦守云从小就在北崮山村长大，在她不到两岁时焦裕禄就把她送回了山东博山老家跟着奶奶一起生活，直到1964年焦裕禄带着全家人一起回家过春节，节后焦守云才被带回了兰考。焦守云退休之后在各地宣讲焦裕禄的事迹，讲"我的父亲焦裕禄"。因此她讲父亲焦裕禄"做人讲感情，做事讲担当"是作为子女饱含深情的评价。

　　作为焦裕禄家乡人，我们一度觉得对焦裕禄事迹和精神的了解是比较多的，但随着学习的深入，包括这些年沿着焦裕禄奋斗的足迹去寻访、去学习、去研究，我们越来越发现对焦裕禄的了解还是太少了。

一、走近"百年"焦裕禄

2021年是中国共产党建党100周年，2022年是焦裕禄书记诞辰100

周年，作为家乡，在山东、在淄博、在博山，我们脚下的这片土地上就留下了焦裕禄深深的成长奋斗印记。

回顾焦裕禄短暂而光辉的一生，我们试着用以下关键词来体现：英俊少年、饱受磨难、历经烽火、随军南下、青年才俊、工业先锋、学海遨游、临危受命、重情重义、精神永恒。

（一）英俊少年成长于山水间

博山焦裕禄纪念馆改陈布展后的第一个单元"此水此山此地出英俊少年"，这个标题出自习近平同志1990年7月15日写下的《念奴娇·追思焦裕禄》中的首句："魂飞万里，盼归来，此水此山此地。"在我们的理解当中，"盼归来"的"此水此山此地"是兰考，又何尝不是焦裕禄魂牵梦萦的家乡山东、故土博山呢？

焦裕禄纪念馆内的展柜中陈列着少年焦裕禄读过的课本，在小学四年级课本的开篇有一系列对学生的要求：甲、每人至少在课外读两本名人传记、两本游记、两本童话、两本儿童科学的书。乙、每人至少学会两种科学实验、一种乐器的演奏法。丙、每人至少每天写二十个小楷字，没有一个写错。丁、每人至少要种一棵树。戊、每人至少要做一件自己用的东西。

在当年的《公民》课教材中，有这样的要求：（1）我在食前食后都不做剧烈的运动。饭前做剧烈运动，会变成慢性胃病。饭后做剧烈运动，也会变成胃病。（2）我每天练习一种体操或国术。练习体操和国术，可使身体健康。每天练习使筋肉不懈弛。（3）我的鞋帽衣服不用时要收拾好。不收拾好的衣服鞋帽容易污损。收拾的好处在整洁美观。（4）我不吃不清洁的东西。不清洁的东西有微生物。吃不清洁的东西容易生病。（5）我喜欢做家庭中的一切事。替家庭做事，可以节省父母的劳力。替家庭做事要不嫌艰苦。（6）我收发用品要快而整齐。用品收发得快，便不耽误时间。用品收发得整齐，便不扰乱秩序。（7）我把教师指定的功课赶紧做完。今天未了的功课，不拖延到明天做。今天做完了功课，心里才快乐。（8）我发生了疑问就想法去解决。有了疑问，便要思索证验。能思索证验，便能发明真理。（9）我要选择品行好的人做朋友。近朱者赤，近墨者黑。交好人学好人。（10）我对人要和颜悦色。我对人和气，人也对我和气。我敬爱人，人也敬爱我……这就是少年焦裕禄接受过的学堂教育，我们可以得出一个结论：少年焦裕禄受到了良好的早期国民教育。

岳阳山是家乡博山的一座文化名山，北崮山村就依偎在岳阳山宽阔的怀抱中。岳阳山的主峰有着淄博市最大的一组高山建筑群，为三进院落式的布局。从元代到明、清、民国的上百通石碑记载着这一方人民祖祖辈辈的精神寄托和奋斗的历程。石碑上面清楚地记载着山上一座座庙宇、建筑的建成时期和改建时期，表达着这一方百姓敬天畏地、祈福向善的朴素情怀。我们在石碑上找到了焦裕禄爷爷焦念礼的名字，那是在焦裕禄出生的第三天，爷爷焦念礼为"碧霞驻节"的"泰山奶奶"庙捐助的记录，可以想象，这份精神寄托的捐助中也饱含着又得新孙儿的那份喜悦。

为了筹拍电影《我的父亲焦裕禄》，我给电影男主角郭晓冬提建议：要感悟焦裕禄的成长，就要登顶岳阳山。我还与他介绍了刻有焦裕禄爷爷名字的那块石碑。郭晓冬愉快接受建议，冒着蒙蒙细雨登临岳阳山主峰，感慨良多。可以说，岳阳山寄托了焦裕禄很多的情怀。

岳阳山山门处有一方博山县建设局所刻的石碑，上面记载的是封山育林的内容，文笔可谓优美："岳阳山为博邑名山，向有多树，蔚为森林。近数年来，牛羊跕践，樵夫斫伐，以致牛山不美，若不早为保护，势必舜为童秃。本局负有提倡保护森林之责，自难任其践伐。合行布告附近村民该山住持人等加意保护，遇有樵夫牧监，仍蹈前辙，任意旦旦者，一经捉获，准即扭送来局送县究办，决不宽贷。仰各周知，切切此布。"这方石碑落成时间是民国二十年，也就是1931年，当时焦裕禄年方9岁，我相信少年焦裕禄对这段文字是耳熟能详的。

遥想我们小时候语文课本上有一篇鲁迅的作品《从百草园到三味书屋》，人们大都很喜欢这部作品。我曾经三次去过鲁迅故居，带着课本中的印象，感受鲁迅孩童时期的快乐时光。我时常想，为什么鲁迅会对百草园的印象如此深刻？主要还是因为他厌烦了封建体制之下的教育，学堂、私塾的"四书""五经"使他的思想受到了深深的禁锢。但他一回到百草园，就是儿童时期的鲁迅放飞理想的地方。尽管少年焦裕禄接受的已是国民教育，但对儿童、少年时期的焦裕禄来说，大山就是他的乐园，放学后上山去捕山雀、逮蚂蚱、摘野果、挖野菜，自有一番乐趣。从这个角度说，岳阳山就是少年焦裕禄的"百草园"。

可以说，岳阳山既是少年焦裕禄的"百草园"，又是他接受传统历史文化熏陶的社会大课堂，那无声的上百通石碑就是一座历史文化宝库，少年焦裕禄从大山汲取了涵养少年成长的丰厚营养。

在北崮山村有一眼旺泉名曰阚家泉。焦裕禄上高小时写下的作文《阚家泉的风景》，表达了志做仁人志士的感怀："仁者爱山，智者乐水，我钦佩那些为国建立过功勋的仁人智者，更爱哺育过无数仁人智者的好山好水，而最令我喜爱的，是岳阳山南山脚与崮山西山脚交汇处的阚家泉。"焦裕禄才思敏捷，文笔流畅，以至于老师经常将他的作文作为范文让全班同学背诵，以这种方式流传了下来。

阚家泉每年都会有泉水涌出，短则三两月，长则小半年。泉的出水量很大，泉水穿村绕岭，蜿蜒流入淄河，在历史上是淄河的一个源头。清澈美丽的阚家泉水滋润着少年焦裕禄幼小的心灵。

（二）苦水浸泡世间再无难

1937 年底，日寇的铁蹄踏入博山。1937 年 12 月 30 日，日本宪兵队开进博山，31 日就制造了枪杀 230 余人的"谦益祥"惨案。这是日本侵略军来到博山制造的第一个也是历史上最大的惨案，这笔血债记录在中华民族饱受屈辱的惨痛历史中。

1938 年，日伪以强化治安为名，不断加大对山区村庄的侵扰，正常的生活生产秩序被打破，焦裕禄被迫辍学，在家"种地、卖油、下煤窑"，与祖辈、父辈一起，挑起了家庭生活的重担。

在筹拍电影《我的父亲焦裕禄》期间，我们特地寻访了当年那些矿工的后代，征集到焦裕禄在桃花峪煤井下井时期的电石灯。当时的矿工一班要上 24 小时，每人每班领 4 两电石，工资是 4 斤煎饼。这 4 斤煎饼中有 3 斤需要带到井下去填饱肚子好干活，剩下 1 斤是给家里挣的，焦裕禄在这里待了几个月。1942 年 6 月 24 日，焦裕禄被以抗日分子的罪名抓捕。最开始是在博山城赵家后门日本宪兵队，关押了半个多月，受尽了惨无人道的酷刑。后又被转到李家祠堂，在这里关押了半年的时间。

在博山被关押了半年后，焦裕禄又被鬼子的汽车拉到胶济铁路张店车站宪兵队，一行 20 人被关押在这里，因为空间狭小，只能一半蹲着、一半站着轮流休息。被关一个多月之后，在一天夜里，他们又被押上闷罐车到了济南日寇最高宪兵队。在这里，又经过一次甄别，一次次受刑，那时已是初冬，焦裕禄一行人被关押在一间地势很低的房子里，日本兵连续几天不给水喝，讨水讨急了，日本兵毫无人性用自来水管向屋内滋冷水，很快水就没过了腰身，他们一边急着抢点水喝，一边把棉衣脱下来举过头顶，直到后半夜水才慢慢退去。

随后，他们又被押送到千里之外的辽宁抚顺大山坑煤矿做特殊劳工。不到一个月的时间，同去邻近村庄的20人就有17人被折磨致死，焦裕禄看到这个情况，很清楚自己留在这里一定是死路一条，于是他千方百计从煤矿逃脱，辗转到了沈阳，坐上火车，直到1943年7月份才回到家乡。整整一年魔窟生涯，可谓九死一生。

回到家之后，因为没有"良民证"他又被抓了两次。老母亲就赶紧筹钱把儿子赎回来，因为借不到钱只好卖地。被逼无奈，焦裕禄走上了逃荒谋生的道路。辗转来到江苏宿迁园上村给地主胡太荣做了两年长工。直到1945年新四军解放了宿迁，建立了人民政权，他看到当地老百姓当家做主的喜悦，认识到"共产党才是真正为老百姓办事的"。这时他听说家乡也在建立人民政权，开展反奸诉苦，便在1945年的秋天迫不及待地回到了家乡。

（三）烽火硝烟披肝沥胆

回到家乡，他先是找到了村上的民兵队长焦方开，积极要求加入了民兵队伍。他到天津湾区部参加了半个月的培训，回来便成了民兵队的骨干分子。1946年1月，他在北崮山村离家不远的一户农民家的闲房子里秘密加入了中国共产党。焦裕禄后来回忆道："那时入党是绝对保守秘密的，也未举行仪式，只是支书李京伦念了几遍党章和党员教材，介绍了一下谁是党员，候补期三个月，从此加入了党。但这时对党是干什么的一点也不知道，只知道共产党对穷人好，自己自从共产党来了才有了出路，入党要好好干工作，在各种工作中起带头作用。"可以看出，焦裕禄入党的环节，没有什么惊天动地、没有什么豪言壮语，恰恰是这些朴实的话语，体现了焦裕禄的初心。现在我们开展"不忘初心、牢记使命"的教育，焦裕禄的初心就是"只有共产党才能救穷人，入党要好好干工作，在各种工作中起带头作用"。

走上革命道路的焦裕禄战斗经历非常丰富。他参加过崮山伏击战，参加过解放博山县城的战斗，打过日本鬼子，焦裕禄参加过毛主席亲自指挥的莱芜战役，随民兵连调鲁中区武装部配合主力参加了莱芜战役的首战青石关伏击战。当年毛主席指挥莱芜战役的电报手稿内容就陈列在纪念馆里。

由于表现优异，焦裕禄又被选调到华东军政大学学习，军大创立于莒南县河湾村，在此地办学三年。由于敌人进攻，军大转移，一行人到临朐找到当地的鲁中区党委招待所，参加了南麻、临朐战斗。由于敌方构筑了坚固的工事加上天降暴雨，这两场战斗打得异常艰难，将士伤亡众多。参加战斗就意味着牺牲，从后来的战场回忆录看，这两场战斗我方伤亡 2.3 万人，国民党军方伤亡 1.7 万人。两场战斗都是预定攻击的时间遇上暴雨，国民党军以逸待劳，在南麻山上构筑好了大大小小 200 多个地堡，而我方在暴雨中冲锋，弹药被淋湿，多数炸不响，最后我方被迫退出战斗。解放博山，莱芜战役，南麻、临朐战斗，等等，对这些血雨腥风的征战经历，焦裕禄后来的回忆也只是简单一句带过，甘做一名隐姓埋名的战斗英雄。

（四）剿匪反霸南下显身手

南麻、临朐战斗之后，焦裕禄随八纵渡过黄河到渤海区参加土改复审，被选入南下干部大队，经过三个月的集训，奔赴南下征程。为了做群众工作，焦裕禄所在的淮河大队一中队排练了歌剧《血泪仇》，焦裕禄在剧里扮演的是男主角王东才。通过先演戏再讲政策的方式来宣传党的主张。豫皖苏区党委副书记章蕴看到后，觉得这支队伍这么好，做群众工作办法这么多！正好豫东又急需干部，干脆就将本来以淮河两岸为目的地的淮河大队留在了河南。我们博山焦裕禄纪念馆中展出一把1974年前焦裕禄在尉氏彭店坐过的椅子。他经常坐在这把椅子上给当时的农会会长马建寅讲党的政策、宣传革命道理。后来马建寅的儿子就把这把椅子保留了下来。

留在河南，焦裕禄的第一个岗位是尉氏县彭店区土改队长。随后又先后担任尉氏县委宣传干事、尉氏县大营区区长等职，继续从事剿匪反霸和土改工作，焦裕禄斗智斗勇、三纵三擒恶霸匪首黄老三。接下来，焦裕禄又领到了支援淮海战役的任务，由于他带领的1000多人的支前队伍出色完成支前任务，豫皖苏五分区奖给焦裕禄带领的担架队一面"支前模范"锦旗。

（五）热血青春似火红

焦裕禄是一名优秀的青年团干部，青年团工作的阅历非常丰富。他首先担任尉氏县委青工委副书记，之后是青年团尉氏县委副书记，那时叫新民主主义青年团。后来到任青年团陈留地委宣传部长，青年团郑州地委宣传部长、第二书记，他在青年团岗位上有着不平凡的表现。

其间，他还从青年团尉氏县委副书记的岗位上被选调到省团校进修半年，增长了青年工作才干，之后留下了这张珍贵的大合影。他对团的认识曾有一句名言：党是头颅、团是手足，趁着年轻不为党多做些工作，年龄大了恐怕想做也做不成了。在驻村蹲点期间，他还主动了解了村里团组织的情况，发现团组织出现了严重的问题，出现了被反动势力渗透颠覆的情况，当地的有钱人和恶霸势力通过各种手段把村里青年团的岗位都安插上他们的人，并且发生了一些较为恶劣的行径。发现这个情况后，焦裕禄专门给团陈留地委、团省委写了专题报告，这份报告的影印件目前被焦裕禄纪念馆收藏并展出。团陈留地委高度重视焦裕禄的这份报告并做了四条批示，号召所有驻村蹲点的干部向焦裕禄同志学习，除了立足本职岗位，还要关注村里其他情况。

（六）起步转战工业化，九年磨砺打先锋

此后，他转战工业战线，来到了洛阳。焦裕禄是在新中国工业化进程起步的时候，第一时间加入了工业化建设的伟大进程。焦裕禄参与筹建新中国"一五"期间苏联援建的 156 个重点项目之一的洛阳矿山机器厂。这 156 个项目在洛阳就有 7 个。包括外出进修实习总计 9 年的时间，焦裕禄从工厂筹建开始经历了修路总指挥、首任一金工车间主任、设备科长、调度科长等一系列管理岗位磨炼，一直做到厂党委委员，因为表现优异，他的行政级别由 15 级提为了 14 级。14 级就是县级序列里的最高级别。

工厂开始筹建一段时间，厂党委决定选调一批优秀骨干分子外出到高校培训，于是焦裕禄来到了哈尔滨工业大学进修。在半年的进修中，焦裕禄被评为优秀学员。工厂建设的进度比预想的要快，于是就在他们这一批人读完预科即将转入本科时，洛矿又把他们召回并重新组队派到大连起重机厂实习，焦裕禄挂职实习车间主任，在大连起重机厂工作了接近两年的时间。实习结束后，大连起重机厂认为焦裕禄很优秀，非常希望他留下来，于是跟洛矿的领导同志商量，并表示愿意用两名工程师交换。尽管大连的条件更优越，但焦裕禄听从组织安排，重新回到了洛阳。

那时候从东北到洛阳路途非常遥远，来回要花很长时间。焦裕禄跟工友们说，还不知道什么时候能再相见，因此他与妻子徐俊雅专门到照相馆拍了一张合影，并在后面题了字送给了老工友。二十世纪六十年代掀起学习焦裕禄的热潮，大连起重机厂组织创作的女声合唱《焦裕禄是咱大起人》，这首满含大连起重机厂工友深情的歌，飘荡回响在东北老工业基地人的心中。

大连起重机厂为什么如此看重焦裕禄？焦裕禄对工作很用心、很有心得，到了年终总结时，他的报告一交上去就得到了厂党委书记的赞许，认为他工作扎实、善动脑筋。党委书记安排把报告里面的十条工作经验的内容刊登在厂报上。习近平总书记第一次到兰考时，在十条工作经验展板面前逐一诵读，并作出高度评价：这十条经验即使在今天来看也非常具有指导意义。

1. 要依靠群众；

2. 要发扬民主；

3. 要经常总结工作；

4. 要学习政治；

5. 要利用积极分子做工作；

6. 要了解群众思想，关心群众生活；

7. 要依靠党的领导；

8. 要搞好团结；

9. 要学习党的政策；

10. 要主动向上级汇报情况。

面对十条，我们应该很容易找出自己的不足，就从最后一条来说，"主动向上级汇报情况"，现在恰恰有很多同志没形成习惯，平时工作不注重反馈。

焦裕禄工业战线上里程碑式的成就，是带领一金工车间工友成功研制出了新中国第一台直径 2.5 米的双筒卷扬机，在这三个月的时间里他几乎没回过家，累了、困了就在长板凳上打个盹。这台设计寿命 20 年的重约 108 吨的大设备，整整服役了 49 年才光荣退役，后来被征收陈列在洛矿一金工车间门前。

（七）学海遨游如饥似渴

我们来说一说焦裕禄的求学历程。若讲到焦裕禄的原始学历是博山县第六高小毕业。那时候在北崮山村这样相对偏远的地方能够念高小也是不算低的文化程度了，可以说焦裕禄从小就受到了良好的早期教育。焦裕禄在战争年代因为表现优异，1947 年 7 月被选派到华东军政大学学习。应该说，这是一次难得的、宝贵的学习机会。华东军政大学是 1946 年在莒南县创立的，在此地办学三年，后来迁到南京，现属国防大学教育序列。焦裕禄应该是第二期被录取的学员。后来他这样回忆："由于敌人进攻，军大转移，一行人到临朐找到鲁中区党委招待所，参加了南麻、临朐的战斗。"

1947 年 7 月底，焦裕禄在渤海区参加土改复审时被选入南下干部大队，参加了3个月的集训，这也是一次重要的进修学习经历。焦裕禄在回忆中提到在省团校进修过半年时间。最初没有现成的资料依据能够佐证他的这段经历，于是我们便到河南省团校去寻访，也找到了一位对学校历史沿革情况很熟悉的张处长。当时这位张处长对焦裕禄在省团校的进修经历也不知情，并讲到"文革"期间省团校曾中断了10年时间。原来的省团校在陈留，后来1979年在郑州重新恢复的，新学校也没有从老学校继承任何东西，因此找资料依据希望渺茫。但幸运的是，我们最后还是在河南省团校档案室找到了一张毕业照，上面就有焦裕禄，这张照片近一米长的尺幅。我们博山焦裕禄纪念馆（故居）在全国属首次公开展示这张照片。当时，焦裕禄的未婚妻徐俊雅也一同参加了学习，也出现在这张珍贵的合影照片上。这幅珍贵照片的发现，河南省团校的祝校长等领导同志也感到很振奋。

焦裕禄在洛矿时还曾被选派到哈尔滨工业大学学习，专业是焊接工艺学，也是当时哈工大的优势专业、强势专业。这可是中国最优秀的工业教育高等学校。可惜的是，他只完成了预科学业，就服从组织安排参加工厂实习去了。

（八）临危受命献身兰考

焦裕禄在工业战线上奋斗了9年的时间，成长为一名优秀的工业管理干部。河南省出于干部队伍建设急需，省委向中央报告从工业战线选调干部充实农业农村，经中组部批准，焦裕禄又被选中去往农业农村战线。当时他刚因病休了一段时间，但他仍然义无反顾服从组织决定。开始是到他南下的第一站尉氏县做县委书记处书记，职位安排是排在县委第一书记后面、县长前面。就这样，焦裕禄在尉氏工作了半年时间。

说到个人选择，山东省委有位副书记看到焦裕禄这段经历，曾感慨道："我们现在的干部安排往往是提拔着走，或是平级从差的地方往好的地方安排，从待遇低的地方往待遇高的地方安排，如果逆着走，可能谁也不愿意。"对照焦裕禄工作岗位的变化，值得我们共同深思。焦裕禄在工业战线上时就是正县级干部，工作环境好，待遇又高，把他调到尉氏县干书记处书记，待遇少了40块钱，那个年代40块钱可不是一个小数目，但他仍然义无反顾。

当时兰考的班子建设遇到问题，原定安排一位年轻的在职县委书记转任兰考县委新书记，去攻坚克难。结果市委开完大会一宣布结果，那位拟任县委书记在卫生间就落下了泪。有同志看到后就把这情况报告给了地委书记张申，张申书记觉得这种精神状态不能胜任，于是考虑重新换人。他首先就想到了焦裕禄。张申在尉氏县做县长时，焦裕禄是区长，因此他非常了解并且信任焦裕禄。但他给省委组织部打了两次报告都没批准，原因是焦裕禄到尉氏刚刚半年时间，直接让他去干第一书记担子有些重，感到不放心。但张申坚持让焦裕禄以县委书记的职务去兰考主持工作。

焦裕禄面对组织的信任和安排，讲了这样一段话："感谢党把我派到最困难的地方，越是困难的地方越能锻炼人，请领导放心，不改变兰考的面貌我绝不离开那里。"他在1962年12月6日来到兰考，直到1964年2月才正式任第一书记。从这个角度来说，焦裕禄是典型的临危受命。

（九）重情重义，忧国怀乡

焦裕禄南下之后因任务繁重，少有时间能回到山东老家团聚，但当他感到自己的身体难以在奋斗征途中继续前行的时候，才最后一次携全家回山东老家过了一个春节，春节加上路上来回的时间共有 18 天，这意味着什么？焦裕禄心知肚明。即使在这样的情况下，他也没有窝在家中与老母亲说说心里话，享受老婆孩子热炕头的天伦之乐，而是东家门、西家炕，做的都是记挂心头的事，他挨家挨户地拜访了儿时村里的伙伴、一起吃苦受累的乡亲和并肩作战的战友。比焦裕禄小 10 天的老战友陈壬年回忆说，当时焦裕禄在他家里坐了一个多钟头，给时任村支书的他提了两条建议：一是抓封山造林、靠山吃山，比如在北山（岳阳山）上多种些桑树，这样既可以绿化也可以养蚕，在村东边的崗山上可以种些桃树，春季赏花秋天还有收获；二是抓水利，在冬季农闲的时候，组织劳力多挖蓄水池，解决天旱缺水的难题。后来，这些建议也得到了落实。如今，郁郁葱葱的岳阳山、桃花争艳的崗山仿佛在无声地讲述着焦裕禄这位离乡游子对家乡的深深眷恋。众多的蓄水池在天旱的时候，对北崗山村乃至周边的村庄发挥了很好的作用。可是乡亲们并不了解，焦裕禄是强忍着病痛回家的，他是在以这样的方式跟乡亲们告别、跟当年一起战斗过的战友们告别、跟老母亲告别。

2020 年筹拍的电影《我的父亲焦裕禄》，从子女的视角回望父亲焦裕禄，深情还原了一位有感情、有温度、有责任、有担当的好父亲。电影当中最震撼人心的场景，莫过于焦裕禄在老家过完春节度过难得的 18 天。临走时，他的老母亲就站在村口，望着远行的儿子，焦裕禄走着走着就回过头来放下手里的行李箱，回望母亲扑通一跪，就像重锤敲击在人们心头，让无数观众感动落泪。

（十）精神永恒化金星

1964 年 5 月 14 日 9 点 45 分，焦裕禄最终永远地离去了，最早安葬在郑州烈士陵园，当时的河南省委书记刘建勋和众多的干部群众参加了追悼会。后来尊重焦裕禄的遗愿，迁葬兰考沙丘。迁葬的过程，中央新闻纪录电影制片厂记录了全过程，有一部50分钟的纪录片。焦裕禄最后的遗愿是"活着没有治好沙丘，死后要把我埋在沙丘上，我要看着兰考人民把沙丘治好"。郑州大学的张文顺教授曾饱含深情地说了这样一句话："焦裕禄最后死不瞑目，死了还要埋在沙丘上，要看着人们把沙丘治好！而且人家不是咱河南人，是山东人。"一个山东人在河南大地上做出的贡献，人们永存记忆深处，即使今天提起来还眼含热泪。这也是焦裕禄为山东人赢得的最高评价吧。

实际上，焦裕禄以身殉职的当年，最初《人民日报》就发过一篇纪念文章，1964年11月20日，在《人民日报》的第二版左下角发了一篇千字文，题目是《在改变兰考自然面貌的斗争中鞠躬尽瘁，焦裕禄同志为党为人民忠心耿耿》，可能是因为篇幅所限吧，文章发表过之后，并没有引起很大反响。当时在河南是发过整版的文章，已经引起了中原大地上的感动，河南省开各级干部会，号召向焦裕禄同志学习。一直到1966年2月7日，穆青、冯健、周原创作的《县委书记的榜样——焦裕禄》一文一经发表，这才一炮打响，在全国引起轰动，一人去，万民哭。当时，中央号召新闻记者到基层去发现典型，全国各地开始这种下基层寻访活动，有些记者到河南去寻访，寻访了好长时间，最后在临走的时候，兰考的一位同志就拉着一位记者的手一边哭一边说："到兰考写写我们的焦裕禄书记吧！"穆青一看，说得这么情真意切，就安排驻站记者，让他先去听听什么情况，结果是，说的人一边说一边哭，记的人一边哭一边记，经历了几天的日日夜夜形成了初稿，初稿中很重要的一句话就是"他心里装着全体人民，唯独没有自己"，经过千锤百炼，终于真情成就了这篇通讯，真情还原了感天动地的焦裕禄。

稿子出来之后，穆青很有信心地带回人民日报社，结果汇报到社长那里，社长有些拿不准，觉得焦裕禄 1964 年去世的，现在已经到了 1966 年了，间隔这么长时间再去发这个报道是否合适？矢志不渝的新闻人穆青经过层层申报终得拍板，发了这篇通讯，中央人民广播电台同时播报。就这样，在全国一下引起了轰动。焦裕禄一个响亮的名字传遍神州大地，"泪飞顿作倾盆雨"！后来，有人做过统计，焦裕禄的名字曾经 70 多次出现在《人民日报》头版标题上，这在中共党史上作为模范人物来说，是史无前例的。

1966 年 9 月 15 日，焦守云在天安门城楼上受到了毛主席的接见，并留下了两张珍贵的合影照片，留住了十分宝贵的记忆。邓小平同志曾为华夏出版社出版的纪实文学《焦裕禄》题写了书名。江泽民同志为焦裕禄题词"向焦裕禄同志学习，全心全意为人民服务"。胡锦涛同志两次到焦裕禄同志纪念馆参加纪念活动，号召向焦裕禄同志学习。

1990 年 7 月 9 日，《人民日报》头版刊发了《人民呼唤焦裕禄》一文，这是穆青、冯健、周原三人合写的第二篇通讯。当年习近平同志到任福州市委书记时间还不长，白天繁忙的工作结束后，深夜在读报纸时看到了《人民呼唤焦裕禄》这篇通讯。时任福州市委书记的习近平同志看到这篇文章之后，心有所感，"文思萦系"，就在 1990 年 7 月 15 日当晚，饱含深情填词《念奴娇·追思焦裕禄》。后来，我们寻访时到福州晚报社了解了当年这段经历。

2009 年 4 月 1 日，在焦裕禄当年种下的那棵泡桐不远处的一片麦田里，习近平同志亲手栽下了一株用焦裕禄种下的那棵泡桐培育出的幼苗，并用五个词概括了焦裕禄精神——"亲民爱民、艰苦奋斗、科学求实、迎难而上、无私奉献"，向全党发出号召，"让生生不息的焦裕禄精神发扬光大"。2014 年 3 月，习近平总书记在河南兰考调研指导党的群众路线教育实践活动时强调："要特别学习弘扬焦裕禄同志'心中装着全体人民、唯独没有他自己'的公仆情怀，凡事探求就里、'吃别人嚼过的馍没味道'的求实作风，'敢教日月换新天'、'革命者要在困难面前逞英雄'的奋斗精神，艰苦朴素、廉洁奉公、'任何时候都不搞特殊化'的道德情操。"2015 年 1 月 12 日，习近平总书记同中共中央党校县委书记研修班学员座谈会上强调："焦裕禄同志以自己的实际行动塑造了一个优秀共产党员和优秀县委书记的光辉形象。做县委书记就要做焦裕禄式的县委书记，始终做到心中有党、心中有民、心中有责、心中有戒。"习近平总书记还说过："焦裕禄同志是很高很高的标杆，虽不可及，但我们要见贤思齐。"

前期进行"不忘初心、牢记使命"学习教育的时候，曾经发了一本红皮书《优秀共产党员先进事迹选编》，我也发现了一个特殊的现象，前三个人物，分别是焦裕禄、孔繁森、谷文昌，每一个人物都有一句评价，都是习近平总书记对这些优秀干部的评价。对焦裕禄的评价是"学习弘扬焦裕禄同志'心中装着全体人民，唯独没有他自己'的公仆情怀、求实作风、奋斗精神、道德情操"。对孔繁森的评价是"向领导干部的好榜样焦裕禄、孔繁森、郑培民等英模人物那样做一个亲民爱民的公仆"。对谷文昌的评价是"焦裕禄、杨善洲、谷文昌等同志是县委书记的好榜样"。

二、见贤思齐，深学细照笃行焦裕禄精神

习近平总书记指出："焦裕禄同志是人民的好公仆，是县委书记的榜样，也是全党的榜样。亲民爱民、艰苦奋斗、科学求实、迎难而上、无私奉献的焦裕禄精神，过去是、现在是、将来仍然是我们党的宝贵精神财富，永远不会过时。"2014 年，习近平总书记在党的群众路线教育实践活动总结大会上强调："各级干部特别是领导干部要按照'三严三实'要求，深学、细照、笃行焦裕禄精神，努力做焦裕禄式的好干部。"在迎接建党 100 周年的历史节点上，焦裕禄精神是第一批纳入中国共产党人精神谱系的伟大精神。今天，我们学习感悟焦裕禄精神，就要按照习近平总书记重要指示来对标学习焦裕禄精神。

（一）亲民爱民是焦裕禄精神的初心本质

亲民爱民与我们中国共产党的根本宗旨"全心全意为人民服务"是高度契合的。在中南海新华门的影壁上就镌刻着"为人民服务"五个大字，在社会宣传标语里也经常会出现这五个字，这正是我们党的宗旨。1939 年 2 月，毛泽东主席在给张闻天的信中最早提出了"为人民服务"的概念。1944 年 9 月 8 日，毛主席在中央警备团战士张思德的追悼会上发表了《为人民服务》的重要演讲。1944 年 9 月 21 日，《为人民服务》第一次发表在延安《解放日报》上。在写给张闻天的信中首次提到"为人民服务"时，毛主席的心中就在酝酿，我们的党到底是个什么样的党，和群众的关系是什么样的关系，可以说这是"为人民服务"的思想在毛泽东思想里面的雏形。

　　第一次公开发表"为人民服务"的演讲是在张思德的追悼会上，为什么是张思德呢？当时张思德是中央军委警卫营的通信班长，延安精兵简政和大生产运动之后，警卫部队合并整编，干部精简下派，也要到生产一线去，张思德成了中央警卫团的一名普通战士，带头赶挖新窑、烧窑，在大雨冲刷影响下，炭窑崩塌，危急时刻，张思德救出了战友，自己却被砸在了里面，牺牲了。张思德是在毛主席身边工作的警卫员，毛主席很了解他，在张思德的悼词中，毛主席讲道："为人民利益而死，就比泰山还重；替法西斯卖力，替剥削人民和压迫人民的人去死，就比鸿毛还轻。"这都是在追悼会的即兴演讲当中提到的，后来在悼词的基础上，人们根据毛主席的讲话内容，加上了《为人民服务》这个题目。

　　1945 年党的七大上，毛主席作《论联合政府》的报告，他说了这么一段话："全心全意为人民服务，是人民军队的唯一宗旨。"党的七大将全心全意为人民服务的宗旨写入了 1945 年通过的中国共产党章程。习近平总书记评价焦裕禄精神的第一个词是亲民爱民，实际上就是为人民服务的宗旨观念。焦裕禄常说，"共产党员应该在群众最困难的时候，出现在群众的面前；在群众最需要帮助的时候，去关心群众、帮助群众"。北风呼啸，大雪铺天盖地，焦裕禄来到梁孙庄梁俊才老人家里，老大娘双目失明，老大爷卧病在床，老大爷就问他："你是谁呀？这大雪天你来干啥？"焦裕禄亲切地回答："我是您的儿子，是毛主席让我来看您老人家的。"这就是那个年代的话语，让两位老人非常感动。当焦裕禄来到葡萄架村调研时，看到有个叫张徐州的孩子得了重病，已经奄奄一息，他立刻安排车把他送到医院，并多次打电话询问病情，最终救活了这个孩子。这个孩子后来为了继承焦裕禄的遗志，改名为张继焦，1994 年到焦裕禄同志纪念馆任职，这么多年，一直坚守在工作一线，守护着焦裕禄陵园，是一个得救于焦裕禄、深受焦裕禄影响、重情重义的人。

围绕焦裕禄亲民爱民的精神，我们来看习近平总书记的要求。习近平总书记到兰考县行政服务中心视察时说："把群众看成我们的父母，看成我们的兄弟姐妹。"这也就是焦裕禄亲民爱民的精神。

焦裕禄在兰考工作了475天，靠着一辆自行车和一副铁脚板，对全县149个生产大队中的120多个进行了走访和蹲点调研，直到被病痛折磨得走不动了，这是一件非常不容易的事情。我们应该从根本上，从为人民服务的来源上去理解好亲民爱民这四个字的深刻含义，践行好"一切以人民为中心"的执政思想。

（二）艰苦奋斗是焦裕禄精神的精髓

在党的七届二中全会上，毛主席提出了"两个务必"，要求全党在胜利面前要保持清醒头脑，在夺取全国政权后要经受住执政的考验，务必使同志们继续地保持谦虚、谨慎、不骄、不躁的作风，务必使同志们继续地保持艰苦奋斗的作风。党的十八大以来，以习近平同志为核心的党中央高度重视继承和弘扬西柏坡精神。2013年7月11日至12日，党的群众路线教育实践活动开始不久，习近平总书记来到河北省调研指导，参观了西柏坡纪念馆。习近平总书记指出，毛泽东同志当年在西柏坡提出"两个务必"，包含着对我国几千年历史治乱规律的深刻借鉴，包含着对我们党艰苦卓绝奋斗历程的深刻总结，包含着对胜利了的政党永葆先进性和纯洁性、对即将诞生的人民政权实现长治久安的深刻忧思，包含着对我们党坚持全心全意为人民服务根本宗旨的深刻认识，思想意义和历史意义十分深远。全党同志要不断学习领会"两个务必"的深邃思想，始终做到谦虚谨慎、艰苦奋斗、实事求是、一心为民，继续把人民对我们党的"考试"、把我们党正在经受和将要经受各种考验的"考试"考好，使我们的党永远不变质、我们的红色江山永远不变色。

在习近平总书记概括的焦裕禄精神里面，很重要的一条就是艰苦奋斗。1964 年春，焦裕禄的肝病日渐严重，但仍不肯去疗养，县委的同志特地买了三剂中药。当他得知药的价格，嫌药太贵，坚决不肯服第四剂，说："咱兰考是灾区，群众生活还很困难，花这么多钱给我买药，我吃不下啊！"焦裕禄经常在简陋的环境里，以床代桌，批改文件。有人提出，要给县委和机关盖新房，置办桌椅、茶具，焦裕禄知道后，语重心长地说："坐在破椅子上不能革命吗？群众生活还很困难，富丽堂皇的事，不但不能做，就是想也很危险。"

现在我们的经济状况与当年比有了翻天覆地的变化，有时也面临着越发展资金越紧张的局面，基础设施需要改造提升，民生建设需要投入，以至于政府财政支出捉襟见肘的情况，但是各种形式的铺张浪费依然极易发生。即使经济条件极大改善，资金十分充裕，也要"一粥一饭当思来之不易，半丝半缕恒念物力维艰"，艰苦奋斗的作风永远不能丢。

（三）科学求实是焦裕禄精神活的灵魂

1943 年 3 月至 1947 年 3 月，毛泽东主席兼任中央党校校长，制定了"实事求是、不尚空谈"的校训。从已经出版的毛主席著作中寻找"实事求是"一词，最早见于 1938 年 10 月 14 日，毛主席在六届六中全会上的报告中指出："共产党员应是实事求是的模范，又是具有远见卓识的模范。因为只有实事求是，才能完成确定的任务；只有远见卓识，才能不失前进的方向。"我们现在的工作中不实事求是的东西还不同程度地存在，造成这种现状的原因来自各方面。比如，在持之以恒纠治"四风"的过程中，官僚主义特别是形式主义还没有彻底根治，需要我们加大纠治力度。

焦裕禄从"拉牛尾巴"的人，后来成为工业战线上的红旗手，带头研制了那么多新型机器，在洛阳矿山机器厂担任过一金工车间主任、生产调度科科长、厂党委委员等职，靠的就是科学求实的态度。焦裕禄在工业战线上的经历，对他科学求实思想的养成产生了至关重要的影响。大家都知道，生产车间的噪声是很大的，焦裕禄曾经为了能够在安静的环境下看机器图纸，把头伸进工具箱里，在狭小的空间里打着手电筒仔细研究，当时工人们说："焦主任，咱们有专业的技术人员可以看图纸，您作为车间主任只要大体了解机器就行了，没必要那么细。"焦裕禄说："那不行，我作为车间主任，必须了解每一个零件是怎么安装、怎么运转的。"这充分体现了焦裕禄科学求实的态度。

到了兰考之后，焦裕禄仍然用在工业战线上养成的这种思想作风，科学求实地解决好兰考的发展路子问题。因此，很多方向性的问题都抓得很准。焦裕禄来到兰考的第二天，就深入农村调查访问，他住进了饲养员肖位芬老人的牛棚，与他同吃同住同劳动，并向群众讨教恢复生产、战胜"三害"的经验。为提振全县人民抗击灾害的信心，焦裕禄将此前为阻拦群众逃荒而设立的"劝阻办公室"改为"除'三害'办公室"。为了解决饥荒问题，焦裕禄勇于担当，顶着全责毅然决然组织了一支采购队伍到外省采购议价粮和代食品。焦裕禄带领风沙勘察队，经过三个多月的实地勘察，跋涉5000余里，取得了兰考"三害"的第一手资料，摸清了全县"三害"的底数。焦裕禄来到兰考后，经历了七个多月的深入调研，才出台了第一个总揽全局的重要文件《关于治沙治水治碱三五年的初步设想》，这也体现了他科学求实的工作态度。

（四）迎难而上是焦裕禄精神的鲜明韧性

毛主席在"七大"闭幕词中指出，"下定决心，不怕牺牲，排除万难，去争取胜利"。毛主席还说过，"要干要革命"。邓小平同志说过，"世界上的事情都是干出来的，不干，半点马克思主义都没有"。习近平总书记说，"撸起袖子加油干"。

1962 年冬，焦裕禄来到兰考面临着巨大的难题，兰考 36 万人口，其中有 19.3 万人是灾民，还有很多人在外地逃荒要饭。焦裕禄却坚定地说："面对当前严重的自然灾害，我们要有革命的胆略，决心领导全县人民苦战三五年改变兰考面貌，不达目的，死不瞑目。"此前毛主席曾经两次去过兰考，"要把黄河的事情办好"这句话就是毛主席在兰考的东坝头上忧思黄河的安澜做出的指示。兰考之难，从自然环境看多数来自黄河。面对兰考当时多灾多难的现状，焦裕禄如果没有迎难而上的精神，任何一步都难以走得出，也不会在兰考留下这么深的足迹。

"最美奋斗者"表彰大会于 2019 年 9 月 25 日上午在京举行，焦裕禄书记光荣当选"最美奋斗者"，他的二女儿焦守云出席了表彰大会并做了代表性发言。可以说，焦裕禄还是一位"最美逆行者"，他的一生都是在迎着困难前行的，从他参加南麻、临朐战斗到南下剿匪反霸，从工厂车间的衣食无忧到县域农村的捉襟见肘，从经济发展最好的尉氏县到"三害"肆虐的兰考县，这些都可以看出焦裕禄的一生都是在迎难而上，是一位当之无愧的"最美逆行者"，也正因为这样，才给我们留下了宝贵的精神财富。

（五）无私奉献展现着焦裕禄精神的人格魅力

焦裕禄从工业战线调到农业农村，工资少了 40 块钱，当年这可是一个大数目，但他从未有过任何抱怨。他的大儿子焦国庆没有买票，稀里糊涂地看了一场戏，受到了焦裕禄的严厉批评，第二天亲自替儿子补上了戏票。焦裕禄举一反三，看到了干部队伍中存在一些问题，亲自起草制定了《干部十不准》。习近平总书记曾经说过，在制定中央八项规定的时候就认真地研究了焦裕禄的《干部十不准》。中央八项规定与焦裕禄的《干部十不准》的风格有一脉相承的东西在。不论是高级领导干部，还是身处基层的领导干部，一定要牢记中央八项规定精神，严守政治纪律和政治规矩，认真学习执行《中国共产党廉洁自律准则》和《中国共产党纪律处分条例》，自觉筑牢拒腐防变的思想防线，清清白白为官、干干净净做事、老老实实做人。

三、笃行致远，担当有为，功成有我做公仆

在最新召开的党的二十大上，习近平总书记在报告中指出：党的十八大以来的十年，我们经历了对党和人民事业具有重大现实意义和深远历史意义的三件大事：一是迎来中国共产党成立 100 周年；二是中国特色社会主义进入新时代；三是完成脱贫攻坚、全面建成小康社会的历史任务，实现第一个百年奋斗目标。新时代十年，我们党和国家取得举世瞩目的成就，这十年也是全党号召弘扬传承焦裕禄精神掀起新热潮、

思想得到新统一、精神内涵得到新丰富、实践效果取得新成效的十年，是全党深学细照笃行焦裕禄精神取得新发展的十年。我们也迎来了焦裕禄诞辰 100 周年，在这个特别的历史节点上，我们对弘扬传承焦裕禄精神的事业进行了系统的回顾，坚定了砥砺奋进、勇毅前行的信心。在党的二十大报告中，习近平总书记明确指出，"弘扬以伟大建党精神为源头的中国共产党人精神谱系，用好红色资源，深入开展社会主义核心价值观宣传教育，深化爱国主义、集体主义、社会主义教育，着力培养担当民族复兴大任的时代新人"。这为我们站在历史新起点上进一步学习、弘扬、传承好焦裕禄精神指明了方向。

习近平总书记深刻指出："生命有限，很多英雄模范人物崇高精神的形成过程也是有限的，但形成了一种宝贵精神财富，是一个永恒的定格。焦裕禄精神，同井冈山精神、延安精神、雷锋精神、红旗渠精神等都是共存的。任何一个民族都需要有这样的精神构成其强大精神力量，这样的精神无论时代发展到哪一步都不会过时。"今天，我们开启了全面建设社会主义现代化国家新征程，正在向着实现第二个百年奋斗目标进军。立足新发展阶段、贯彻新发展理念、构建新发展格局、推动高质量发展，确保"十四五"时期目标任务落到实处，都对领导干部提出了新的更高要求。面对新形势新任务，各级领导干部要以焦裕禄精神为标杆，拧紧世界观、人生观、价值观这个"总开关"，做到"心中有党、心中有民、心中有责、心中有戒"，要特别学习焦裕禄同志的"公仆情怀、求实作风、奋斗精神、道德情操"，振奋精神、激发斗志、树立形象、赢得民心，把为党和人民事业无私奉献作为人生的最高追求，努力创造无愧于党、无愧于人民、无愧于时代的业绩。

"百姓谁不爱好官？把泪焦桐成雨""生也沙丘，死也沙丘，父老生死系""为官一任，造福一方，遂了平生意"，一首《念奴娇·追思焦裕禄》，写出了焦裕禄同志的为民情怀与英雄本色，也道出了无数人心中优秀中国共产党人的良好形象与精神风貌。深学、细照、笃行焦裕禄精神，学习弘扬焦裕禄同志对群众的那股亲劲、抓工作的那股韧劲、干事业的那股拼劲，把深学细照笃行焦裕禄精神融入落实"三个务必"的伟大实践中，不忘初心、牢记使命，谦虚谨慎、艰苦奋斗，敢于斗争、善于斗争，坚定历史自信，把握历史主动，坚定拥护"两个确立"，坚决做到"两个维护"，我们一定能团结凝聚起踔厉奋发、勇毅前行的磅礴伟力，在中华民族伟大复兴奋斗征程中做出新的重大贡献。

大爱无声　花开有音

第七讲　新时代践行焦裕禄科学求实精神的有效路径

□曹振宇　田　莹

　　曹振宇，兰考人，博士、教授、硕士生导师，河南省焦裕禄精神研究会秘书长，郑州大学焦裕禄精神研究中心主任。发表论文60余篇，出版专著10余部，多部作品获奖。接受中央电视台等媒体的采访，长期从事焦裕禄精神的研究和宣讲。

　　田莹，硕士，郑州大学干部培训中心教师。参编《永远的丰碑——焦裕禄画传》《焦裕禄故事》等书籍，参与完成教育部人文社科研究项目。

习近平总书记强调："科学成就离不开精神支撑。"追求真理，就要以科学的精神对待科学，专注于科研事业，勤奋钻研，不慕虚荣，不计名利，以理性态度发现客观世界的科学规律；崇尚创新，就要树立敢于创造的雄心壮志，敢于提出新理论、开辟新领域、探索新路径，在独创独有上下功夫，多出高水平的原创成果，为不断丰富和发展科学体系做出贡献；实事求是，就要"不迷信学术权威，不盲从既有学说，敢于大胆质疑，认真实证，不断试验"。

在中央领导的执政探索与发展中，党员干部切身实践所形成的精神谱系成为指路明灯，指引着一代代新生力量奋勇前进，鼓舞着党员干部坚持科学发展道路，不断创新。回想焦裕禄同志当年的工作历程，我们感悟焦裕禄精神之科学求实内涵所在，他的精神内涵不但拥有奉献、勤勉、坚强的特质，更闪耀着科学求实精神的光芒。其科学求实精神具体表现在：坚持实地调查研究，坚持科学求实工作思路，采取科学求实有效方法，尊重培养科技人才。这些都对当今党的领导干部树立科学求实思想，走好科技创新之路，具有现实意义。

一、实地调查研究是践行科学求实精神的基础

追求、探寻事物真相是科学求实精神的重要内容。焦裕禄曾常说"吃别人嚼过的馍没有味道"，即完全借用别人调查研究的结果对自己工作开展没有什么益处，所以，凡事他都力求亲自实地调查。为了根治兰考"三害"，他"要亲自掂量一下兰考'三害'的分量"：大风聚起，

是他探寻沙口位置，解决风害问题的时候；大雨倾盆，是他勘探低涝情况，设计河道流向的时候；烈日炎炎，是他查探盐碱分布，研究土壤成分的时候。焦裕禄事必躬亲，坚持走群众路线，到群众中间调查了解治沙防水的方法，很少坐在办公室听别人的汇报。兰考有 149 个大队，短短 475 天的时间，他亲自考察的达到 120 多个，不是走马观花、摆摆样子，而是长期深入、驻队蹲点、探寻实情。记得小时候听过一首歌《老焦他来俺村驻队蹲点》，就反映了焦书记根据实地实情开展调查研究，参与民众日常生产，交流生产经验的情景。通过实地调查了解，对"三害"的情况有一个全面真实的掌握，为后续制定科学决策做最坚实的铺垫。在各种场合，他也反复向各级领导干部强调考虑工作、解决问题都得尊重科学，从实际出发，这样才能得出科学思路和科学方法。

对于我们现在的干部来说，在考量治理诸如城市交通拥堵、排水系统不畅、过街天桥闲置、农村蔬菜滞销等多个方面群众意见很大的民生问题时，都应该认真学习借鉴当年焦裕禄的工作作风，秉持科学求实探索的精神，坚持使用实地调查研究的工作方法。如果市领导能够带领有关干部和技术人员，在交通拥堵的地段和交通高峰时段蹲点测算，在大雨倾盆时到市内积水路段探寻，在修建过街天桥时多观察测量人流情况，而非坐在办公室听汇报、看图纸、闭门造车，那么交通拥堵的治理方案就会更科学，城市似车海人海的情形就会改善许多，过街天桥也不会闲置而无人走过。如果县委书记们像焦裕禄那样，及早多次到农民菜园、果园等地实地查看，与有关领导一起研究销售渠道，那么蔬菜烂在农田、水果滞留果园的境况也难再出现。

二、提出科学求实的思路是践行科学求实精神的导向

正是焦裕禄同志秉持实事求是的态度、采取实地调查研究的方法，了解实情的他在工作中才能提出科学的工作思路。在治理"三害"时，焦裕禄充分了解到兰考干部与民众的畏难情绪严重，他认为"干部不领，水牛掉井"，首要任务是解决干部的思想问题。他带领兰考干部学习先进思想，提高政治觉悟，积极参与"三害"斗争，而后提出"榜样的力量是无穷的"，在各生产大队树立标杆和典型，带动群众共同参与解决"三害"问题。再如，他结合兰考灾情，创造性地提出"天不留人，地留人"的小片土地承包制度，解决了部分百姓的吃饭问题，也减轻了国家的救济负担；为保护树苗，保障植树造林成效，焦裕禄发动民众订立护林公约，将香椿树分户看管，最终所得按比分配，提高了群众的守林护林的积极性，在改善兰考地理环境的同时，拓宽了群众的收入来源；通过对上级积极汇报、多方沟通联络，打通兰考与曹县之间的界堤、拓宽河道解决泄洪难题，等等。兰考由"三害"引发的多种问题得以解决，都是他抓住了问题要害，提出了科学求实的思路。

科学求实的思路，不但意味着先抓要害，还要求始终坚持符合客观实际、排除私心杂念。现在的兰考找不到盐碱地，看不见风沙丘，没有了低洼地，"三害"得到了彻底根治。当年的焦裕禄拒绝形象工程与表面工作，没有把兰考作为跳板，也不是应付上级检查，干工作不是为自己的政绩添码，而是要实实在在地解决百姓的饥荒问题，彻底改变兰考的落后面貌。他说："感谢党把我派到最困难的地方，越是困难的地方，越能锻炼人。请组织上放心，不改变兰考的面貌，我决不离开这

里。"他与曹县领导共同协商，就《关于兰考县与曹县太行堤阻水工程的协议》达成共识，打通两县界堤，开挖泄洪河道，使得长久以来因农田积涝而引起两县争斗的矛盾得以解决。焦裕禄所做的这些都不是一时之计，而是高瞻远瞩地力求彻底解决问题，坚持落实其科学求实的思想方能显出科学效果，实现长治久安。

只有领导干部树立科学求实的思想，在处理问题过程中从人民群众的根本利益出发，制定长远可持续发展的目标，理清主次矛盾，抓住主要矛盾解决问题，才能有科学思路，避免许多资源浪费、短命工程等因小失大的问题。

三、采取科学方法是践行科学求实精神的关键

有了科学求实的思路自然就有科学的方法。所谓科学方法，是人们在认识和改造世界中遵循运用的、符合科学一般原则的各种途径和手段。在治理兰考"三害"问题时，焦裕禄不蛮干，而是认真研究科学的治理方法。他从林业部门了解到树林能够防沙，带领干部群众栽种防护林；他看到坟头周围的沙被风吹走，坟头由于胶泥覆盖分寸未动而受到启发，发动群众深翻土地，压沙治碱，这就是我们常说的"扎针、贴膏药"治理风沙盐碱的科学方法；他主动请教种植经验丰富的农户，结合先进技术，带领部分生产大队开展台田试验，提高农作物产量。作为县委书记，焦裕禄在思想工作方面的方法也很得当：他亲自到女支书的婆婆那里疏通她的思想，女支书才得以大胆工作；他在地头给来自上海的大学生开欢迎会，使得这位来自大城市的女大学生勇于扎根兰考工作；就连教育自己的孩子，他也寓教于乐，把鱼放回鱼塘，他说让鱼

儿回家，不再想自己的妈妈；焦裕禄以身作则，带领儿子主动排队，按序理发；让儿子补交戏票，拒绝"看白戏"，不占公家便宜；鼓励大女儿补上劳动这一课，让她到食品厂工作，以此磨炼她吃苦耐劳的意志。这些事例，充分说明焦裕禄智慧超群，有着科学的世界观和方法论，并将此运用到日常工作和生活中。

四、重用科技人才是践行科学求实精神的根本

焦裕禄同志很重视对科学技术的学习和应用。例如，他特别珍惜在哈尔滨工业大学进修学习的机会，如饥似渴地学习；他在工业部门工作时很重视技术革新，带头学习研发，攻克技术难题。同时，作为领导者，他特别重视对科技人才的培养和任用。到兰考工作后，他主动关心到兰考就任的林业大学生的生活与工作问题，用自己的米粮份额解决饮食习惯问题，与他们充分沟通思想，激发他们的工作积极性；充分了解上级派来的水利专家的真实问题，并给予照顾与解决；即使面对烧窑技工、种树老农，焦裕禄也一视同仁，非常尊重，不耻下问，向他们请教学习。这些都表现出一位领导干部惜才若渴的精神。

"建设创新型国家，加快转变经济发展方式，赢得发展先机和主动权，最根本的是要靠科技的力量，最关键的是要大幅提高自主创新能力。"转型中国"智"造，发展科技力量，正是靠重用科技人才来实现的。当年焦裕禄同志对科技人才能如此爱惜和重用，那么在科技日新月异、飞速发展的今天，在建设创新型国家的探索发展中，领导干部更应该重视科技人才的培养和任用：尊重他们、关怀他们、理解他们，给予科技人才适当的发展空间，充分调动他们的积极性，而非为一时之争或短期利益埋没人才，否定他们的能力，这样才能更好地把科学技

术转化为生产力，提高国家创新型、智慧型建设的整体水平。

党的二十大报告强调："我们必须坚持解放思想、实事求是、与时俱进、求真务实，一切从实际出发，着眼解决新时代改革开放和社会主义现代化建设的实际问题。"在新时代党和国家事业发展的征程上，以习近平新时代中国特色社会主义思想为指导，坚持科学求实精神，对于当今的干部尤为重要。当年焦裕禄以切身实践给我们树立了榜样，凝结升华而成的焦裕禄精神使我们学有方向、赶有目标。

为民者民必记之，惠民者民必感之，乐民者民必爱之。焦裕禄同志在兰考留下的不是一串串给上级汇报的数据，而是踏踏实实做人、兢兢业业做事的工作态度，坚守为人民服务的工作宗旨，采取科学求实的工作方法，发扬为民众办实事、办好事的工作作风。焦裕禄在充分了解兰考实际情况的基础上，结合科学技术知识，充分发挥主观能动性，彻底改变了兰考的生产条件，从根本上解决了兰考人民的温饱问题，凝结出让老百姓心心挂念、念念不忘的好态度、好作风、好精神！他所坚守的科学求实精神、提出科学求实的工作思路与方法，不断启发新时代的领导干部重新审视自己，做科学求实精神的践行者，服务于人民的根本利益，制订可持续发展的政策方案，全面促进创新型国家建设，取得兴国利民的好效果！

大爱无声　花开有音

第八讲　不忘初心　牢记使命　做焦裕禄式党员干部

□ 董亚娜

　　董亚娜，1975年10月出生，兰考县焦裕禄纪念园（馆）管理处党支部书记、副主任，政协兰考县第六届、第七届、第八届委员会委员，政协兰考县第九届委员会常委，开封市第十二次党代会代表，河南省第十次党代会代表。两次为习近平总书记讲解焦裕禄事迹。在从事讲解工作30年间为党和国家领导人讲解焦裕禄事迹，受到领导的一致好评。在全国讲解员大赛中荣获"优秀讲解员"称号，曾获"全国十大最美导游"第一名等荣誉称号。

焦裕禄同志离开我们已经59年了。59年来，他的名字享誉中华，传遍神州，他的事迹家喻户晓，代代相传，形成历久弥新的焦裕禄精神。那么，什么是焦裕禄精神？2009年4月1日，习近平同志专程到兰考。在干部群众座谈会上，他将焦裕禄精神高度概括为"亲民爱民、艰苦奋斗、科学求实、迎难而上、无私奉献"五个方面。

焦裕禄精神之一：迎难而上

焦裕禄到兰考工作是1962年，当时的河南省委、开封地委一提到兰考县就头疼。为什么呢？因为咱们都知道，从1959年到1962年，这三年是我们共和国史上最困难的三年，主要是粮食紧张，河南农村又遭受了严重的自然灾害，特别是豫东重灾区——兰考县，风沙、内涝、盐碱等自然灾害很严重，全县的粮食产量下降到历史的最低水平，当时亩产仅有43斤，广大人民群众食不果腹。当时兰考的群众大部分靠政府救济，按照1962年的救济标准，人均每天七两红薯干、苜蓿片等代食品，难以维持生活。当时家家户户只有两条路：一条路是逃荒，另一条路是苦熬。兰考人外出逃荒非常普遍，早在新中国成立前兰考就流传这样一首民谣："冬春风沙狂，夏秋水汪洋，一年辛苦半年糠，交租纳税恨官堂。扶老携幼逃荒去，卖了儿和女，饿死爹和娘。"出门的时候一家人扶老携幼，回来的时候一家剩下一两个人。要么就是苦熬，留在家里的人，那更是度日如年。他们就靠吃野菜、树叶、树皮维持生活，要是知道谁家有棵榆树，那一夜之间这棵树可能就变成白溜溜的光杆儿了。所以当年的兰考穷得全国人民都知道，兰考也被叫作"永远填不满的穷坑"。

正因为这样，所以从1962年初河南省委、开封地委就开始物色干部到兰考工作。组织上为什么选焦裕禄任兰考县委书记呢？他在三个方面非常出色：第一，不怕苦。兰考条件非常艰苦，到兰考的干部要有献身精神，你得不怕苦、能吃苦。焦裕禄的第二个突出特点——平民化。要想改变兰考的面貌，就得动员兰考的群众，和群众打成一片。焦裕禄在这方面也没问题，他出身工农干部，从小逃过荒、要过饭。到兰考面对艰苦生活，他并没有被困难压倒，他说："这比我过去披麻包片儿要饭强多了。"一句话拉近了和人民群众的距离，县委书记也要过饭啊！他的一床被子上有42个补丁，一床褥子有36个补丁，让老百姓一看，这不是和我们一样的人吗？第三点，有激情。焦裕禄是个激情型的干部，派到兰考的干部是去救灾，刻不容缓，需要在最短时间内打开局面，而焦裕禄具有这种素质。比如说，1953年焦裕禄在洛阳矿山机器厂，1954年到哈尔滨工业大学，1955年到大连起重机厂做车间主任，1956年又回到洛阳矿山机器厂做车间主任。短短几年，打一枪换一个地方，而且每一枪打得都精彩。所以河南省委知道，这个干部是走到哪里胜到哪里的干部，所以选他是选对了。

咱们再来说1962年的兰考，兰考县是黄河故道流经的地方，这里风沙、内涝、盐碱"三害"肆虐，给全县36万人带来了严重的灾难。全县共有耕地面积90万亩，上半年连续168天大旱，风沙打死了20万亩麦苗；下半年大雨没命地下，又把30万亩的庄稼淹掉；同时盐碱地上又有10万亩禾苗被碱死。当时流传在群众中形容兰考风沙的歌谣是这样说的："每当风沙起，平地堆沙墟，日头正当午，家家灯不熄。"当时组织上就给焦裕禄讲:"你到兰考去工作,兰考有'三个最',第一,最苦;第二,最穷;第三,最难。"如果焦裕禄当年不来兰考工作,他完全有正当理由,据他的妻子徐俊雅回忆,他1959年在尉氏县工作的时候就查出肝病,肝就已经开始疼了。我听时任地委书记张申回忆说,当时到兰考任县委书记有三个人选,跟前面两个一谈,说什么也不同意到兰考工作,说"灾区栽干部";但是和焦裕禄一谈,他却坚定地说:"感谢党把我派到最困难的地方,越是困难的地方越能锻炼人,请组织上放心,不改变兰考面貌,我决不离开那里。"

展现在焦裕禄同志面前的兰考大地是这样一幅景象:横贯全境的两条黄河故道,是一眼看不到边的黄沙;片片内涝的洼窝里,结着青色的冰凌;白茫茫的盐碱地上,枯草在寒风中抖动。

焦裕禄精神之二:科学求实

1962年12月6日,焦裕禄同志来到兰考。初到兰考工作,焦裕禄提出一个"三同"的工作方法,第一同——同住。焦书记把地点选在了牛屋。12月9日,焦裕禄就到农民饲养员肖位芬家中,和肖位芬长谈,收集到很多治理"三害"的办法。第二同——同吃。大家都知道,北方农村群众吃饭不在家吃,而是端着碗到一个空旷的地方,大家蹲坐在一起,边吃边聊。当时焦书记就说,深入饭场,能听到真实的东西。第三同——同劳动。焦裕禄到兰考后,把干部参加劳动制度化,领导干部必须参加劳动,而且书记、县长带头。通过这样同吃、同住、同劳动,老百姓知道的东西,干部就都知道了。

焦裕禄同志经常这样教育县委党员干部:"干部不领,水牛掉井,没有抗灾的干部，就没有抗灾的群众。"

当时，连年受灾的兰考，县委的工作几乎全被发放救济粮款所淹没，同志们对改变兰考面貌失去了信心。焦裕禄认为此时的工作重点是尽快转变县委领导班子的思想状况和精神状态，必须树立战胜困难的信心和决心。

在一个北风呼啸、风雪交加的夜晚，焦裕禄召集在家的县委委员开会。人们到齐后，他并没有宣布会议议程，只说了一句："请大家跟我到火车站看看。"

当时的兰考火车站几乎被漫天大雪淹没了，车站的屋檐下，挂着尺把长的冰柱，外逃的灾民穿着国家救济的棉衣拥挤在候车室里，他们正等着登上开往丰收地区的列车……

看到这些背井离乡的灾民，焦裕禄的眼睛湿润了。他沉重地对县委委员们说："同志们，你们看，他们中绝大多数都是我们的阶级兄弟，是灾荒逼迫他们到外面去的，这不能怪他们，责任在我们身上。党把这个县36万群众交给了我们，我们没能领导他们战胜灾荒，应该感到羞耻和痛心哪！我们扬汤止沸，不如釜底抽薪，要从根本上解决人口外流，就要把家里生产生活安排好，让他们不再想外流。"

焦裕禄没有再讲下去，所有的常委们都沉默着低下了头，这时大家才理解为什么焦书记深更半夜带领大家来看风雪严寒中的车站。回到县委已经是半夜时分了，常委会继续召开。焦裕禄和大家一起回忆了兰考的革命斗争史，他语重心长地说："兰考这块地方是烈士们用鲜血换来的，先烈们并没有因为兰考人穷灾大，就把它让给敌人，难道我们就不能在这里领导群众战胜自然灾害吗？兰考是灾区，穷、困难多，但灾区有个好处，它能锻炼人的意志，培养人的革命品格，革命者要在困难面前逞英雄。"正是在这样的豪情壮志下,焦裕禄立下了铮铮誓言:"拼上老命大干一场,决心改变兰考面貌。"

焦裕禄精神之三: 艰苦奋斗

在焦裕禄的带领下,县委先后抽调了120名干部、农民和技术员,组成一支"三结合"的"三害"调查队,在全县展开了大规模的"追洪水、查风口、探流沙"的调查研究工作。那时候,焦裕禄的肝病时常发作,许多同志担心他在大风大雨中奔波,会加剧病情的发展,劝他不要参加,但他毫不犹豫地拒绝了。他说:"吃别人嚼过的馍没味道。"每一次都是率先垂范,身体力行,带领大家一起工作。群众身上有多少泥,他身上就有多少泥。

每当风沙最大的时候,焦裕禄走出办公室,去"查风口"、"探流沙";每当下大雨的时候,他就穿上雨衣,卷起裤腿,去查看洪水的流势和变化。为了了解盐碱的分布情况,当年县里唯一一位学林业的大学生曾经找到焦裕禄,建议买一些仪器,测量一下兰考土地的含碱量,焦书记对他说:"现在咱们还穷,没钱买仪器,不过我们有办法,咱们可以用舌头尝啊,咸的是盐,凉的是硝,苦的是碱。"从那天开始,焦裕禄就带领技术人员走了5000多里地,靠用舌头尝,了解盐碱的分布情况,绘制了一张兰考县盐碱分布图。通过调查研究,焦裕禄找到科学治理"三害"的方法。有一天,焦裕禄在下乡的时候,看到一位村民正在从地底下挖淤泥。焦裕禄上前问:"你这是在干吗?"村民告诉他说,风沙太大了,把他母亲的坟都快吹没了,他挖淤泥是为了把他母亲的坟头固定住。这种奇特的固沙办法让焦裕禄眼前一亮,焦书记说:"我们把兰考县 36 万人民组织起来，何愁不能把沙丘封住。"焦裕禄惊奇地发现在一望无际的沙丘下面竟然是胶泥，当人们把这些挖出来封住沙丘的时候，兰考人看到了自己的希望。当时我们采取的办法是把 1 米以下的淤土翻上来，在沙地上盖上四五寸的淤土改良土壤，当时焦书记把这种方法形象地比喻为"贴膏药"。这种方法在兰考县持续了两年，风沙治住了，庄稼丰收了，外出逃荒的人们回来了。另一种方法是通过种植泡桐树、刺槐、柳树进行防风固沙。焦裕禄带领兰考人民集体种植泡桐，定沙治沙，这项工程的效果也逐渐显现，兰考种植在 19 万亩沙丘上的千条林带锁住了曾经肆虐的风沙。据气象部门统计，从 1964 年的冬天到 1965 年的春天，兰考县共刮过 72 场大风，但没有发生风沙打死庄稼的灾害，焦书记把这一方法形象地称之为"扎针"。地毯式的调查研究，让焦裕禄掌握了兰考"三害"发生、发展的规律。

焦裕禄在一份除"三害"报告上曾经写下这样几句话："我对兰考的一草一木都有深厚的感情。面对当前严重的自然灾害，我们有革命的胆略，坚决领导全县人民，苦战三五年，改变兰考面貌。不达目的，我们死不瞑目。"从这些话语中，我们可以看出，当年焦书记战胜自然灾害的信心和决心。

在治理"三害"的斗争中，焦裕禄善于运用树典型、以点带面的工作方法，树立了韩村的精神、秦寨的决心、赵垛楼的干劲、双杨树的道路四个自力更生战胜灾害的先进典型，以模范鼓舞干劲，带动兰考人民生产自救。

　　韩村的精神：韩村精神在遭受了毁灭性的涝灾以后，坚决不要国家救济，靠割草养活了自己，养活了牲口。

秦寨的决心：秦寨群众在连续遭受严重内涝、盐碱灾害的情况下，以坚强的革命决心大干深翻地，制伏盐碱。他们表示："不能干一天就干半天，不能翻一锨就翻半锨，用蚕吃桑叶的办法，一口口啃，也要把碱地啃翻个个儿。"

赵垛楼的干劲：赵垛楼群众在七季绝收以后，又遇上了涝灾。他们冒着倾盆大雨挖沟排水，同内涝展开英勇搏斗，夺得了好收成。

双杨树的道路：双杨树群众在农作物基本绝收的情况下，本着"穷，咱穷在一块；富，咱也富到一块"，坚决走集体经济的道路。焦裕禄把他们树为坚持社会主义道路的样板。

焦裕禄精神之四：亲民爱民

焦裕禄坚持走群众路线，群众有困难的地方总能看到他的身影。1963 年 12 月 9 日晚，北风呼啸，鹅毛大雪铺天盖地而来，焦裕禄望着风雪，心里惦记着人民群众。这么大的雪，群众缺不缺吃的？有没有柴烧？生产队的牲口会不会冻死？他让办公室立即通知各公社，做好雪天六项工作。

雪天六项工作

1.所有从事农村工作的同志和队干部，要普遍深入牛屋，普遍检查，不能因天气突然变冷而冻死一头牲口。

2.深入到户，进行访问，发现断炊户，要立即解决，对于没有房子的住户，要设法给予安置。

3.安排好室内副业生产，凡是有副业原料的都要妥善组织劳力，搞好室内副业生产。

4.对于参加运输的人、畜、车辆，凡是搁在中途的，在哪个大队范围内由哪个大队负责解决。

5.教育全体党员、干部在大雪封门的情况下，要更加关心群众生活，要树立强烈的群众观点，千方百计地方便群众。

6.把检查的情况、发现的问题、解决的问题，随时用电话报告县委。

风刮了一夜，雪下了一夜，焦裕禄办公室的灯也亮了一夜。第二天天刚放亮，焦裕禄就召集县委机关的干部开会，他对同志们说："在这大雪拥门的时候，我们不能坐在办公室烤火，应该到群众中间去。共产党员应该在群众最需要帮助的时候，去关心群众，帮助群众。"说完，他带着救济粮款，迎着漫天大雪，下乡去慰问群众。

在兰考人民心中，焦裕禄最让他们感动的是他对老百姓的感情，他视百姓为父母，把自己当作人民群众的儿子。对人民的生活无比关切，无衣无食者、有病者、危难者，他竭尽全力予以救济，排忧解难。

焦裕禄在下乡途中，看到土山寨村群众冬天蹚水过河，十分心疼，就和当地群众一起修了一座桥，群众把这座桥称为"连心桥"。

焦裕禄不仅自己清正廉洁，还经常教育自己的家人不搞特殊化。有一次，他发现大儿子焦国庆说他是县委书记的孩子，看戏没有买票，对焦国庆进行了严厉的批评，并立即拿出钱让焦国庆给戏院送过去。针对此事，焦裕禄专门起草了《干部十不准》，规定任何干部不得搞特殊化。

焦裕禄把职位看作是为人民服务的岗位，把职权看作是受人民的委托、为革命掌权，这是一个共产党员崇高精神的完美表现。2014 年 3 月 17 日，习近平总书记参观焦裕禄同志纪念馆时在《干部十不准》的展板前站立良久。后来陈百行（时任兰考焦裕禄纪念园管理处主任）说："总书记仔细观看修改痕迹明显的'十不准'底稿，认真听取讲解，并对随行人员说，中央在制定'八项规定'时，曾受到'十不准'的启发。"无论是看戏这种小事，还是给孩子找工作这种大事，焦裕禄从不开绿灯。大女儿焦守凤初中毕业，他把焦守凤安排到县食品加工厂当临时工，还专门找到厂长说："我的女儿在这里做临时工，分配工作时一定要把她安排到工作条件最差的地方，你们不要因为这是我女儿就另眼看待，应该对她要求得更严些。"后来我们在采访焦守凤女士的时候，她说，当时父亲完全能够给她安排一个好工作，比如说当教师、话务员。但是焦书记却不搞特殊化，把自己的女儿安排在酱菜场。酱菜场是一个腌咸菜、卖酱油的地方，守凤女士告诉我们，她每天走街串巷卖酱油，到了场里就切辣椒腌咸菜，两只手因为切辣椒烧得火辣辣的，晚上疼得睡不着觉，就把手冰在凉水里，那个时候她还不理解父亲，但是现在明白了父亲的良苦用心，后来在自己的工作岗位上，她表现也很出色。

焦裕禄任兰考县委书记后，模范践行着勤俭节约、艰苦创业的优良作风，当时县委办公条件十分简陋，曾有个干部向焦裕禄提出装潢县委办公室、改善办公条件的主张。针对这种思想，焦裕禄对这位干部进行了耐心的批评教育。他说："只要能树立起艰苦奋斗的思想，坐在破椅子上，同样能干出成绩。"从参加革命工作到当县委书记，焦裕禄始终保持着劳动人民的本色，他穿过的衣帽鞋袜都是缝了又缝、补了又补的，他用过的一条被子上有 42 个补丁，褥子上有 36 个补丁。他穿过的棉鞋里面的衬布全部都磨光了，鞋面破了 12 个窟窿。当年他爱人要给他买双新袜子，他说："跟贫下中农比一比，咱穿得就不错了。目前，国家正处在困难时期，咱也得为国分忧，过几年紧日子。朴素的土气，就是革命的正气呀！"焦裕禄身为县委书记，生活十分贫苦，工作那么多年，不仅没有奉养老人，相反，他回家看望多年未见的老母亲，还借了 300 元钱，他说要用他的工资还清，然后省吃俭用，积攒余款，他还了 100 元后，便因病住院了，整整两个月后，5 月 14 日焦裕禄去世时他还欠 200 元，这就是焦裕禄的经济账。

焦裕禄对自己很严格，他在兰考只给我们留下了四张照片，据当时兰考县委宣传部干事刘俊生介绍说，其中三张都是抓拍的。每当要下乡，焦裕禄就嘱咐通讯干事刘俊生别忘了带相机，可每当把镜头对准焦书记时，他总是摆摆手不让照。焦书记说："人民群众改天换地的劲头这么大，多给他们拍些照片，多有意义，拍我有啥用！"焦裕禄以各种方式鼓舞人民群众的工作热情。在刘俊生的一再要求下，焦书记说："我喜欢泡桐树，就让我在泡桐树旁留张影吧。"这是在焦裕禄亲手栽种的泡桐树旁的留影。60 年过去了，这棵栽种于 1963 年春天的泡桐树已长成参天大树。兰考人民为了怀念焦书记，把这棵树称为"焦桐"。焦裕禄虽然在兰考仅留下了四张照片，但他的音容笑貌却永远留在了兰考和全国人民的心中。焦裕禄精神也像他当年栽下的这棵焦桐一样，根深叶茂，生机焕发。

焦裕禄精神之五：无私奉献

焦裕禄在兰考工作的 475 天里，用实际行动诠释了一个共产党员无私奉献、鞠躬尽瘁的崇高风范。在兰考的日日夜夜，他说得最多的一句话就是"我是来工作的，我不是来休息的"。有一次，他和县委办公室一位同志去三义寨公社检查工作。走到半路，肝病发作，疼得厉害，两个人只好推着自行车慢慢地走到公社，公社书记看他脸色不好，劝他休息一会儿，他笑笑说："还是先谈你们的情况吧，我不是来休息的。"焦裕禄同志一边听着汇报，一边用力按着肝部记笔记，剧烈的肝痛使他手指发抖，钢笔几次滑脱。听完汇报，他执意要到下面去看一看，可是刚走出公社大门，一阵剧烈的肝痛几乎使他晕倒。

由于终日忘我地工作，焦裕禄的肝病也越来越厉害。为了能坚持工作，焦裕禄发明了多种多样的与病魔作斗争的"武器"。人们经常看到，他棉衣上的第二个、第三个扣子总是不扣的，不是焦书记不注重形象，而是为了随时能把左手伸入怀中，按住时时作痛的肝部。无论在开会、作报告、听汇报时，他总是把右脚踩在椅子上，高抬右膝顶住肝部。每次肝疼的时候，他就采取自己的"压迫止疼法"，钢笔、茶缸盖儿、鸡毛掸子都是他用来顶肝的工具，时间长了，他坐的藤椅的右侧被顶出了一个大窟窿。焦裕禄为了改变兰考的贫困面貌，暗中忍受了巨大的疾病痛苦，他留给我们的藤椅就是最好的证明。

1964年3月，兰考人民除"三害"斗争达到了高潮，焦裕禄的肝病也到了严重关头，他从兰考人民改变自然面貌的热情中，看到了兰考的希望和未来。他坐在桌前，想动手写一篇题为《兰考人民多奇志，敢教日月换新天》的文章，并拟好了四个小标题：一、设想不等于现实；二、一个落后地区的改变，首先是领导思想的改变；三、榜样的力量是无穷的；四、精神原子弹——物质变精神，精神变物质。可是文章只开了个头，病魔就逼他放下了手中的笔。3月23日，党组织决定送他到外地治疗，临行的那一天，由于肝痛得厉害，焦书记是一步一步弯着腰走向火车站的，他是多么舍不得离开兰考啊！一年多来，全县149个大队，他已经跑遍120多个。他把整个身心，都交给了兰考的群众，兰考的除"三害"斗争。正像一个指挥员在战斗最紧张的时刻，离开那炮火纷飞的前沿阵地一样，他从心底感到痛苦、内疚和不安。他不时深情地回顾着兰考城内的一切，他多么希望能尽快地治好肝病，带着旺盛的精力回来和群众一起战斗啊！他几次向送行的同志们说，不久他就会回来的。在火车开动前的几分钟，他还在认真地布置工作，要同志们抓好抗灾斗争。

我曾经仔细地翻看《焦裕禄在兰考的日日夜夜》一书，焦书记在兰考工作475天，其中下乡调查研究292天、访贫问苦21天，研究治理"三害"会议144次。从这些我们可以看出，焦书记把自己整个身心都交给了兰考的除"三害"斗争。

焦裕禄从开封转到郑州、北京治疗，3月31日，医生含着泪开出了最后的诊断书："肝癌后期，皮下扩散，并腹腔、全身皮肤结节转移"，这是不治之症。送他去治疗的赵文选同志听到这个消息，放声大哭，抓住医生的手，恳求医生："医生，我求求你，我恳求你，你一定要把他治好，我们兰考是重灾区，兰考的工作需要他，兰考的人民离不开他呀！"

当年焦裕禄的管床大夫杨璧卿回忆说，焦裕禄是以一位普通患者的身份住院，从没提过任何特殊要求与照顾。几天后，他们还是从成群结队来探病的老百姓口中得知，这位患者是兰考县委书记焦裕禄。消化内科病区护士长樊镜珍对焦裕禄说："焦书记，你报饭时报好点，增加营养。"但焦裕禄从来不同意，每次都是吃些稀饭、面条，去看他的老百姓挂念焦书记的身体，送来鸡蛋等营养品，都被他婉言谢绝，他让老百姓回家拿鸡蛋换点盐什么的贴补家用。郭蓬芝是焦裕禄当年的主管大夫。我们都知道，所有的癌症肝癌最痛苦，很多时候看到焦书记疼得厉害就建议给他打止疼针，当时吗啡很紧缺，一个病区只有两三针，焦裕禄拒绝打止疼针，而是把药留给更需要的患者。郭蓬芝说，如果要说"特殊照顾"，医院对焦书记的"特殊照顾"是在他病房里放了一把藤椅，因为疼痛，焦裕禄经常用右手紧紧按住肝部，胳膊肘顶住藤椅扶手，没多久，藤椅的扶手就被顶了个洞。

焦裕禄住院后，全县人民都挂念他的病情，只要有机会，他们都到医院看望他。每次焦书记都不谈自己的病情，总是询问县里的工作、生产情况。焦书记说："兰考就是我的家，走得再远，不能不关心家里的事。"他问前来看望他的群众：张庄的沙丘封住了没有？赵垛楼的庄稼淹了没有？秦寨盐碱地上的麦子长得咋样？老韩陵的泡桐树又栽了多少？还特别嘱咐县委，把他没有写完的那篇文章继续写完。

焦裕禄病危的时候，对妻子徐俊雅说："今后不要给领导找麻烦，不要随便伸手张口，跟领导要钱要东西。"他把大女儿焦守凤叫到病床前，把一块手表递到女儿手里，他叫着守凤的小名深情地说："小梅，你参加工作了，爸爸没有什么送给你，这块手表给你，要严格要求自己，遵守劳动纪律，努力工作。家里的那套《毛泽东选集》，你要认真学习。那里面，毛主席会告诉你怎么做人，怎么工作，怎么生活……"2009年，我们在征集文物的时候找到了焦守凤女士，她含泪把手表捐赠给了纪念馆。这块手表还是焦书记在洛矿工作期间在一个二手市场上买的，这是他留给大女儿唯一的财产。

焦裕禄病危期间，省委、地委的领导到医院看望他。他拉着领导的手，断断续续地说："我……没有……完成……党交给我的……任务……没有实现兰考人民的要求……心里感到很难过……我死了不要多花钱……省下来钱支援灾区建设……我只有一个要求……请组织上把我运回兰考……埋在沙丘上……活着我没有治好沙丘……死了也要看着兰考人民把沙丘治好。"

我们都知道中国人重葬，以生命归宿来体现自己毕生的追求，往往对安葬之地相当地讲究：有的人选风水，以期福荫后人；有的人选故乡，讲究叶落归根。而焦裕禄要求葬在兰考的沙丘上。他不是兰考人，老家在山东淄博。在兰考那么恶劣的环境下，一直干到生命最后一刻，死后还要埋在兰考的沙丘上，可见他对自己最初的选择无怨无悔！

1964年5月14日9点45分，焦裕禄同志病逝于郑州河南医学院附属医院。

一位普通的领导干部，一个优秀的共产党员，县委书记的榜样，人民群众的贴心人——焦裕禄同志走完了他那完全、彻底为人民服务的光辉灿烂的一生，与世长辞了，那一年他仅仅42岁。在整理遗物时人们在他的枕下发现了两本书：一本是《毛泽东选集》；另一本是《论共产党员的修养》。由于当时天气炎热，暂时将焦裕禄的遗体安葬于郑州市烈士陵园。

焦裕禄不幸逝世的噩耗，使兰考36万人民沉浸在无限悲痛之中。人们怎能忘记，在那大雪封门的日子里，是他带着党的温暖走进了贫农的柴门；在那洪水暴发的日子里，是他挂着棍子带病察看水情；在那灾荒压头、无路可寻的关口上，是他送来了党的温暖，带领群众闯出一条生路……然而，正当兰考人民最需要他的时候，他却离开了兰考人民。

1966年2月26日，根据焦裕禄生前的遗愿和兰考人民的强烈愿望，河南省委决定将焦裕禄的遗体从郑州迁葬于兰考。这天运送焦裕禄灵柩的专列在军乐队的护送下徐徐抵达兰考，兰考县城万人空巷，广大民众扶棺而行，泣不成声，从火车站到墓地短短 3 里的路程，足足走了两个半小时，兰考人民以泪洗面，迎回了已故的焦书记。

焦裕禄墓前摆满花圈，朵朵纸花充满了人们深沉的哀思。墓地上方悬挂着巨幅挽联——"挥泪继承壮士志，誓将遗愿化宏图"，表达了全县 36 万人民的心愿。据统计，当时参加追悼会的群众达 10 万余人。

曾和焦裕禄畅谈三天三夜的肖位芬老大爷扑倒在焦裕禄墓前泣不成声地说："焦书记啊，你是为了俺兰考人民活活给累死的呀……"

一位青年农民抱着一个小男孩全家戴孝来到焦裕禄墓前说："焦书记，您睁眼看看吧，这就是您救活的小徐州呀！"

1966 年 5 月 14 日，是兰考人民永远难忘的日子，每年的这一天，兰考干部群众都要以各种形式怀念他、追忆他。整个兰考大地都留下了他的足迹，兰考的一草一木都让人想到这个为人民事业鞠躬尽瘁的好书记。焦书记生前生活简朴，从不让人给他照相，在他去世后找不到一张标准相，焦裕禄陵墓上的照片是在他档案里找到的，这张照片拍摄于 1949 年，当时的焦书记才 27 岁，为了兰考，他连一张标准相都没留下。

1966 年 2 月 1 日，河南省人民政府追认焦裕禄同志为革命烈士。1983 年 6 月 27 日，中华人民共和国民政部换发"革命烈士证明书"。

1966 年 2 月 6 日，中央人民广播电台全文播发了穆青、冯健、周原三位记者合写的长篇通讯《县委书记的榜样——焦裕禄》。著名播音员齐越用他那穿透时空的声音，将焦裕禄同志的感人事迹传遍大江南北、长城内外。焦裕禄的事迹深深感动了他，在录音时曾失声痛哭，中断录音达 10 分钟。1966 年 2 月 7 日，《人民日报》头版头条全文发表长篇通讯，在全国范围内掀起了第一次向焦裕禄同志学习的热潮。

1966 年 2 月 23 日，中华人民共和国铁道部发出公告，陇海线上所有快车到兰考一律停车，以满足全国人民到兰考参观学习的需要。

1990年，穆青、冯健、周原三位记者重访兰考。于7月9日在《人民日报》上发表了通讯《人民呼唤焦裕禄》，在全国范围内掀起了第二次学习焦裕禄的热潮。

1966年9月15日，毛泽东主席在天安门城楼上接见了焦裕禄同志的二女儿焦守云。

1990年6月15日，邓小平为华夏出版社出版的纪实文学《焦裕禄》题写书名。

1991年2月9日，江泽民同志亲自来到焦裕禄纪念馆并题词："向焦裕禄同志学习，全心全意为人民服务。"

1994年5月14日，在焦裕禄逝世30周年之际，胡锦涛同志专程来到兰考，参加焦裕禄同志纪念馆新馆落成暨焦裕禄铜像揭幕仪式并发表了重要讲话。他说："我们在新的历史时期，还要继续学习和弘扬焦裕禄精神，这是时代的要求，人民的呼唤，也是我们党的事业的需要。"

2009年4月1日，习近平在河南省兰考县调研期间，与干部群众座谈时指出："焦裕禄同志用自己的实际行动塑造了一个优秀共产党员和优秀县委书记的光辉形象，铸就了亲民爱民、艰苦奋斗、科学求实、迎难而上、无私奉献的焦裕禄精神。"

时隔五年，2014年3月17日至18日，习近平总书记重访兰考，在河南省兰考县委常委扩大会议上，总书记说："开展党的群众路线教育实践活动，目的在于通过深入查摆和切实解决作风上存在的突出问题，促使党员、干部真正做到为民务实清廉，密切党群干群关系，带领群众把改革开放和社会主义现代化建设推向前进。教育实践活动的主题与学习弘扬焦裕禄精神是高度契合的。我联系兰考，还有一层考虑，就是希望通过学习弘扬焦裕禄精神，为推进党和人民事业发展、实现中华民族伟大复兴的中国梦提供强大正能量。"习近平总书记强调，要把学习焦裕禄精神作为一条红线贯穿活动始终，真正做到"深学、细照、笃行"。焦裕禄精神跨越时空、历久弥新，具有鲜明的时代特征和重要的时代意义。学习弘扬焦裕禄精神，深学是前提、是基础，一点一滴学习焦裕禄事迹，一字一句学习焦裕禄言论。学习焦裕禄，就要带着感情学、带着使命学、带着问题学。学习焦裕禄书记对待群众的那股亲劲儿、抓工作的那种韧劲、干事业的那种拼劲，把焦裕禄精神真正内化于心、外践于行。

焦裕禄在兰考工作只有一年多，但他用自己的一言一行在群众心中铸就了一座永恒的丰碑。焦裕禄精神是每一个党员干部立言立德、立行立身的一面"正衣明镜"。学习弘扬焦裕禄精神，细照是关键、是动力，真正解决照粗不照细、照表不照里、照别人不照自己的问题。通过细照，照出问题、照出差距、照出动力。

学习弘扬焦裕禄精神，笃行是根本、是检验，要真正解决知行不一的问题。践行焦裕禄精神，必须实干、干实，唯有拿出焦裕禄书记那种"拼上老命大干一场"的勇气和魄力，提振起不甘落后、奋起直追、勇往直前的精气神，才能干出成绩。

习近平总书记多次动情回忆起40多年前学习焦裕禄的情景，说到动情处，他还吟诵了在担任福州市委书记时于1990年7月15日填写的《念奴娇·追思焦裕禄》词。

中夜，读《人民呼唤焦裕禄》一文，是时霁月如银，文思萦系……

魂飞万里，盼归来，此水此山此地。百姓谁不爱好官？把泪焦桐成雨。生也沙丘，死也沙丘，父老生死系。暮雪朝霜，毋改英雄意气！

依然月明如昔，思君夜夜，肝胆长如洗。路漫漫其修远矣，两袖清风来去。为官一任，造福一方，遂了平生意。绿我涓滴，会它千顷澄碧。

习近平总书记说："这首词我是有感而发，直抒胸臆。"习近平总书记这首词大气磅礴，深情无限，饱含了对焦裕禄精神的敬仰和对焦裕禄同志的追思。

我们在新的历史时期，学习和弘扬焦裕禄精神，学习什么，弘扬什么？习近平总书记进行了精确概括：要特别学习弘扬焦裕禄同志"心中装着全体人民，唯独没有他自己"的公仆情怀；要特别学习弘扬焦裕禄同志凡事探求就里，"吃别人嚼过的馍没味道"的求实作风；要特别学习弘扬焦裕禄同志"敢教日月换新天"、"革命者要在困难面前逞英雄"的奋斗精神；要特别学习弘扬焦裕禄同志艰苦朴素、廉洁奉公，"任何时候都不搞特殊化"的道德情操。

"兰考人民多奇志，敢教日月换新天。"在焦裕禄去世后一个月，兰考的麦子就收成了，比往年收成大好，在他去世后的第二年，兰考第一次实现了历史上的粮食自给。今日的兰考风沙、内涝、盐碱"三害"已经得到根治，到处呈现出"林在田边，粮在树旁，农林结合，林茂粮丰，建设小康"的繁荣景象。焦裕禄同志当年发出的誓言，如今成为活生生的现实。

焦裕禄人虽远逝，精神永存。如果我们每一个党员都像焦裕禄同志那样，我们的党章会更加辉煌；如果我们每一个县委书记都像焦裕禄同志那样，我们的党旗会更加鲜亮；如果我们每一个公仆都像焦裕禄同志那样，我们的人民会更加安康；如果我们每一个人都像焦裕禄同志那样，我们伟大的祖国会更加美丽富强！

大爱无声　花开有音

第九讲　焦裕禄在兰考的 475 天

□ 张　冲

　　张冲，河南兰考人，毕业于广西师范大学，文学硕士，焦裕禄精神研究院研究员，"焦裕禄精神进部委"宣讲团成员。长期从事焦裕禄精神研究，主讲《焦裕禄在兰考的 475 天》《焦裕禄的领导艺术》《新时代学习弘扬焦裕禄同志"三股劲"》等课程，为国家部委、国外大使馆、国内各级各类领导干部培训班授课 1000 多场；发表学术论文十余篇，参编著作五部。微党课《一个人 一句话 一种精神》获河南省党的创新理论大赛二等奖；《〈论中国共产党历史〉里的故事——焦裕禄在兰考的 475 天》获评中共中央宣传部 2022 年"优秀理论宣讲报告"。

　　面对星辰大海，许许多多的人在追问：人这一生，应该怎样度过，才算有价值、有意义呢？我想一千个人会有一千种答案。其实，在我们身边就有这样一个人：他一生都在为人民服务，他临终前最大的遗憾就是觉得自己为老百姓做的事太少，他在与病魔抗争的每一天里都在和生命赛跑。这个人，就是焦裕禄。

　　焦裕禄，是兰考百姓永远铭记的县委书记，是全国 14 亿人口家喻户晓的名字，也是全国的党员干部学习的一个光辉典范。

　　大家知道，习近平总书记一直把焦裕禄视为人生榜样，他曾经为焦裕禄作过一首词，写过一本书，而且多次总结提炼焦裕禄精神的深刻内涵，要求广大党员干部要向焦裕禄学习，并希望通过学习弘扬焦裕禄精神，为推进党和人民事业发展，实现中华民族伟大复兴的中国梦提供强大的正能量。

　　焦裕禄不是河南人。1922 年 8 月 16 日，焦裕禄出生在山东省淄博市北崮山村一个贫苦家庭；1945 年参加革命；1946 年 1 月加入中国共产党；1947 年他随军南下，从山东到了河南，先后担任领导工作。1962 年 12 月 6 日焦裕禄来到兰考县，先后担任县委第二书记、书记。焦裕禄在兰考工作的时间很短，只有 475 天，但他带领兰考 36 万人民与当时兰考的"风沙、内涝、盐碱"三大自然灾害打过一场硬仗；1964 年 5 月 14 日，因癌症逝世。

　　1966 年 2 月 1 日，河南省人民政府授予焦裕禄革命烈士称号；2000 年，他被评为《时事资料手册》百年中国十大人物之一；2009 年 9 月 10 日，他被评为 100 位新中国成立以来感动中国人物之一；2019 年 9 月 25

日，焦裕禄被中央宣传部、组织部、统战部、教育部等授予"最美奋斗者"称号。

焦裕禄在河南总共工作了 18 年，先后在河南尉氏县剿匪反霸搞土改工作近 6 年，然后去洛阳搞工业建设，一下就是 9 年，接下来就来到了兰考除"三害"，只有 475 天，这也是焦裕禄生命当中最后的那段时光。我们主要围绕以下几个方面和大家进行交流：第一，当时焦裕禄是在什么样的历史背景下来到兰考的，为什么是他来？第二，焦裕禄在兰考 475 天，他是怎么干工作的？第三，我们从这 475 天里面，从焦裕禄身上学到了什么？在进入主题之前，我还想先跟大家分享一个故事，那就是焦裕禄是怎样走进人们视野的，他的事迹是怎么被发现的呢？这都要从一个会议开始说起，1964 年 5 月下旬，在河南商丘民权县召开了一个全省性的沙区造林先进工作会议，按照当天的会议流程，有四位沙区造林先进县的代表来做沙区造林经验的交流发言，每位代表的发言要求控制在一个小时以内。这次会议第二位发言的就是我们兰考县的一位领导，这位领导啊讲着讲着跑题了，他把一个沙区造林经验总结交流发言讲成了什么呢？讲的都是焦裕禄的事迹，非常罕见！一个全省性的正式的会议，为啥发言能说跑题呢？一是因为，兰考县的沙区造林工作的每一步推进都离不开焦裕禄；再一个就是，我们知道焦裕禄同志是当年 5 月 14 日去世的，那个时候焦裕禄同志刚刚去世，全县人民还都处在悲痛之中。当时的会议主持人是我们河南省的副省长王维群。按理说，代表发言说跑题了，你是主持人，你得干预吧，但是当时全场 400 多人听得全神贯注，无不动容！几百人的会场肃然无声，一片静寂。一个小时过去了，王维群站起来就说：讲，不受时间限制。于是，兰考县这位领导一口气就讲了两个半小时，全场人听得泪如雨下，泣不成声。上午会议结束之后，王维群副省长决定，下午转换会议的议题，全体讨论焦裕禄事迹。这个会议之后，河南省委下发《向优秀共产党员焦裕禄学习》的通知，焦裕禄的名字在河南开始为人所知。1964 年 11 月 20 日《人民日报》报道了焦裕禄的事迹，刊登了《在改变兰考自然面貌的斗争中鞠躬尽瘁，焦裕禄同志为党和人民忠心耿耿》的报道，文章发表后，在河南引起了很大反响，河南省委发出通知，号召全省干部学习焦裕禄忠心耿耿为人民的精神，并指示《河南日报》加强此方面的报道，焦裕禄这个名字在中原大地上传播开来。

　　但是，焦书记的事迹被全国人民知晓，还必须要提到一则长篇通讯。1965 年，时任新华社副社长的穆青在赴外考察期间路过河南，在与河南分社记者座谈中，听取了当时的分社记者周原谈到焦裕禄的事迹，当时他深深地觉察到这是一个重大的主题，当即决定对焦裕禄事迹进行采写。之后穆青、周原便与冯健三人一起赶赴兰考，他们深入田间地头、走进百姓家中，先后采访了数百人。令人震撼的是什么？这里的老百姓只要一说焦裕禄，甚至一提焦裕禄的名字，大家都会潸然泪下。在掌握了焦裕禄大量的感人事迹后，他们着手撰写，数易其稿后，在 1966 年 2 月 7 日，《人民日报》头版头条刊登了三人撰写的长篇通讯《县委书记的榜样——焦裕禄》。也就是从这个时候开始，焦裕禄的名字、焦裕禄的事迹开始迅速传遍了我们祖国的大江南北，随之在全国掀起了学习焦裕禄精神的高潮！

　　那么焦裕禄究竟做了什么，让那么多人为之动容，他是在什么样的背景下来到兰考的呢？

　　我们来看第一部分。

一、临危受命——赴兰考

（一）苦难兰考

20世纪60年代，也就是焦裕禄到兰考那个时候，河南省委包括开封地委一提到兰考就非常头疼，为什么？因为这个地方实在太穷了，兰考之所以穷，不仅仅是当时的社会环境决定的，很大一部分原因是因为当地有"三害"——风沙、内涝、盐碱，那这"三害"是怎么形成的呢？

讲述兰考"三害"的成因，不得不从兰考所处的地理位置说起，从一条与兰考人民割不断的河说起。黄河，是中华民族的母亲河，孕育了中华文明，但是黄河对于兰考人民来说，意义多少有些不一样。某种程度来讲，黄河，可以说是兰考人民苦难的根源。大家看一下黄河的流经图，兰考在这个位置，我们说黄河九曲十八弯，兰考就位于黄河的最后一道弯处。在最初，这条5000多公里长的河道是不从兰考经过的。但是在金大定（公元1171年），黄河在河南原阳决口改道后开始流经兰考区域。自此之后，成百上千年来，黄河河道在兰考从北到南、从南到北不停地变换流向，随之，苦难也流向了兰考。这又是为什么呢？黄河"善淤、善决、善徙"，有"三年两决口，百年一改道"的说法。黄河上游流经黄土高原，流速较快，在这里携带了大量的泥沙，所以还有"黄河斗水，泥居其七"的说法；到下游山西、河南境内流速变缓，泥沙慢慢淤积，河床逐渐抬高，特别是在河南境内，还流传着这样一句话叫作"人在地上走，河在天上流"，开封境内，黄河在天上悬着呢，河床抬高造成的直接影响就是黄河的决口与改道。2000多年以来，在历史记载中，黄河在中下游决口共计 1953 次，在兰考境内仅 20 多公里内，就决口多达 143 次，历史上黄河改道共 26 次，在兰考境内大的改道就有 6 次。所以，历史上有个说法叫作"华夏水患，黄河为大"，就是在描述黄河"三年两决口，百年一改道"这样一个事实。黄河决口是在一瞬间，但是它给百姓的生产生活带来的灾难可没有仅仅祸害一代人。我给大家举个例子，比如说近代史上黄河最大的那次决口——铜瓦厢决口就发生在兰考，这次决口发生在清朝咸丰五年，也就是 1855 年 6 月，当时河水不断冲击黄河北大堤，北大堤被冲开一个 200 多米的大口。我们不妨想象一下，这一段是地上悬河，200 多米的大口子，那是一个什么概念呢？数据显示，当时受灾的不仅仅是兰考，也不仅仅是河南，历史记载铜瓦厢决口殃及河南、山东、安徽、江苏 4 个省份，10 个州，40 多个县，受灾的村庄多个，灾民就有 700 多万，这无疑是一场巨大的灾难。这次决口之后，黄河在兰考的流向由东西向变成了南北向，同时改变了 700 多年夺淮入海的历史，入海口由黄海变成了渤海。另外，就是在兰考县的东坝头乡形成了黄河最后一道弯。新中国成立后，毛主席于 1952 年 10 月和 1958 年两次到兰考东坝头视察，并在此作出"要把黄河的事情办好"的重要指示。2014 年 3 月习近平总书记到兰考来，也到了最后一道弯处。东坝头也是我们的一个现场教学点，如今，大家都有机会去一览黄河最后一道弯的壮观景象，在以前那个年代，这最后一道弯给兰考带来的却是生态环境的破坏以及不间断的自然灾害。

新中国成立前，兰考就因"流民"而全国出名。据《兰考县志》记载，1942 年，"大旱，赤地千里，十室九空，饿死无数，土地荒芜，作物枯败，兰封出外逃荒七万余人"。1954 年兰封、考城二县合并成兰考。实际上，这里所说的兰封其实就是兰考。看过冯小刚导演的电影

《1942》，我们可能会对"1942"很敏感，根据电影中的描述，1942年这一年，河南发生了一场史上罕见的旱灾，据不完全统计，这一年河南有300万—500万人因为这场旱灾死亡。电影中有一个外国记者，他叫白修德，是一个真实存在的人物。在他的记录下，我们可以看到，这些流民的照片，后来，他将河南的这场灾难写成文章发表在《时代周刊》上，这场旱灾被世界所瞩目。当时，在以兰考为中心的豫东地区还流传着这样一个民谣，"冬春风沙狂，夏秋水汪汪，秋天不见收，冬天白茫茫"，风沙、内涝、盐碱三种自然灾害从春到夏，从秋到冬，一年四季都在祸害兰考人民。结果，这里就是"一年辛苦半年糠，交租纳税恨官堂，扶老携幼逃荒去，卖了儿和女，饿死爹和娘"。旧中国时苛捐杂税很重，兰考有个韩村，新中国成立前总共有25户人家，其中有24户都因为交不起苛捐杂税而坐过牢。一年到头"三害"肆虐，秋天本应是丰收的季节却不见收成，面对着那么重的苛捐杂税，拿不出粮食去交，没办法了只能去坐牢。当时的兰考百姓为了讨一条活路，只能纷纷出去逃荒要饭，出门的时候，一家人扶老携幼，回来的时候往往就剩一个人，有时候甚至一个人都回不来，人都去哪儿了呢？"饿死爹和娘"，有的饿死在路上了，"卖了儿和女"，有的被自己的父母卖给别人、换给别人了，这在咱们现代人看来，可能觉得不可思议啊，父母怎么能亲手把自己亲生的孩子送给别人呢？但是当时那种情形下，如果不这么做，就只能眼睁睁地看着自己的孩子被饿死，为了给自己的孩子留条活路，逼不得已，只能这么做了，这是多么令人震惊的场景啊！所以，这首民谣不仅描述了兰考遭受的"三害"，更表达出了是"三害"导致兰考陷入极端贫困。大家又会说了，你描述的都是新中国成立前的场景了，新中国成立后可不见得有这样的场景吧。是的，新中国成立以后，被剥削的人民翻身了，我们兰考人民的生活水平也得到了改善；但是，大家要知道，我们兰考人民的苦难不仅仅是苛捐杂税，很大一部分原因是"三害"带来的，这"三害"得不到有效根治，兰考人民的生活就不能从根本上得到解决。

新中国成立初期，兰考人民过的是什么日子呢？当时包括兰考在内的河南人民生活主要依靠国家发放的救济粮，这种救济粮其实就是一些代食品，都有什么呢？就是一些红薯片、萝卜干、苜蓿片。大家会说，这也挺不错的啊，但是大家要知道，1962 年国家发放救济粮的标准是人均七两，七两有多少？双手捧这一捧，就这么多，这些是显然不够的，怎么办？人们就开始寻找出路，寻找活下去的路子，兰考人民为了讨一条活路，家家都是走下面这两条路：第一条路就是要饭，要饭在当时可以说是绝大部分群众最主要的一条出路了，要饭也是兰考老一辈人不能磨灭的记忆。听老人说要饭都有一个规律，就是很少在自家门口要，多是到异地他乡，这样才能抹得开脸面啊。前面我们提到兰考因"流民"出名，这里面还有一个小插曲。当时出去讨饭的人很多，去到一家要饭，人家总要问："你是哪里的？"讨饭者总会说："俺是兰考的，大爷。"由于口音不同，兰考人语速较快，人们耳中听到的话就变成了"兰考的大爷"，或是"要饭的大爷"！幽默里也不乏难言的苦涩和心酸。现今，在一些有要饭经历的兰考人的回忆中，我们可以了解到当年出门要饭的场景，要么一家人都出去要饭，这样大家在外面好歹有个照应，或者是村里邻里几个相识的大家一起做个伴，大家都一起去"蹭大轮"，什么是蹭大轮呢？就是扒火车，过去的老百姓把扒火车叫作蹭大轮，因为当时兰考站经常会有运送救济物资的火车停靠，这也给兰考人民扒火车出门要饭提供了方便。这种蹭大轮也完全不是我们现在那样坐火车，因为坐火车要买票啊，饭都吃不起，哪里能买得起票？只要有这种车在兰考火车站停下来，在车站的那些灾民也不管车是发到哪里去的，离开兰考就是他们唯一的念头。车一到，在火车站的灾民就会蜂拥而上，挤上火车，上了火车就走了，火车停到哪里就到哪里去要饭。白天的时候，在村子里挨家挨户去要饭，晚上就在别人家的屋檐下，或者柴火垛里、草棚子里度过，要是晴天暖和天还好，遇上下雨下雪天，那日子别提多难熬了。这样去要饭，能要来多少呢？大概就是我们农村吃饭的那种碗，能要来一碗饭团子，就是菜团子、窝窝头、红薯片之类的，要来的东西也不是当即就能下肚的，因为家里还有老人孩子，要把这些东西带回家给老人孩子吃。遇到晴天，就把这些要来的团子、馍馍摊开晒干，有时候这些团子、馍馍都已经发黑发霉了，红薯片上也会长黄粉，就这样也舍不得丢掉，也会拿东西把长霉的、生粉的地方刮掉，放在篮子里带回家。家里的老人孩子都等着这些粮食呢，把粮食带回来之后，在外面摘点野菜、树叶子烩一烩，这种饭在当时就叫作百家饭。提到百家饭，今天很多老人，都会讲别看是百家饭，在当时发挥的作用可大着呢！

　　焦裕禄当时到兰考来，也曾吃过这种百家饭。1963 年，焦裕禄在韩村带领人民"翻淤压碱"，就是把地层 1 米以下的淤泥翻到地面上压住碱地，这是费力的重活，中午也就不休息了，都是百姓往地里送饭。焦裕禄当时作为一位县委书记，群众肯定是会把自己最好的饭食拿出来招待他，但也就是这种百家饭。这种饭好在哪里？因为那是粮食啊，一般老百姓是不会吃这种饭的，那他们平时吃什么呢？吃的都是树叶、野菜。当焦裕禄知道他手捧的这碗饭是老百姓顶风冒雨、露宿街头，甚至是忍辱负重，一家一家、一口一口要回来的时候，作为县委书记，看到他的人民还过着这样的日子，他的心比刀剜还痛，他低下头，手捧饭碗一句话也说不出，只能大口大口地吃，悲痛的泪水夺眶而出，边吃边哭，在场的群众看到这里，也跟着一起掉眼泪。当时有个妇女走到焦书记面前说："哪天你让我们过上好日子了，我就给你蒸白面馍。"焦书记走后，韩村的村民聚在一起大哭一场，并且发誓哪一天我们翻身了，一定要让焦书记吃上我们自己种的粮食。

那个时候当时能出去要饭的都出去了，出不去的老弱病残怎么办呢？只剩下一条路，那就是苦熬。老人们回忆，那时候老人和孩子在家里等，没吃没喝没衣没钱，老人说那不叫等，那是在熬日子。在家里等的人可谓是度日如年，地里有野菜、树皮、树根，看见什么、什么能吃，就吃什么，把草根也挖出来，晒干磨碎再熬汤。当时的兰考就是这样，老百姓就是在这样的日子里挣扎。一个地方的官员就是老百姓的依靠，百姓能不能过上好日子，这是和官员有关系的。上古尧帝说过这么一句话："一民或饥，曰：此我饥之也；一民或寒，曰：此我寒之也；一民或罪，曰：此我陷之也。"这句话的意思就是说，作为一个统治者，天下的百姓有一个吃不饱、一个穿不暖责任都在我，这体现了他身上强烈的责任感。作为一个执政者，理应为百姓排忧解难，否则就失去了执政的正当性。一个国家、一个民族是这样，一个地方官员更应该是这样。一个地方的发展、百姓的生活与这个地方的官员是密不可分的。正是看到了领导干部的重要性，河南省委包括开封地委开始物色选派官员到兰考，加强这里的工作。但是，面对兰考这样一个重灾区，当时流传着一句这样的话，就是"灾区栽干部，容易犯错误"，哪有人心甘情愿到一个灾情这样严重的地方去当干部呢？再说了你到这儿来当官，一年、两年、三年、五年，老百姓过不上好日子，为国家做不出贡献，做不出政绩来，就更没有人愿意到这儿来了，组织上在选派领导干部这个问题上也很为难，派了很多干部，要么就是不愿意去，要么就是留不住，经过反复筛选考察，最后，组织上找到了焦裕禄。

（二）组织重托

1. 三个闪光点

为什么选择焦裕禄到兰考去，当时我们开封的地委书记张申同志记忆很深刻。张申书记于2017年4月去世，享年98岁，比焦裕禄大两岁。张申书记是焦裕禄在开封尉氏县任职时的县委书记，后来任开封市地委书记。他作为焦裕禄的领导，对焦裕禄比较熟悉，当时在选派去兰考的人选时，他找到焦裕禄，并没有多说，焦裕禄没有反对，一下就答应了。张申书记还讲到一点，那时候上级无论选择哪个干部，大家都知道这是一个非常贫困的县，面临的困难很多，所以组织选择的时候也有一个严格的考察。我们在考察焦裕禄的时候，发现他身上有几个非常可贵的地方，有闪光点，也正是这些闪光点让我们坚定地选择了焦裕禄。

焦裕禄身上的闪光点，首当其冲的就是不怕苦。刚才我们了解到，兰考条件非常艰苦，所以派往兰考的干部必须要不怕苦，能吃苦，有献身精神，才能留得住，才能领着干。孟子在《生于忧患，死于安乐》中有这样一句话叫作"天将降大任于斯人也，必先苦其心志，劳其筋骨，饿其体肤，空乏其身，行拂乱其所为，所以动心忍性，曾益其所不能"，就是在告诉我们说上天要把重任降临在某人的身上，一定先要使他心意苦恼，筋骨劳累，使他忍饥挨饿，身体空虚乏力，使他的每一个行动都不如意，这样来激励他的心志，使他性情坚忍，增加他所不具备的能力。焦裕禄就是在苦难中成长起来的，所以面对兰考，他不怕。他小时候，父亲被地主逼债，因还不起债而被迫上吊自杀了。之后，他就开始了奔波谋生的经历，他当过独轮车夫，被日寇抓去在抚顺的煤矿挖过煤，当时跟他一起被抓进煤矿的有十几个人，不到一个月只剩 3 个人了，其余的人有的被打死了，有的被饿死了。

他受过那种苦，后来他逃出煤矿，开始了逃荒的经历。他在江苏宿迁的地主家扛过长工，后来加入民兵，参加南下的淮河支队，打过仗。所以我们看，焦裕禄什么苦都吃过，百姓吃的苦他也都经历过，能体会到老百姓的苦。

平民化。焦裕禄是个非常接地气的领导干部，当时兰考的群众都愿意接近他，他没有官架子。我们知道，不管当时省委地委选派谁到兰考，都得面对兰考县那副烂摊子，要改变兰考的这种穷面貌，靠谁？群众。你得把这里的群众调动起来。作为主政兰考的领导干部，要调动兰考的老百姓，首先得理顺一种关系，哪种关系？就是干部和群众的关系得搞好，你得和群众打成一片，甚至融合在一起才可以。我们想，对于一个刚刚来到兰考县的书记，怎样才能融入群众之中、和群众打成一片呢？老子在《道德经》里有这么一句话，他说："江海之所以能为百谷王者，以其善下之，故能为其百谷王。"这句话是什么意思呢？"谷"就是两山或两块高地中间的低洼地，这句话字面解释就是说江海之所以能成为百谷之王，是因为它善于居于底下，所以能够成为百谷之王。引申到人与人交往，就是说要有包容的胸怀。作为一个领导干部来讲，你不管是什么级别，也不管在哪儿工作，要想拉近与人民群众之间的距离，获得老百姓的信任，这时候我们的姿态一定得放低，要没有架子，是一种俯首甘为孺子牛的公仆精神。兰考的老人们回忆，那个年代，我们兰考县换个县长也好，县委书记也好，老百姓不关心，他们说换谁都一样。但是焦裕禄来了，就不一样了。群众议论说，我们这个新来的书记他是要过饭的。一看，我们要饭，他也要饭，大家都是要饭的人，还有什么不一样呢？所以这个时候群众无形当中就和他走近了很多。大家到焦裕禄同志纪念馆现场参观的话，在那里可以看到焦书记当初用过的被子、褥子、鞋袜等物品，他一条被子42个补丁、一床褥子36个补丁，兰考的老百姓一看，这不是和我们一样吗？那个时候老百姓铺的盖的、穿的用的也都是这样啊，不是说你是个做官的，你是兰考县委书记，你们家盖的被子就没补丁，你穿的衣服就没补丁了。他和群众没有任何的不同。所以说，焦裕禄的平民化迅速拉近了他与老百姓之间的距离。

有激情。大家知道，当时组织部门派焦裕禄去兰考，让他干什么呢？救灾！救灾就是刻不容缓，需要在最短的时间内打开兰考的工作局面，组织是怎么认定焦裕禄能胜任这项工作的呢？大家一起来看看焦裕禄在到兰考之前的工作表现：他1953年在洛阳矿山机器厂，1954年被派到哈尔滨工业大学进修，1955年到大连起重机厂做车间主任。在大连起重机厂做车间主任一年，他的车间就被评为先进单位，个人被评为"优秀车间主任"。1956年他回到洛阳矿山机器厂，在洛阳矿山机器厂一金工车间做车间主任，后来他的车间被评为红旗车间。1958年，焦裕禄和工友终于成功研制出全国首台新型直径2.5米卷扬机，填补了我国矿山机械生产的一项空白。焦裕禄用"解剖麻雀"的方法，和技术人员、老工人把整台机器上千个零件，从图纸资料、工艺规程，到工具准备、材料准备、外协作件准备，一件一件地了解、熟悉，连一个小螺丝钉都不放过。最终，在焦裕禄的带领下，只用了3个月时间，卷扬机就研制成功了，结束了国家长期依赖进口的局面。后来，这台凝聚着焦裕禄和一线工人们大量心血的卷扬机一直服役到2017年才退役，一直在义马煤业（集团）公司观音堂煤矿平稳运行，这台机器的额定使用年限是 20 年，到 2017 年已经服役了 49 年，超期服役了 29 年，到它退役的时候座椅的操纵杆还能自动升降，这也成为我国工业史上的一个奇迹。我们可以看到，焦书记在短短几年时间里，打一枪换一个地方，并且每一枪都打得非常精彩，所以河南省委知道，这个干部是走到哪里胜到哪里的干部，选他准没错。

2. "三最"

到兰考前，焦裕禄在开封尉氏县做县委书记处书记。尉氏县和兰考县同属开封地区，离得也不远，他也应该知道兰考县的情况。据张申书记回忆，当年组织部门选派干部还有一个程序式的做法，也就是说一定要把所派的干部他们将要面临的困难讲清楚，让他们心里面有个准备。所以，张申书记讲，尽管焦裕禄可能对兰考县的情况有一定了解，但是还得给他讲清楚。把兰考的情况介绍清楚之后，张申书记还跟焦裕禄说，你去兰考有"三最"，"最穷、最苦、最难"，整个河南找不出哪个县比兰考再穷的了，整个豫东这块地方没第二处比兰考再苦再难的了。说完这些之后，就让焦裕禄作最后的决定。

（三）赴任兰考

张申书记说，如果当时焦裕禄选择不去兰考县，实际上我们也没办法，为什么呢？他说前面有那么多干部也都不愿意去兰考。再说了，现在想一想，他要是不去兰考可能比谁都更有理由，一是他身体不好，据他的妻子徐俊雅讲，那个时候他就有肝炎病，肝已经开始疼了，如果他不愿意到兰考去，找医生开一个诊断证明，用不着其他过多的理由。还有他到兰考去，也不是提拔，当初派他去兰考是做第二书记。所以，我们看，焦裕禄到兰考这么一个苦地方，他图什么呢？但是组织部门让他作最后决定的时候，焦裕禄说了一句话。张申书记说："我们听了他这句话，大家都很感动。"他讲："感谢党把我派到这最困难的地方，越是困难的地方越能锻炼人。"到了兰考又说了这么一句话，他说："不改变兰考的贫穷面貌，我决不离开！"我们看看这句话，这是一句什么话呢？我个人认为，今天我们不管在哪儿工作，也不管在哪个岗位上工作，这种话我们也不能轻易讲，因为这不是随便说说的，你讲出来以后得负责任。焦裕禄讲的这是一句什么话呢？这是对党和人民的一个承诺！什么叫不改变，什么叫不离开，就是要和兰考同呼吸共命运。所以说，我们派干部，今天也好，过去也罢，往灾区派干部，往困难的地方派干部，就应该选派这种类型的干部。焦裕禄临危受命来到兰考，并发誓要改变兰考的贫穷面貌，大家想，要改变一个地方的穷面貌，不管是过去还是现在，作为主政一方的领导干部首先你得知道这个地方它到底穷在哪里，找到了穷因，才可以挖出穷根哪。当时兰考贫穷的主要原因是什么呢？就是我们刚刚提到的"三害"，"三害"给兰考带来的贫穷，就是当时兰考亟待解决的问题，是兰考最基本的工作。焦裕禄到兰考后的第一项工作也是围绕"三害"展开的，他究竟做了哪些工作呢？

二、执政为民——除"三害"

（一）调查研究

毛主席曾经说过，没有调查，就没有发言权，焦书记把这句话给延伸了。他说，吃别人嚼过的馍没有味道，只有蹲下去才能看清蚂蚁，他反对领导干部坐在办公室里听报告。他说，听别人的报告，那里面有别人的主观色彩，不是真实的情况，容易失真。大家知道，咱们领导上台讲话拿着讲稿，这很正常，但是咱们焦书记不这样，他上台讲话从不拿稿，而是始终拿着自己的一沓笔记本，讲着讲着，想到哪件事，想用哪件事情举例子，就随手一抽，随手一翻，一下子就找到了。他为什么记得这么清呢？因为这些笔记本都是焦书记在调查中，在与老百姓交谈中记录的，是他一笔一画写下来的，开会的材料源于他的调查研究，所以他很熟悉。

　　焦裕禄到兰考之后要找穷因、挖穷根哪，怎么办？他首先就开始了大调研，他要找出兰考穷在哪里，从哪儿找呢？当然是谁穷找谁，去找穷人哪，话是这么说，但是当时兰考县 36 万人都是穷人，从哪儿下手？我们知道，兰考的人大部分都要外出逃荒，必经之路，是哪儿？火车站！于是，焦书记有一次直接把县委会场搬到了调研现场，大家知道，焦书记是在 1962 年 12 月 6 日到兰考上任的，1963 年 1 月初，一个寒冷的夜晚，焦裕禄通知在家的县委委员开会。人到齐后，他说，咱们到车站去看看。他们到火车站后看到火车站的候车室里挤得满满当当都是等火车外出逃荒的灾民，焦书记就一个个地问啊，你是哪里人，到什么地方去，问了一圈，这些人大都是灾民，有的要到外地去要饭，有的去投奔亲戚，有的灾民讲我们那儿的庄稼被水淹了，还有人讲我们那儿是盐碱地，种地也是白种。无非就是受灾了，没吃的，只能出去找活路。实际上，焦裕禄到兰考之前知道兰考穷，但是他万万没想到灾情是这么严重。调研结束后，回到县委，焦裕禄下定决心，甚至发誓要亲手掂一掂"三害"的分量，他说不达目的，我们死不瞑目！

（二）摸底"三害"

　　后来通过调研，焦裕禄等人发现，这"三害"是一种什么情况呢？

　　黄河决口改道留下的废堤形成了一个个的大风口，黄河本身含沙量大，所到之处，黄沙淤积，大风一起，黄沙弥天，这就是风沙。风沙的危害，在县志里是这样记载：光绪十年（1884年）五月初七大风至西北起，飞沙走石，昼昏。据统计，自咸丰到新中国成立前的100多年间，被风沙掩埋的村庄就有63个。仪封乡刘岗村翟文生一生曾因风沙压屋三迁其居。当时有兰考人外出做官必带家眷，如果不带家眷中途回家探亲，就找不到家了，因为家都被黄沙给埋了。黄沙不仅掩埋房屋，还会对粮食摧残、蹂躏，当时兰考庄稼很难有收成，即使是种下去，也难逃被风沙打死的厄运。

　　再看内涝，内涝呢，它的形成也与黄河有关，刚才提到黄河决口留下很多废堤，这些断堤废堤非常错落，一旦下雨，这些雨水也会随着废堤流。还有黄河决堤冲刷地表把地面冲得坑坑洼洼，也就加剧了内涝的形成。县志中对内涝也是有记载的，其中这样说道："内涝自1644年（清顺治初年）年至新中国成立的305年间，涝灾发生90多次，平均3—4年一遇。"涝灾的危害呢，也有记载："秋积雨七旬，河决沛县至考城，兰阳城内无完屋。"沛县位于今江苏省徐州市，距离我们有300多公里，由此可见这个涝灾是多么严重，危害多么大。这是内涝。

　　还有盐碱，这种自然现象是世界性的，在我国大部分地区尤其是黄河中下游背河地段，都会有盐碱，形成原因比较复杂，但是都不尽相同。就我们兰考这边来说，盐碱形成的原因，我主要说三点：第一，地下水含碱量大，兰考百姓过去吃的水啊，都是咸的，可能我说到这个问题，大家可能有感受啊，可能在兰考洗手，会觉得和别的地方不一样，洗手的话滑滑的，总是洗不干净，这水喝起来有一点点咸味。不过大家不用担心，因为这些水都是经过处理的，可以放心使用。现在兰考村村都通了自来水，吃水问题得到解决。第二，侧慎。盐碱水有个特点就是上部盐碱含量比较大，前面我们提到内涝，涝过之后水退了，但是经土地一过滤，盐碱留在土层上了，逐渐就形成盐碱滩了。第三，我们提到的兰考沟壑和洼地比较多，有些地方水难排出去，所以只能等蒸发和往下渗，盐碱还是留在地表了。盐碱带来的危害就是粮食的减产和绝收。我给大家举个例子，当时我们兰考盐碱地上种出的黄豆跟辣椒籽一样。盐碱严重的时候，盐碱土都有一寸多厚，人走在上面就好像踩着雪一样，扑哧扑哧响，别说是种庄稼，有的地方甚至连草都不长。

这就是我们兰考的"三害"，据统计，1962 年，当时在兰考境内沙地 26 万亩、涝地 36 万亩、盐碱地有 24 万亩，加起来就占去了 86 万亩，当时兰考老百姓是以种地为生的，但是兰考那个时候很难种成庄稼，就算种上了，不是被风沙给打死，就是被内涝给淹了，或者被盐碱给碱死了，所以当时还流传这样一句话："种时喜，收时愁，费工赔种汗白流。"面对这么棘手的"三害"问题，我们先来看看焦裕禄来兰考之前，当时兰考县的领导干部对"三害"是什么样的态度呢？

（三）统一思想

"躲变治"：实际上很多年来，兰考的干部对于"三害"治理问题一直没有一个统一的思路，甚至有的干部讲，兰考"三害"也不是一天两天了，多少年来都这样，这就是"天灾"，天灾没法办，普遍存在畏难情绪。还有一些干部说，反正兰考也不是我这一任干部，别人都对"三害"没办法，我也没办法。多少年来对于这"三害"大家都是睁一只眼闭一只眼。所以说，在焦裕禄来兰考之前，领导干部对于"三害"的态度，可以用一个字来概括，那就是"躲"。光救灾，不治灾，仅仅靠国家救济，被动，到最后是越救越困难，所以老百姓最后都外出逃荒要饭。了解过情况之后呢，焦书记讲"要想除掉兰考的'三害'，首先要除掉领导干部思想上的病害"，他讲：兰考这三大灾害是摆在我们面前的一个大困难，这可不是一般的困难，我们是兰考县的主心骨，36 万群众都眼巴巴地看着我们县委呢，作为主心骨，面对这些困难，我们应该采取什么态度才算正确呢？焦书记讲，第一就是不怕，第二就是顶着干。对此，他积极转变干部思想，专门将农村基层的大小党员干部全部组织起来，到县委党校进行轮训，而且亲自到党校去给他们上课。他还领着县委班子成员，学习理论，读毛主席的著作，组织大家学习《为人民服务》《纪念白求恩》《愚公移山》等文章，鼓舞大家的干劲。除此之外，他还领着县委 20 多名干部瞻仰兰考革命烈士墓。他对干部讲，革命战争年代，曾在一个月内，有 9 个区的区长、480 多名战士在兰考献出宝贵生命，兰考这块地方，是同志们用鲜血换来的，先烈们并没有因为兰考人穷灾大，就把它让给敌人，难道我们就不能依靠群众战胜困难吗？通过一系列的教育，领导干部的思想有所转变，提振了治理"三害"的决心。这就是对"三害"由"躲"到"治"的思想转变。

县救灾办公室的汇报材料显示，1963 年 6 月兰考人口外流 1.2 万人，灾民外流要饭，让兰考出了名，这下兰考的干部坐不住了。灾民外出要饭反映了什么，这说明干部不作为，干部干事不力。所以，当时兰考的一些领导决定采取措施禁止灾民外流，就成立了"劝阻"办公室，工作人员每天在县城街道上、火车站等地方劝阻灾民，不让他们到外面要饭。焦裕禄来到兰考之后，针对流民问题专门召开县委会，研究如何制止人口外流，当时还亲自起草了《关于切实制止人口外流的意见》，提出了具体措施。但是后来，经过实地走访调查，焦裕禄等人发现，因找不到治灾的办法，灾害严重，没有收成，如果将灾民死死地堵在家中，会造成群众的生活更加艰难，如此恶性循环，局面会更加难以处理。经过反复分析，他认为灾民不能堵，不让人出去是解决不了问题的，而是应该疏导灾民，给他们想办法找出路，要有计划地组织大家去搞生产，一方面可以吃上饭，另一方面也可以为国家建设出力。1963 年 7 月 16 日，经焦裕禄提议将"劝阻办公室"改为"除'三害'办公室"，后又经县委研究决定，成立除"三害"领导小组，下设办公室，各公社党委也建立相应的组织。当时，"除'三害'办公室"成立后，就有人问了，为什么是"除'三害'办公室"而不是"治'三害'办公室"呢？焦裕禄就说，治"三害"可治好，也可治不好，但除"三害"就是要把危害兰考多年的"三害"从兰考彻底根除。我们看，同一间办公室，虽然只是名字换了，但意义重大。首先，立场变了，以前是劝阻，老百姓想走不让走，"除'三害'办公室"呢？"三害"是谁的问题？兰考老百姓的问题呀，所以办公室的立场站在了老百姓这边了，要给老百姓做实事。第二，思路变了。光靠劝，光靠堵，这是治标不治本，焦书记说扬汤止沸不如釜底抽薪，扬汤止沸就是劝阻，釜底抽薪就是根治"三害"，这就给干部今后的工作指明了方向。

（四）发动力量

1. 教育干部

焦书记在到达我们兰考之后，对干部说："要彻底改变兰考面貌，必须治沙、治碱、治水，这是发展农业生产的根本关键，是广大人民的迫切要求，也是我们义不容辞的光荣任务。"我们知道，要治理"三害"，这是一场硬仗，打硬仗就要靠铁军。焦书记说，没有抗灾的干部就没有抗灾的群众。干部不领，水牛掉井。虽然群众有无限的创造力，但如果没有领导，这力量有时就发挥不出来，如同一头水牛掉进了井里，有劲无处使。如果领导干部不作为，就会贻误工作，但是如果干部作风出了问题，那就不是贻误工作的问题了。一些干部，特别是基层的干部，是离群众最近的，他们的一言一行、一举一动中，一些不良作风，会直接影响党群关系、干群关系，对当时兰考县治"三害"大局十分不利。所以，一支好的干部队伍就显得尤为重要了。那什么是好干部呢？习近平总书记在 2018 年两会期间引用了这样一句话，他说："心不动于微利之诱，目不眩于五色之惑。"本质上就是在讲"慎微"，就是党员干部讲道德修养要从小事做起，不要被蝇头小利所诱惑，因此失去操守，而坏了大事，忘了大义，不要被五光十色的外表诱惑，不要被欲望蒙蔽了双眼，不要被欲望牵着走。当年焦书记是怎么培养出一批好的干部队伍的呢？

《论语·子路》篇有言："其身正，不令而行；其身不正，虽令不从。"孔子认为，如果自身行为端正，不用发布命令，事情也能推行得通；如果本身不端正，即使发布了命令，老百姓也不会听从。我们焦书记深知这个道理啊，所以他始终以身作则，给干部起了好的示范作用。焦书记到兰考任书记之后，他的妻子徐俊雅的哥嫂曾多次对徐俊雅说，想让他们的儿子到县委当个通讯员，还说这个孩子有文化，能写一手好字，能打一手好算盘，别说当通讯员了，更重的担子也担得起来。徐俊雅考虑再三才对焦书记说到这件事情。焦书记听到之后，说："安排人都是有政策的，我是县委书记，不能违反国家政策，现在农村正需要知识青年，让他到那个广阔天地里好好干吧，会大有作为的。"

到这里啊，可能有人会说，这是别人家的孩子，他对自己家的孩子是什么样子呢？1963 年 8 月中旬，焦裕禄的大女儿焦守凤初中毕业了，要找工作，听闻县委书记的女儿要找工作，县里许多单位都把招工表送到了家中，有的是学校的老师，有的是邮电局的话务员。焦书记知道这件事情之后坚决反对，他说让她去这些地方工作只能染上厌恶劳动的不良思想，她长这么大还没有参加过体力劳动，一定要找一个又脏又累的活儿让她干，好补上劳动这一课，于是把女儿送到了兰考的食品加工厂，并且吩咐将她放在最脏最累的酱菜组，腌酱菜、酿酱油、走街串巷吆喝着卖酱油，你想想当时焦守凤刚刚初中毕业，一个小姑娘干脏活累活也就算了，但是在街上吆喝着卖东西，可是有些难度，张不开嘴，所以她那段时间心里委屈、怄气啊，很长时间不搭理焦书记。焦书记是怎么做的呢？他说跟着我这个县委书记，家人就得受委屈。之后，他还跟女儿一起上街去吆喝卖酱油，后来女儿也就慢慢适应了，这是大女儿的工作的事儿。焦书记家里有六个孩子，有一天夜已经很深了，大儿子焦国庆还没有回家，焦书记正要去问，儿子兴奋地从外面回来了，还跟爸爸说他刚刚看了戏。焦书记就问哪里来的票。国庆说，他跟检票员说了自己是焦裕禄的儿子，于是就顺利地进去了。焦书记听后眉头紧皱，这么小的孩子，就知道拿干部子弟身份看白戏，这是很危险的。于是，他就教育国庆说："演员唱戏，是一种很辛苦的劳动，你看戏不买票，这是一种剥削行为啊。"国庆听到父亲语气严肃，知道了问题的严重性，表示自己再也不去看白戏了，然后焦书记还带着国庆去戏院把戏票的钱补上了。后来，针对这件事情，焦书记还专门召开了兰考县的干部大会，随后还起草制定了《干部十不准》。

除了《干部十不准》，我们焦书记锻造铁军办法还有很多。有一次，焦书记到了张君墓公社，看到好几个房顶都晒着牛皮，一问才知道耕牛饿死了，经验告诉焦书记两点：第一，老百姓爱牛如命，耕牛都饿死了，说明老百姓日子过得不好；第二，这些地方领导干部往往有问题。所以，他就下令彻查，一查才知道当地干部多吃多占，王大票村连续三年遭灾，国家拨救济粮，但其中400多斤都要照顾当地干部大吃大喝，焦书记知道之后就对他们进行了严厉的批评教育，并立了五条规矩：1.谁多占，谁退出。2.谁吃喝，谁拿钱。3.对不合理的救济，由发放人员动员退出。4.干部留的机动粮，一律收回。5.统销粮的发放，由群众评议讨论后再分到户。这是严查多吃多占，我们再看看痛批贪污自肥。有一次，县检察院下乡检查过程中，就发现一名生产队长，利用职务之便"贪污自肥"，偷了1.2万块砖、9000片瓦、32棵树，盖了3间瓦房，此外，还偷了920斤麦种，多么可恶，当时那么困难的条件下，作物的种子非常重要，那是救命的粮食啊。焦书记知道后非常痛心，对此做了长长的批示，称之为"天灾之外的人祸"。焦书记批示的手稿现今还在我们河南省档案馆里存放着，其中说道："这样的坏党员在群众生活严重困难的情况下，贪污盗窃，发了大财……不立即严肃处理绳之以党纪国法，是不能挽回影响的，不能平民愤的……"尽管当时的批示纸张已经泛黄，字迹也已经模糊了，但是字里行间的震怒，仍能穿透岁月，直抵人心。这是对干部的严管。

我们再看厚爱，人非圣贤，孰能无过，领导干部也是人，可能在一些诱惑之下犯下错误，这个时候就需要组织出面治病救人。看焦书记他是如何做的，当时在我们兰考张君墓公社啊，有一个干部犯了错误，他利用职权把家属安排进生产队参与生产队的分配，并且有群众举报说他吃饭让人端，骑马让人牵，过河让人背。后来焦书记知道了，但在怎样处分这个干部上与其他人产生了分歧，当时县委很多委员主张将他撤职，但是焦书记不这样想啊。他说，他犯了错误，处分是必须的，但是咱们要明白，处分是为了达到治病救人的目的，目前兰考治"三害"任务这么繁重，工作量这么大，正是用人的时候，我们不妨把他派到最困难的地方去锻炼他、去改造他，给他一个改正错误的机会，后来就把这个同志派到了我们兰考当时最艰苦的赵垛楼村，这个村子后来也成为我们树立的模范典型，说明这个同志工作上去了，不仅这样，他的思想上也有很大转变。当时他看到老百姓生活比较艰苦，就想把自己的自行车卖了帮助老百姓。当时自行车可是大件，他能有这种觉悟，也证明了我们焦书记的做法是对的，真正达到了惩前毖后、治病救人的目的。焦书记的用人方法，与今天咱们的某些用人方法很相似。2016 年 6 月 28 日中共中央政治局召开会议，审议通过了《中国共产党问责条例》。会议强调要坚持严管厚爱结合、激励约束并重，对受到问责、过后表现突出的干部，符合条件该使用的可继续使用，树立鲜明的干事导向。这就释放了一个信号，问责不是目的，对受到问责的干部也不是一问了之，对犯了错误的干部也不是一棍子打死，就是想通过这种方式对干部进行激励约束提醒，让他们知错改错，重新振作起来，继续为党和国家的事业而奋斗。

2. 凝聚群众力量

人民群众是我们的力量源泉，除"三害"，不能单依靠干部，人民群众才是除"三害"的主力，必须发动群众，焦裕禄是如何发动群众的呢？我主要从两个方面为大家讲述。

第一，关心关爱。1963 年 12 月的一天夜里雪越下越大，焦书记在屋里听着这风雪声是坐立不安，心里一直想的是，在这大风大雪里，群众有没有吃的？住的房子会不会被雪压塌啊？牲口咋样了？随后他就要求县委办公室立即通知各公社，做好雪天几件工作。他说，所有农村干部必须深入到户访贫问苦，安置无居所的人，发现断炊户，立即解决；

所有从事农村工作的同志，必须深入牛屋检查，照顾老弱病畜，保证不冻坏一头牲口；安排好室内副业生产；对于参加运输的人畜，凡是被风雪搁在途中的，在哪个大队，由哪个大队热情招待，保证吃饱穿暖；教育全县党员，在大雪封门的时候，到群众中去和他们同甘共苦；最后一条，把检查执行的情况迅速报告县委。办公室的同志记下他的话，立即用电话向各个公社发了通知。这天，外面的大雪下了一夜，焦书记屋里的电灯也亮了一夜；第二天，天刚一亮，焦书记就起床了，开始带着县委的同志们冒着漫天飞雪去访贫问苦了，他们一行人走了9个村子，走进了几十户群众的家里，饿着肚子，一天没吃群众一口饭，没烤群众一把火，没喝群众一口水。当天来到梁孙庄，走进身患重病的梁俊才大爷家中，焦书记坐在梁大爷的床头，看着他瘦弱的样子，热切地询问他的病情。梁大爷这才颤悠悠地从床上坐起来，昏花的双眼看不清，就问你是谁啊？这时候焦书记深情地说："我是您的儿子。"电影中对这段也有描述，我们一起来看一下。这就是焦书记，把群众当父母，所以才会时时事事为百姓着想。

朱礼楚和魏鉴章是兰考县的林业技术员，一个是江西赣州人，另一个是广东人。他们大学毕业后来到兰考县林业局工作。然而，这里艰苦的生活条件和恶劣的地理环境超出了他们的想象，他们刚来兰考时住在沙地里的两间草房里，喝着有盐碱味儿的水，吃着粗粮野菜，这两位南方的年轻人很不适应，逐渐萌生了离开的念头，但在和焦裕禄一次聊天后，他们改变了想法。那天，焦裕禄来到了苗圃。见面不久，焦裕禄像觉察出了什么，指着一棵泡桐树高兴地说，泡桐为啥长得好？因为它们把根深深地扎到基层，汲取大地的营养，才能结出硕果。这番话对两个年轻人触动很大，他们遂把焦裕禄引为知音、大哥，再也不提调走的事。焦书记还非常关心两人的生活，知道他们是南方人，爱吃大米这一情况后，回到县委专门找到县直食堂的司务长，交代说："机关干部每月少吃一碗米，能挤出 30 斤米，都要送到老韩陵科研所。另外，从我开始，把我这个月剩下的饭票全部换成大米，再从别处挤挤，挤出个二三十斤，明天就给他们送过去。"这让两人感动不已，提到这些，朱礼楚老人回忆道："当时的兰考生活条件十分恶劣，是焦书记的人格魅力把我留在了兰考，来兰考后悔，但留在兰考决不后悔。"在焦书记人格魅力的感召下，两个大学生在沙地中挖出地窖，在艰苦的地窖中坚持做实验，逐渐摸索出插枝培育等适合当地的种植方法，从此兰考人民有了根治"三害"的利器。

另外，焦书记还提出了"三同"，就是要求驻村的干部要与群众"同吃、同住、同劳动"。焦裕禄提出，干部与农民"同吃"，要深入"饭场"。当时的农村，每到吃饭的时候，大家总爱端着饭碗出来，三五成群，边吃边聊。久而久之，街头、树下，一些稍宽敞的地方，就形成了相对稳定的"饭场"，而家长里短、村社新闻、生产救灾等，就会成为饭场谈论的内容。显然，在焦裕禄看来，吃饭不是目的，只是一种媒介；通过与农民一起吃饭，与他们交朋友，听真想法、了解实情才是最终目的。"同住"，可以彼此聊天、谈心，最大程度地拉近与群众距离。但同住最大的难点是扰民。群众的私宅，干部不宜轻易入住，否则，既会给群众生活带来尴尬，也不利于工作的开展，甚至引起群众的抵触情绪。针对这样的情况，焦书记说，那咱就住牛屋。焦书记之所以有这样的感触，因为他就是在住牛屋的时候，从饲养员肖位芬那里得到了治理"三害"标志性方案——种泡桐树。还有就是将干部参加劳动制度化，到兰考后，焦裕禄与班子成员研究后作出规定，领导干部每年必须安排一定的时间到农村蹲点，直接参加生产劳动，县委书记和县长带头，选最穷的地方。直到今天，当地百姓还清楚记得，县委书记焦裕禄蹲点在老韩陵，县长蹲点在张庄。正是通过和群众吃在一起、住在一起、干在一起，汲取了群众的智慧、密切了干群关系、更鼓足了群众的干劲。

第二，激励机制。除"三害"，老百姓是主力啊，但是当时兰考大部分的群众都不在家，都在哪儿呢？对，他们都在外面逃荒要饭呢，大量的人员外流造成劳动力的严重缺失，而除"三害"离开了人力又是寸步难行，怎么在留人的前提下治理"三害"，或者在治"三害"的同时还能留住人，焦书记想到了一个新的方法——以工代赈，当时国家每年都要往兰考发放救济粮，一直实行的是，哪个村收成低、颗粒无收就补助哪个村，这叫作救济，后来焦书记为了发动群众实行以工代赈，赈就是赈济，工就是工酬，就是酬劳，把国家发放的救济变成工酬，比如说你这个村特别穷，收成特别低，你不是外出逃荒要饭了吗？你通过乞讨得到了粮食，那救济粮就不应该给你，但是如果谁留下来坚持抗灾、生产，就把救济粮作为工酬发放，说白了就是惠民政策。这个政策一出来，老百姓都特别高兴，不用出去要饭了，在家里就能解决温饱问题，不仅家里的劳动力留住了，在外逃荒要饭的人听说之后也都陆陆续续回来了，这样治理"三害"的劳动力就被聚集起来了。这是利益驱动。在物资匮乏的年代，焦书记也还非常注重精神激励，他说"榜样的力量是无穷的"，他善于抓典型，善于运用典型的力量带动和推动工作，他在兰考树立了"四面红旗"，对当时老百姓起了很大的鼓舞激励作用。所谓"四面红旗"就是四个先进的村子，焦书记树立起"韩村的精神"、"秦寨的决心"、"双杨树的道路"、"赵垛楼的干劲"，并在全县广为提倡，鼓舞了许多人。咱们有机会到"四面红旗馆"去参观，可以详细了解这"四面红旗"。咱们焦书记也很会抓住群众的心理，利用稀有物资鼓动群众，比如那个时候，兰考县委有一部相机。当时县里的新闻干事是刘俊生，据他讲，多次跟随焦裕禄下农村调研，每次临走时，焦裕禄都会说："带着你的照相机。"刘俊生老人讲，焦书记什么时候下乡都带着我，我带着相机，照相。但是我每一次对着他照，他都不让。我就问他，他说，小刘，你照我没用，照我一点用都没有，你没发现哪，你每一次把镜头对准群众照的时候，下面干活的农民就会很起劲吗？大家想想看，那个年代老百姓照过相吗？没照过，所以说一举起相机，群众干活干得就特别卖力。一部小小相机就成了焦书记拿出来给群众加油、给群众鼓劲的一个小小的工具。据刘俊生老人讲，他跟着焦裕禄一年多，给群众照了多少照片呢？6000 多张。这 6000 多张照片里面焦书记的照片只有 4 张，这4 张里面有 3 张还是刘俊生偷拍的，也就是这仅仅的 4 张照片成了我们缅怀焦书记的珍贵资料。还有一件事，焦书记向来下乡都是骑自行车，或者就是靠自己的铁脚板，但是其实当时我们县委有一辆吉普车，进口的，但是焦书记很少坐。他当时仅凭着一双铁脚板和一辆破自行车走遍了兰考的 149 个大队中的 120 多个。那个时候老韩陵村的东边有一块花生试验田，老鼠特别多。花生试验田，这是要保种子的啊，一个花生豆就是一个金豆子啊，这么多老鼠糟蹋了，咋办？有一次，焦书记和几个领导干部到兰考县另外一个地方又去查灾情了。走到半路，几个人突然发现庄稼地里面趴着一个人，一动都不动。他们几个就很奇怪，赶忙走到跟前一看，是一位老人，就问，老人家，您一个人趴在这庄稼地里，一动都不动，这是干啥呀？老人回答说，我在这儿捉老鼠。这一位老人，就是肖佩福，他当时在我们兰考县可以说是传奇性的人物。他奇在哪里呢？奇在他一天徒手能捉 100 多只老鼠。这个老人啊，兰考县的百姓不喊他的名字，当时庄稼地里的老鼠不叫老鼠，叫田鼠，叫地鼠，兰考土话就是那个"地班长"。所以，后来大家给他起外号叫"地猫"。焦裕禄当时知道后特别高兴，说，把县委那辆小车给我调过来，拉着他到老韩陵那块花生试验田里去捉老鼠。大家想，在那样一个年代，一个农村的老农民能坐上县委书记都不经常坐的车，该有多高兴，通过坐吉普车，他捉老鼠的干劲就更足了。后来在焦书记的支持下，老人还在兰考农业局办了四期捕鼠培训班，为此，焦书记还专门给他颁过奖。我们到焦裕禄同志纪念馆，大家就都能看到这位老人的照片。我讲到这儿大家想一想，在那个年代，一个相机给群众照照相，或者是一辆小车拉着农民去捉老鼠，在今天或许这都不算什么，但在那个年代这两件事情的影响力就非常大。那么焦裕禄为什么会想出这样的办法呢？关键是焦裕禄，他把自己的全部心思都用在了兰考县治理"三害"上了。尽管焦裕禄在我们兰考县时间很短，但是可以说剑指"三害"，在这么短的时间内，他通过出台各种政策，想各种方法，又把几十万要饭的灾民重新地凝聚起来。大家知道，人心齐，泰山移，在焦裕禄带领下，古老的豫东平原兰考县终于打响了治理"三害"的第一枪。

三、鞠躬尽瘁——留英名

（一）治理"三害"

焦裕禄同志带领"三害"调查队，从1963年的8月至11月，历时100多天，跋涉5000多里，对全县的"沙碱涝"进行大规模的调研。记录全县84个风口，1600多座大小沙丘，把全县所有的洼地、淤塞的河道全部绘图编号。随后，根据调查结果主持起草了《关于坚决护好造好林从根本上改变兰考面貌的意见》、《关于治沙、治碱、治水三五年的初步设想》、《造林防沙方案》、《排涝治碱方案》、《关于造林防沙的实施方案》、《关于治沙治碱治水的建议》等方案。在这基础上拿出一幅改造兰考的蓝图，计划拼上老命、大干一场，改变兰考面貌，被"风沙、内涝、盐碱"侵蚀不堪的兰考，从此开始了绝地"逆旅"！说到治风沙，我们第一时间就会想到种树，举个例子，三北防护林的建设，为我们阻挡了很多风沙。当时在兰考这么特殊的环境下，种什么树，怎么种才能起到作用呢？

1. 治风沙

我们前面提到，焦书记提出干部要实行"三同"，焦书记治理风沙的办法，就是在和群众"同住"中得到的，他到兰考上任的第四天就住到了老韩陵大队的牛屋，和饲养员肖位芬在牛屋里彻夜长谈。当天晚上焦书记就向肖大爷请教治理"三害"的办法，肖大爷说的话很多，其中有一些是这样的，"挖穷根种花生，要想富种桐树"，咱这里的沙土地是老百姓的穷根子，也是命根子，这里能种泡桐树，用它压沙挡风好处多。泡桐树，可能有人了解，喜沙壤、耐盐碱、长得快，老百姓说它是"一年一根杆，两年粗如碗，三年能锯板"。焦书记受到了他和肖大爷长谈的启发，后来在我们兰考广泛种植泡桐，并且制定了种泡桐的具体措施：全县建立护林组织。公社有护林组，生产队有护林员，普遍订立护林公约，确定林权，搞田间管理大包工，包"树"到人，建立责任制。种树要实事求是，栽一亩报一亩，栽一棵报一棵，不准搞浮夸，不准去攀比。现在走在兰考的大街上，在我们学院里面种的都是泡桐树，到三四月份桐花开放的季节，桐花绽放，也是一道亮丽的风景线。当时兰考县的西北部、东部、东北部有很多沙丘，甚至可以说是移动的沙丘链，这些移动的沙丘链是怎么被治住的呢？咱们焦书记在一次下乡调研的途中经过一片沙丘，他眼前一亮，看到一个小土堆，上面绿莹莹的，走近一看，才发现是一个坟头，上面的泥土还很湿润，后来询问得知原来是魏铎彬老人母亲的坟头，每当风沙肆虐坟头都会被风沙吹开，于是他就通过深翻土地的方法将风沙压住，焦书记就是从这里受到启发，总结出了"贴膏药、扎针"翻淤压沙，不让飞沙滚动的方法；后来陆陆续续又提出造林固沙，在较大风口处植防风林带；挖防风沟，垛放风墙；封闭沙丘，在沙丘上盖淤泥等一系列治理风沙的方法。为了试验深翻压沙的效果，当时县委还采取了"先搞试点、由点到面、全面铺开"的办法，焦书记以身作则，率领干部群众大面积搞试验，后来经过大风的考验，证实效果很好。

2. 治内涝

据"三害调查队"的勘察，当时兰考全县共有大型阻水工程164处，长289公里……隔堤11条，217公里；淤塞河渠44条，65公里；废干渠29条，80公里……围堤堵水14条，20公里；控制闸阻水34处……水害是"三害"的主要矛盾，除水害最重要就是要做好排涝工作。要排涝就得挖沟啊，我们现在可以借助激光，借助卫星勘探测量，但是焦书记那个时候可没有，那他是怎么定位，怎么挖的呢？两个字"等雨"，什么时候下大雨，什么时候下暴雨，焦书记就和"三害调查队"里面有个水利调查队一起下乡，雨下得越大越旺，他们就跑得越快，跟着水流走，一直追到水归槽，在追水的时候同时绘制洪水流向，所有的排水工程，排水方案，都是在大雨中用眼睛看出来的。在这里呢，我们还非常有必要来讲一讲"太行堤事件"，兰考地势西高东低，每逢大雨，洪水自然向东流，兰考南彰和张君墓两个公社与山东交界，边界上有几处重要的泄洪口，形成了兰考洪水借山东之路入海的自然河道，就常常给山东带来客水之患，为防止洪水再次殃及山东，山东就在豫鲁边界处筑起一条百里长堤，取名太行堤，兰考洪水被挡住了去路，一遇大雨，兰考东部必遭灾。1963 年，兰考遭遇了特大水情，兰考东部积存洪水，老百姓的房屋泡在水里，庄稼都被淹死了，这边水位一点点抬高，老百姓的生存和生命都受到威胁，于是在这种紧急情况下，兰考这边要破堤，那边山东曹县老乡在着急啊，也加强了堤防，这样一方想破堤，一方想护堤，双方在大堤两侧集结千人准备武斗。焦书记一了解情况，及时做出决定，一边通令坚决制止武斗，不准破堤放水，一边派 3 位县委工作人员前往山东菏泽地委汇报情况。这 3 位同志里就有一位同志向焦书记说："这曹县属华东局，兰考属中南局，曹县属山东省，兰考属河南省，曹县是菏泽专属，兰考是开封专署，这个问题谈不到一块。"那咱们焦书记听到这话，有不同的想法啊，他说："不论是华东局还是中南局，我们都应该服从社会主义大局；不论是山东省还是河南省，都得实行多快好省；不论菏泽专署还是开封专署，都要执行团结治水的总部署；不论曹县还是兰考县，都是在党的领导下的兄弟县。这没什么不能谈的。"这让焦书记一说，没有问题，于是三位同志就到山东去了。后来通过山东省委、河南省委，菏泽地委、开封地委，曹县和兰考县的共同努力，曹县也表态要"把兰考的洪水迎进来，欢送出去"，双方协力打通了大堤，这下水能排出去了，南彰公社和张君墓公社的老百姓高兴坏了，他们说龙潭变成粮食屯了！这就是"太行堤事件"，经过半年时间的努力，兰考县新挖和疏浚较大的排水河道 160 条，完成土方 229.9 万立方米，其中大中型河道 14 条，配套河道 147 条。拆除阻水工程处，完成土方 20 万立方米，基本上恢复了水的自然流系。这下，内涝的问题也得到解决了，剩下的就是盐碱。

3. 治盐碱

盐碱是非常难治的，也是兰考到最后根除的灾害，因为有多少种盐碱类型，就会有多少种治盐碱的方法，当时兰考盐碱类型非常多，焦书记为了辨别盐碱种类，还亲自用舌头去分辨，"咸的是盐，凉的是硝，又骚又辣又苦的是马尿碱"。治碱用得最多的就是焦书记推广的在兰考县一个独角楼村"深翻压碱"的方法，其他的还有排涝治碱；深翻压碱、盖沙压碱、沟洫抬田；刮碱、起碱、冲沟躲碱巧种；深耕细作，多施有机肥料；种植耐碱作物。我们看，"三害"治理显然是一个庞大的工程。当时焦书记还总结出了一套治理"三害"的方法，有一系列方针、政策和办法。

1964年2月上旬，焦裕禄带领除"三害"办公室人员到各公社检查治沙情况，看到广大群众吃苦耐劳顶着寒风翻淤压沙时深受感动，就对除"三害"做了总结，治沙——沙区没有林，有地不养人，这是基本情况；有林就有粮，没林饿断肠，这是重要性；以林促农，以农养林，农林相依，密切配合方针；造林防沙，百年大计，育草封沙，当年见效，翻淤压沙，立竿见影，三管齐下，效果良好，这是方法。治水——兰考地形复杂，坡洼相连，河系紊乱，这是客观情况；以排为主，排、灌、滞、涝、台改兼施，这是方针；舍少救多，舍坏救好，充分协商，互为有利，上下游兼顾，不使水害搬家，这是政策；夏秋两季观察，冬春干燥治理，再观察再治理，观察治理相结合，这是方法。治碱——盐碱类型多，主要是牛皮碱、马尿碱、瓦碱、卤碱、白不卤、其他碱六大类进行分类统计，这是基本情况；分清轻重，区别对待，这是方针；翻淤压碱，开沟淋碱，打埝躲碱，太田试种，引进耐碱作物，这是方法。说到这里，咱们治理"三害"的方法找到了，"三害"也慢慢开始得到治理，但是，天不遂人愿啊！

（二）病痛折磨

实际上，焦书记是拖着病体到的兰考，据他家人特别是他的妻子徐俊雅讲，他最早在尉氏县的时候就有肝炎，他在尉氏县工作近六年，然后去洛阳搞工业又是九年。他在工业战线上特别辛苦，没白天没黑夜地干，累了就躺在车间一条长板凳上歇歇。在洛阳的后几年，他就已经老说肝疼了。到了兰考，工作更艰苦，他的肝一天比一天疼得厉害。他的妻子徐俊雅包括身边的工作人员多次劝他去看病，到医院查查。他总说工作忙，等没事了，就去医院看。大家想，兰考是个重灾区，焦书记啥时候能把他的工作做完？啥时候能没事了到医院看病？所以，他的病也是一拖再拖，在他到兰考后迅速恶化。他得的是肝癌，据医学专家讲，肝癌可以说是所有癌症当中最痛苦的一种，可以说是癌症之王。焦裕禄在兰考，一天工作也没放下过，他怎么止疼呢？他妻子说，那他办法多了，用钢笔、牙刷、鸡毛掸子、茶杯盖等，反正只要能用来顶的硬物他都拿来用，办公的时候一头顶着肝部，另一头顶着他坐的那把藤椅，所以时间长了，硬是把藤椅扶手边顶出那么大一个窟窿。看到这把藤椅上的大窟窿，我们不难想象焦裕禄到底是忍受着怎样的病痛折磨？对此，习近平总书记说："我当时上初中一年级，政治课老师在念长篇通讯《县委书记的榜样——焦裕禄》的过程中多次泣不成声，特别是讲到焦裕禄同志肝癌晚期仍坚持工作，用一根棍子顶着肝部，藤椅右边被顶出一个大窟窿时，我受到深深震撼……"

有一种情况焦裕禄受不了了，就是用来顶肝部的硬物不小心掉了，剧烈的疼痛突然释放，能从椅子上栽倒，从自行车上摔下来。他的病情就这么严重了，同志们看在眼里，都很心疼，劝他去医院看病，他说这病时间长了，十几年了，慢性病，不着急，慢慢看吧。直到1964年的3月22日，身旁的工作人员包括他的家人看他的脸，蜡黄蜡黄的，还发青，不由分说要送他去看病，买了中午的火车票。可是等要出发了，大家也没找到他，去哪里了？下乡去了。这天晚上，焦裕禄整整疼了一夜，他的妻子徐俊雅坐在他的床边，眼泪也整整流了一夜。就在第二天，也就是1964年3月23日上午，焦裕禄倒在了兰考管庄大队的办公室里。工作人员把他迅速送往开封医院，初步诊断为肝癌，又送到郑州检查还是肝癌，害怕郑州、开封误诊，又送到北京的医院，诊断为：肝癌晚期，皮下扩散。当时陪同焦书记去北京看病的是两个组织部门的干部，当这两个干部从医生手中看到那张诊断结果时，两个人禁不住流下眼泪，不敢相信，拉着医生的手说："医生啊，北京的条件好，你们得想尽办法，我们不惜一切代价得把焦书记的病看好，看不好他的病，我们回去以后就没有办法向兰考县几十万群众交代。"但是，医生说你们送过来真的是太晚了，焦裕禄同志最多还有二十几天的时间，还是回去吧，回河南，回郑州。他们说在郑州，在北京都一样，癌症，全世界都没有办法。

所以，从北京诊断为"肝癌晚期"到回到郑州，焦裕禄最后的日子，他最后的那二十几天的时间就是在我们河南郑州第一附属医院度过的。在医院的那段日子里，疼痛难忍，医生要给他打止痛针，也被他拒绝了。他说："兰考是个重灾区，不能把钱花在这上面。"打止痛针他拒绝了，医生就单独给他安排一个屋子，说疼得受不了的时候，就叫出来转移一下注意力，但是他害怕打扰其他病人休息，又拒绝了。那他是怎么止疼的呢？焦书记爱抽烟，疼劲儿一上来他就把衣服卷起来开始烧胳膊，烧完把袖子卷下来，很难被人发现，后来，烧胳膊止不住又开始烧肝部外面的皮肤，烧的是面目全非，最后被人发现的时候，他还安慰别人说："你们别担心，这是我发明的疼痛转移疗法。"焦书记烧伤的这些疤痕直到去世都没有愈合。

1964 年 5 月 14 日 9 点 45 分，我们这位党的好干部、人民的好公仆，永远闭上了双眼。弥留之际，他向组织部门提出了唯一的请求，也成为他的临终遗言。他说："我死了以后，把我送回兰考，葬在兰考的沙丘上，活着我没有治好兰考的沙丘，死了以后也要看着兰考人民把沙丘治好。"他死后，人们在他病床的枕头底下发现了两本书，还有一篇没有写完的文章《兰考人民多奇志，敢教日月换新天》。同志们，我们中国人重葬，对安葬之地相当重视。有的人选风水好的地方以期福荫后人，有的人选故乡讲究的是落叶归根。但是焦裕禄呢，他要求葬在兰考的沙丘上。大家都知道，他不是我们河南人，他的家乡在山东淄博。在那么恶劣的条件下，在兰考那种艰苦的生活中，焦裕禄可以说是一直干到死，可见，他对自己最初的那个选择，是无怨无悔。焦书记去世的时候，正值夏季，由于当时的天气炎热，焦裕禄的遗体暂时安葬在郑州烈士陵园。遵照他的遗愿，1966 年 2 月 26 日，一趟火车专列护送焦裕禄的灵柩从郑州迁葬兰考。当天兰考倾城而出，火车站人山人海，广场上、街两边挂满了挽联，上万群众自发地披麻戴孝。焦裕禄的棺木刚一出现，悲痛的人群不顾一切地冲过去，在灵柩面前哀哭……火车站离焦裕禄的墓地只有三里路，送葬的队伍整整走了两个半小时……当年焦裕禄来兰考的时候，举目无亲，但他走的时候，兰考县几十万群众都已经成了他的亲人，成了他的家人，愿意在送葬的时候给他披麻戴孝，这是绝不寻常的，也是非常罕见的，甚至是在他走后几十年，兰考百姓还是在一提到他的名字的时候就哽咽、落泪。

（三）魂牵梦萦

1. 人民的怀念

有人说，生命是一种回声，我们送出什么，它就会送回什么，给予什么，就会得到什么。50多年来，兰考的老百姓从来没有忘记过焦书记。特别是到了清明节，兰考的一些群众，尤其是一些老人，还依然会到他种的那棵树下和焦书记聊聊天，或者去他的墓前说说话，讲讲现在的兰考和他们的生活。

2. 子女的想念

焦裕禄一生有六个孩子，他去世的时候最小的孩子还不足三岁。他去世后这个家怎么样了呢？焦裕禄的二女儿焦守云在焦裕禄去世50周年忌日的时候写了一封家书，信中说：

亲爱的父亲：

今年的5月14日是您去世50周年祭日。您知道吗？我们焦家现在已经是一个30口人、四世同堂的大家庭了，我们的家庭温暖幸福！您知道吗？在您去世的这50年里，您的儿孙们是多么想念您。您去世后，我们最怕过春节，我们过了一个又一个没有鞭炮、没有欢笑的春节。那些年的除夕夜，母亲流着泪包一夜的饺子，初一的早晨，她为我们穿上干净整洁但并不新的"新"衣服，看着我们吃完饺子，自己却不吃不喝地躺一整天，我们知道，妈在想您啊……我们怕过清明节，母亲的手把着我们的小手为您扫墓。那时我们太小了，小到分不清

"生"与"死"。当我们天真地问妈妈：我们的爸爸为什么会躺在这里的时候，妈妈总是会哭……

父亲，您的六个孩子，如今都过了"知天命"的年龄。过了不惑之年的我们，同样也是食人间烟火的普通人。像其他人一样，我们也面临着生活中种种的难题。家中一样有人下岗，一样有人待业。

虽然也有人当上了"七品"县官，但大多数都在普通的工作岗位上踏踏实实地工作着。在您离开我们的这些年里，我们无论过得好与不好，都牢记着您的教诲："领导干部的孩子不能搞特殊化！"我们也都在靠自己的本事生活……

如果您还活着，您一定不会离开兰考，您太爱这片土地了，这里的一沟一壑，您都用脚步丈量过，都怀着深厚的感情。父亲，我欣喜地告诉您，您日夜牵挂的这片土地如今已经发生了翻天覆地的变化，当年贫瘠的土地变得很美丽又富饶。我们相信，当粉紫色的泡桐花接天连地地开放的时候，您一定回来过。

亲爱的父亲，您已经走了很久了，但我们知道，您一定没有走远，没有走出兰考。您走累的时候，一定会在兰考温暖的沙土地歇息。白色的大理石棺椁没有隔断我们，我们能清晰地看到您的身影，听到您的声音……

亲爱的父亲，我们永远怀念您！

您的女儿　守云

2014 年 3 月

（四）今日兰考

焦书记走后，他身后兰考几十万人民、身后那块土地怎么样了呢？焦书记走后不到一年，1965 年，兰考连续旱了 68 天，连续下了 284 毫米暴雨，刮了 70 多场大风，全县没有一个大队受灾，没有发生风沙打死庄稼的现象，19 万亩的沙区中千百条的林带开始锁住风沙的肆虐。兰考县 2574 个生产队，陆续实现粮食自给。1989 年"三害"已得到全面治理，之前的沙丘变成了绿洲。中国特色社会主义进入新时代以来，在焦裕禄精神的感召和指引下，兰考县领导干部不断激发干事创业的热情和干劲，2017 年 2 月 27 日，经国务院扶贫开发领导小组评估并经省政府批准，兰考县正式退出贫困县序列，在全国率先实现脱贫，实现了兰考对习近平总书记的"三年脱贫，七年小康"的郑重承诺。2017 年 3 月 28 日，《人民日报》头版头条报道了《兰考脱贫》。50 多年前，兰考因为贫穷，在全国出了名；50 多年后的今天，我们欣喜地看到，兰考因为率先全面脱贫，再次赢得世人瞩目。

很多人讲，焦裕禄在兰考县工作的时间很短，只有 475 天，他没有治理好兰考的"三害"，也没有带领兰考人民脱贫，但兰考的老百姓仍然这样讲，如果当初没有焦裕禄来到兰考，我们不知道还要在贫穷的道路上走多远，这就是他最大的贡献。焦书记 1963 年 3 月亲手栽下的这棵泡桐树，经过半个世纪的风风雨雨，现在已经长成了一棵参天大树，用年轮记录着兰考的变化。为了缅怀焦书记，兰考人民亲切地将其称为"焦桐"。当年，焦书记带领兰考的人民为防风固沙种下的泡桐林，如今已经成为兰考人民致富的一条重要门路，是兰考一项重要的支柱产业，兰考的泡桐产业有几百家，兰考的泡桐产品，特别是民族乐器已经远销世界几十个国家和地区，可以说兰考的泡桐为今天的兰考建造了一座真正意义上的绿色银行。

2009 年，习近平同志在兰考调研的时候，对焦裕禄精神做了很精准的概括，他说："焦裕禄同志用自己的实际行动，塑造了一个优秀共产党员和优秀县委书记的光辉形象，铸就了亲民爱民、艰苦奋斗、科学求实、迎难而上、无私奉献的焦裕禄精神。"

四、475 天的启示

在二十世纪六十年代初，焦裕禄在兰考与天斗、与地斗、与"三害"作斗争的整个过程，可以说是荡气回肠。我们每一次对历史的回望都不是简单地还原这个历史人物，也不是简单地还原历史事件的真相，而是为了更好地回答时代之问，也就是说，焦裕禄精神之于今天，究竟意味着什么，焦裕禄在兰考的 475 天，究竟告诉我们什么呢？接下来，我想和大家分享一个我亲身经历的事情，讲完这个故事后，或许大家会找到问题的答案。

这件事发生在 2014 年 3 月 24 日。当时我带着一个来自贵州省的县委书记班，到焦裕禄同志纪念馆进行现场教学，在那里，我们偶遇一位老人。一位县委书记就走过去，蹲下身来，问："老人家，在兰考这地方，您知道焦裕禄这个人吗？"老人抬起头来，看了他一眼，点了点头，却没有说话。这时候一拨县委书记都围过来，问："老人家，您能不能给我们讲讲焦裕禄的事啊？"这个时候，老人没有推辞，给大家讲了起来。大家想，一个农村的老农民，他不善于表达，当时老人没有给大家说多少，但他那两行泪水却流出了很多。老人流着眼泪，嘴里面不停地喊着"老焦"，在场的所有贵州的县委书记们、围观的群众，包括我们这些老师，大家眼中都含着泪水。有一个贵州电视台的记者，拿着个笔记本跑过来，就问："老人家，我们是贵州省的，来学习焦裕禄的，您能不能给您面前的这些干部说句话？说啥都行。"这时，老人反而低下了头，一句话不说了，谁问都不吭声。当我们再次发现老人抬起头的时候，他那两行泪水流下来更多了。老人看了看他面前的那些干部，他也不知道他们都是县委书记，没人给他讲，然后低下头，说了一句话：你们哪，一定要对老百姓好！这句话说得很轻，但却像千斤重锤砸在了我们心里，大家都沉默了，谁都没有想到，老人会说出这样一句话来。

"一定要对老百姓好！"这位 80 多岁的老人，含着满眼的泪水，说出的这句沉甸甸的话语，难道不值得我们今天每一位党员干部去深深地思考吗？一位普普通通、我们连名字都不知道的老农民，给我们道出了一个最朴素的真理！3 月 28 日，这个班回去后，《贵州日报》的头版刊登了一则消息，题目就是"一定要对老百姓好！"我摘出来一段，他们说，我们费尽周折来兰考要取经领悟的，原来不是什么繁复深奥的理论，而是出自在焦裕禄纪念园里偶遇的一位兰考老人大道至简的话。

有人问：什么是共产党？什么是真正的共产党人？

什么是共产党？——长征途中，湖南汝城县沙洲村的徐解秀老人说：共产党就是自己有一条被子也要剪下来半条给老百姓的人。

什么是真正的共产党人？从焦裕禄身上我们清晰地看得出来，一个真正的共产党人就是把他的百姓放在心里。

习近平总书记说过：让老百姓幸福就是党的事业。坚持人民至上是党百年奋斗的宝贵经验。每当我们举起右手重温入党誓词的时候，我都会心生感慨：入党誓词，全文只有 80 个字，读完不足 1 分钟，却需要我们用一生来践行！

2022 年是焦裕禄诞辰 100 周年。回望百年的历史星空，在黄河岸边，一个人树起了一座丰碑，一句话喊出了一种心声。

当年焦裕禄为防风固沙带领 36 万兰考人种下的一棵棵泡桐，已幻化为一曲曲浪漫美妙的春天旋律。我们相信，当粉紫色的泡桐花接天连地开放的时候，焦书记他一定回来过，他的精神也必将融入我们新时代奋进新征程的实践中。

结语

今天，与焦裕禄同志相比，我们所处的时代变了、环境变了、条件也变了，但是，我们党的性质没有变，党的宗旨没有变，人民对美好生活的期盼也没有变，所以，体现共产党人理想境界的焦裕禄精神必将跨越时空，历久弥新！

大爱无声　花开有音

第十讲　焦裕禄精神是党的宝贵财富

□ 陈启明

陈启明，1969年3月出生，中国人民大学法学学士，中共洛阳市委党校科研咨询部主任、副教授，洛阳市优秀专家、优秀教师。主要从事洛阳文化、区域经济发展研究。主编和参编10余部学术著作，发表学术论文40余篇，主持完成各级社科规划课题50余项。

一、焦裕禄精神孕育形成在洛矿

2009 年 3 月 31 日，习近平同志在中信重工（原洛阳矿山机器厂）参观了焦裕禄生前工作过的地方，提出："一个人的精神不是一朝一夕形成的，焦裕禄在洛矿工作的九年，是焦裕禄精神形成的重要时期，焦裕禄精神孕育形成在洛矿，弘扬光大在兰考。"

焦裕禄精神的诞生是时代发展的必然。随着新中国的成立，我们党从一个革命党转而成为执政党，全体共产党人也从革命者转变成为社会主义事业的建设者。这种使命任务的转变，给广大党员干部带来了全新的考验。如何带领群众加快社会主义建设，让群众过上更好的生活，是那个时代最为重要和紧迫的课题。当时，国家第一个"五年计划"全面铺开，作为全国重点建设的八个重工业城市之一，洛阳担负起了建设社会主义工业国家的重任，包括洛阳矿山机器厂、第一拖拉机制造厂、洛阳滚珠轴承厂、洛阳热电厂等大型企业纷纷上马，一场规模空前的工业建设热潮迅速掀起。在没有任何工业基础、"一穷二白"的情况下，焦裕禄等共产党人不辱使命，凭着一种为国争光、敢于担当、艰苦创业、无私奉献的精神，建立起了一个个"共和国长子"企业。从历史的角度看，焦裕禄精神是共产党人优秀品质和工人阶级创业精神的集中体现。

焦裕禄精神在洛矿有着具体生动的体现。焦裕禄同志在筹建洛矿的初期，一直坚持席棚办公、寝食在厂，视一金工车间为家的艰苦奋斗精神；他强调"吃别人嚼过的馍没味道"，把车间的每一台机床都从头到尾研究透，凡事必亲身躬行的是科学求实精神；他誓言"革命者要在困难面前逞英雄"，在没有任何技术基础的条件下，仅仅用了 3 个月时间就研制成功新中国第一台 2.5 米双筒卷扬机，在技术攻关中所体现的是科学求实、迎难而上的精神；作为领导干部，他时刻把职工的利益放在第一位，时时处处为他人着想，唯独不考虑自己的是亲民爱民精神；在劳累过度、身患肝病的情况下，坚持数年强忍病痛，始终坚守在工作岗位上的是无私奉献精神；等等。焦裕禄在洛矿的事迹，一直印刻在洛矿人的心里。每一位与焦裕禄相处过的洛矿人，都能讲出很多感人至深的故事。这些故事就是一个个具体而生动的载体，诠释的正是焦裕禄同志崇高的精神品格。

中信重工始终把学习宣传焦裕禄精神作为培育企业文化的核心内容，在焦裕禄精神的鼓舞和激励下，涌现出了一大批焦裕禄式的好党员、好干部、好工人。比如，二十世纪五十年代闻名全国的"刘玉华姑娘组"、七十年代的全国劳动模范孙富熙、八九十年代的曲绍惠"万斤钉小组"，被誉为"新时期焦裕禄式的好干部"杨奎烈和大国工匠杨金安等。这些不同时期的模范人物和群体，都代表着一代代洛矿人对焦裕禄精神的传承与弘扬。特别是在倡导创新驱动、产业转型发展的今天，中信重工所开创的"精心、精湛、精质、精品"的大工匠精神，更赋予了焦裕禄精神新的时代内涵，不仅充分体现了新时期中信重工的创业创新精神，也代表了洛阳工业创业创新精神。

二、焦裕禄精神是党的宝贵财富

（一）焦裕禄精神的传承与弘扬

焦裕禄精神形成于社会主义建设初期，反映了社会主义建设时期工人阶级的精神风貌，体现了共产党人远大理想和脚踏实地的奋斗精神，是社会主义核心价值观与党的先进性、纯洁性的集中体现。因此，焦裕禄精神与井冈山精神、延安精神、雷锋精神、红旗渠精神一样，是党的宝贵财富，受到党和国家领导人的高度重视。

1966年2月7日，《人民日报》刊登长篇通讯《县委书记的榜样——焦裕禄》，在全国引发了强烈反响，掀起了学习焦裕禄精神的高潮。焦裕禄是在兰考"三害"灾难非常严重的时候来到兰考的，体现了共产党人在困难面前勇挑重担的精神。

在改革开放的新形势下，焦裕禄精神表现为破旧立新、敢作敢为带领人民共同致富。1990年6月，邓小平同志为纪实文学作品《焦裕禄》题写书名，《焦裕禄》电影和电视剧相继上映。1990年7月9日，《人民日报》刊登了新华社记者穆青、冯健、周原采写的《人民呼唤焦裕禄》。

江泽民同志指出，要把现代化事业干成功，就必须学习焦裕禄那种不畏艰难，顽强奋斗的钢铁意志；学习焦裕禄那种坚韧不拔、敢于胜利的英雄气概；学习焦裕禄那种淡泊名利、无私奉献的精神。

1994年，胡锦涛同志在纪念焦裕禄逝世30周年大会上，提出学习焦裕禄精神，"应该像焦裕禄那样全心全意为人民服务，密切联系群众，一切为了群众，事事相信和依靠群众；应该像焦裕禄那样坚持党的实事求是的思想路线，一切从实际出发，讲真话，办实事，大胆开拓，创造性地工作；应该像焦裕禄那样不怕困难，不畏艰险，顽强拼搏，艰苦创业；应该像焦裕禄那样廉洁奉公，勤政为民"。

（二）习近平总书记对焦裕禄精神高度重视

习近平总书记多次就传承弘扬焦裕禄精神作出重要指示。他说，我们这一代人，是深受焦裕禄同志的事迹教育成长起来的。他号召全党努力做"焦裕禄式的好党员、好干部"。

关于焦裕禄精神的时代内涵，2014 年 3 月 17 日至 18 日，在河南省兰考县调研指导党的群众路线教育实践活动时，习近平总书记将其概括为"心中装着全体人民、唯独没有他自己"的公仆情怀，凡事探求就里、"吃别人嚼过的馍没味道"的求实作风，"敢教日月换新天"、"革命者要在困难面前逞英雄"的奋斗精神，艰苦朴素、廉洁奉公、"任何时候都不搞特殊化"的道德情操。

关于如何学习焦裕禄精神，2015 年 1 月 12 日，在中央党校县委书记研修班学员座谈会上，习近平总书记提出，要做焦裕禄式的县委书记，始终做到心中有党、心中有民、心中有责、心中有戒。6 月 30 日，在会见全国优秀县委书记时，习近平总书记又提出，要以焦裕禄同志为榜样，做政治的明白人、发展的开路人、群众的贴心人、班子的带头人。

关于焦裕禄精神的时代价值，2017 年 5 月 3 日，在中国政法大学考察时，习近平总书记说，新中国成立以来，我们党和人民一路筚路蓝缕、艰苦奋斗走来，使国家越来越富强、民族越来越兴盛、人民越来越幸福，其中很重要的一条就是有无数焦裕禄这样的优秀党员、干部为党和人民无私奉献。焦裕禄同志的事迹归结到一点，就是坚定跟党走，他一生都在为党分忧、为党添彩。焦裕禄精神跨越时空，永远不会过时，我们要结合时代特点不断发扬光大。

习近平总书记的一系列重要指示，系统阐述了焦裕禄精神的科学内涵和时代价值，为我们学习弘扬焦裕禄精神提供了重要遵循。在全面推进中国特色社会主义伟大事业的新形势下，依然是我们全党同志努力学习、自觉践行的价值标准。从这个意义上说，焦裕禄精神是永恒的，是随着时代的发展而发展的，过去是、现在是、将来仍然是我们党的宝贵精神财富。

（三）焦裕禄精神永不过时

尽管随着时代的变迁，焦裕禄精神传承弘扬的主题有所不同，但其内在本质则是永恒的。在党的群众路线教育实践活动中，习近平总书记说，亲民爱民、艰苦奋斗、科学求实、迎难而上、无私奉献的焦裕禄精神，过去是、现在是、将来仍然是我们党的宝贵精神财富，永远不会过时。

焦裕禄精神既是共产党人优秀品质的体现，也是中华民族优秀传统的体现。焦裕禄精神体现了中华民族自强不息、刚健有为的精神品格，体现了修己笃行、知行合一的道德自觉，体现了勇于进取、努力拼搏的人生态度。从这个意义上说，焦裕禄精神是永恒的，是随着时代的发展而发展的。

三、从焦裕禄精神中汲取推动各项事业发展的精神力量

与焦裕禄所处的时代相比，洛阳发展的条件和社会环境都发生了很大变化，特别是进入新时代这十年，洛阳加快产业发展不动摇，推进创新转型不松劲，实现了崛起两大千亿级产业集群、跻身"5000亿俱乐部"等历史性跨越，经济总量连跨三个千亿级台阶，全国城市排名从第51位跃升到第45位。但是我们党的宗旨没有变、人民群众对美好生活的向往没有变。无论是发挥老工业基地优势、建设全国重要的先进制造业基地，还是加快建设中原城市群副中心城市，都迫切需要大力弘扬焦裕禄精神，使焦裕禄精神成为推动各项事业发展的精神力量。

（一）传承弘扬焦裕禄精神，造就高素质干部队伍

作为领导干部的榜样，焦裕禄身上展现出来的公仆情怀、求实作风、奋斗精神和道德情操，契合了时代需求，是党、国家和民族的宝贵财富，是人民心中一座永远的丰碑。随着改革进入攻坚期，发展进入关键期，社会进入转型期，我们党面临的困难和挑战比过去任何时候更多、更复杂，改革发展稳定面临不少深层次矛盾躲不开、绕不过，要全面建成社会主义现代化强国、实现"两个一百年"奋斗目标和中华民族伟大复兴中国梦，要抵御"四大风险"、战胜"四大考验"，全面推进党的建设新的伟大工程，锻造一支高素质党员干部队伍，都迫切需要大力学习弘扬焦裕禄精神。

焦裕禄精神的核心本质是对中国共产党的核心价值观的高度认同和忠实践行，坚定跟党走，努力完成一个共产党人承担的责任和使命。在当代传承和弘扬焦裕禄精神，就要牢固树立看齐意识，向中央的战略部署看齐、向党的路线方针政策看齐、向党的规矩和纪律看齐，自觉把焦裕禄精神与全面深化改革和全面从严治党的伟大实践结合起来，深学深悟，接续传承，真正内化为力量、外化为行动，让焦裕禄精神在新的时代焕发出新的活力。

（二）传承弘扬焦裕禄精神，加强国有企业党的建设

作为优秀的企业管理干部，不管是担任车间主任还是调度科长，焦裕禄不仅具有科学严谨的工作态度和方法，同时还特别注重发动干部、技术人员和群众的积极性。他说："调度不能光管生产，主要是管人的思想。调度生产得首先调度思想。"因此，他特别注重关心群众，联系

群众，做大家的思想工作。孕育形成于国有企业的焦裕禄精神，为国企党建提供了丰富的思想资源。

2016 年 10 月，在全国国有企业党的建设工作会议上，习近平总书记指出，坚持党的领导、加强党的建设，是我国国有企业的光荣传统，是国有企业的"根"和"魂"，是我国国有企业的独特优势。洛阳作为老工业基地，现有国有企业 337 家，国有经济占经济总量的 43.3%，国有企业在洛阳经济社会发展中具有举足轻重的地位。国有企业要切实加强党的建设，以焦裕禄精神为载体，推进党史学习教育常态化、制度化，带领广大干部职工把党的建设真正落到实处，通过企业党建带动职工队伍思想建设、政治建设，提升创新力、向心力，真正把洛阳的国有企业做大做强做优。

（三）传承弘扬焦裕禄精神，培养壮大产业工人队伍

作为产业工人的一员，焦裕禄集中体现了工人阶级的先进性。从 1953 年被调派到洛阳矿山机器厂，到 1962 年 6 月调离，在洛矿的工作经历，使焦裕禄实现了从高小学历到大学水平、从工业外行到专家里手、从普通职工到优秀干部的转变，并形成了焦裕禄勇于担当、刻苦钻研、艰苦奋斗、精益求精的精神品格。这也成为中信重工"工匠精神"的重要渊源。

工人阶级是国家的领导阶级，而产业工人是工人阶级中发挥支撑作用的主体力量，推进产业工人队伍建设改革，是以习近平同志为核心的党中央坚持以人民为中心的发展思想和全心全意依靠工人阶级方针的重要体现，是巩固党的执政基础、实施制造强国战略、全面提高产业工人素质做出的重大决策部署。按照河南省委党代会要求，洛阳要建

设全国重要的现代装备制造业基地，就要突出产业工人思想政治引领，加强理想信念教育、职业精神和职业素养教育，大力弘扬焦裕禄精神、劳模精神、劳动精神、工匠精神，造就一支有理想守信念、懂技术会创新、敢担当讲奉献的产业工人队伍。

大爱无声 花开有音

第十一讲　焦裕禄的家国情怀

□张平丽　时丽茹

　　张平丽，1980 年 8 月出生，贵州大学法学硕士，中共洛阳市委党校党史党建教研部副主任、副教授，河南省青年理论宣讲专家。参编《洛阳文化发展报告》、《传承红色基因　赓续精神血脉》等多部著作、发表论文多篇。

　　时丽茹，1967 年 4 月出生，四川大学哲学学士，首都经济贸易大学法学硕士，中共洛阳市委党校副教授，洛阳市优秀教师。《焦裕禄精神在洛阳》一书的两位主编之一，在《武汉大学学报》、《理论导刊》、《湖湘论坛》、《洛阳日报》等报刊发表文章多篇。

一、焦裕禄的家训、家教与家规

习近平总书记在出席第一届全国文明家庭表彰大会时指出："各级领导干部要带头抓好家风，继承和弘扬革命前辈的红色家风，向焦裕禄、谷文昌、杨善洲等同志学习，做家风建设的表率。"

焦裕禄非常重视家风建设，他教育子女要有志气、有能力、有担当，承担起自己应该担当的责任；他把忠实当品质、踏实当规范、平实当标准，忠于党、忠于人民，踏实做事，以身作则，为子女做出榜样，教育子女要成为一个对党对国家对社会有用的人；焦裕禄制定的家规就是不向政府要补助、不向组织要照顾、不因荣誉搞特殊，他的家庭成为传承红色基因的典范家庭。

（一）家训：有志气、有能力、有担当

焦裕禄的家国情怀体现在他对国家、对人民具有高度的责任感与使命感，他对子女的教育严格要求方面也是有所体现的。焦裕禄要求所有的家庭成员要有志气、有能力、有担当。

1. 有志气

有志气就是人穷志不短，做人要挺起胸膛来走路，生活要艰苦朴素，不能跟别人比吃比穿，要比就比学习比进步。幼年时期艰苦的生活，锤炼了焦裕禄人穷志不短的品质。1922 年 8 月 16 日，焦裕禄出生在山东省淄博市崮山镇北崮山村，这是一个四面环山的小山村，在这里焦裕禄度过了他的童年和青少年时期。他亲身经历了逃荒要饭，做长

工、短工、挖煤工，海上帮人家打鱼，等等；什么苦都吃过，什么罪都受过。因为家境贫寒，他只读到小学三年级便辍学了。生活的磨难和家境的贫寒并没有磨灭焦裕禄的志气，相反，却极大地激发了焦裕禄的斗争精神，坚定了他的人生追求，人穷志不短成为焦裕禄人生的座右铭。

焦裕禄参加革命的经历锤炼了听党话、跟党走的政治品格。他于1945年参加革命，1946年入党，1947年随军南下到了河南尉氏县，参加剿匪反霸的斗争、土改运动，后来又回山东参加了淮海战役。焦裕禄能打仗、会打仗、善打仗，有过解放博山、参加淮海战役这样的战斗经历，他积累了不少的战斗经验。民主革命时期的革命斗争经历，不但使焦裕禄增长了才干，更让他坚定了革命胜利的信心和决心，锤炼了他听党话、跟党走的政治品质。

艰苦生活和革命斗争的人生历练铸就了焦裕禄"挺胸走路，不向困难低头"的顽强性格，"我们要挺起胸来走路"、"要在困难面前逞英雄"，这是他时常挂在嘴边的一句话，也是他用生命去践行的一句话。他经常教育子女"不能跟别人比吃比穿，要比就比学习比进步"。当时能够记事的孩子，对此印象都非常深刻。焦裕禄夫妇相濡以沫，养育了6个孩子。虽然孩子们都在平凡的岗位上工作，但是他们按照父亲的遗训，努力学习，在各自岗位上都成为一个对社会有用的人。

2. 有能力

在许多人的印象中，焦裕禄就是一个朴实的人，是一个"只知道工作"的党的干部。但实际上，焦裕禄是一个多才多艺的人，无论是在工作上、生活上，还是学习上，都是能力非常强的人。在生活中，焦裕禄是一个活跃的文艺青年，当时比较时尚的事情焦裕禄都参与，跳舞、拉二胡、打球、刷标语、吹拉弹唱等总少不了他。大家看到焦裕禄的生活简单朴素，主要是因为焦裕禄来到农业战线以后，他自己所有的爱好都停止了，生活的重心转移到了全心全意战天斗地的农业生产第一线上。

焦裕禄对子女品德的要求是必须要热爱劳动。他要求子女们要在劳动中提升自己的能力。在洛阳工作期间，他会分配给孩子们一些家务劳动，如打扫庭院、洗碗等。平时还让孩子们打扫走廊，给炉子清除煤灰。有条件的时候，就让孩子们学习种菜。他认为，让孩子们参加劳动，能增强他们的劳动观念，还能增长知识。否则，孩子们就不知道粮食、蔬菜是打哪儿来的，也就不会爱惜粮食。这样的要求和实际生活的锻炼，会让子女们终身受益。焦国庆说："麦收时，他带我们割麦子，秋收时割豆子，弟弟才三四岁，只要会走路都要参加，大的割，小的拾。父亲讲，勤俭节约、爱劳动是老一辈的传统，从小要学会。"

焦裕禄对子女生活的要求是自己的事情自己做。张泉生是焦裕禄的邻居，他和焦裕禄做邻居有三年时间，对焦家教育孩子的事情印象深刻。焦裕禄要求孩子们在生活上要做到自己动手，不能衣来伸手、饭来张口，当寄生虫。焦裕禄经常用自己青少年时期的生活情况与当时的生活条件做对比，教育孩子们要知足感恩。如果自己的衣服、书包、铅笔盒等生活学习用品坏了，就要自己动手修一修，这样既节约了金钱，又提升了自己的动手能力，一举两得。有时候张泉生实在看不下去，就帮助孩子们。焦裕禄总说，对孩子嘛，就应该要求他自己的事情自己做，培养他的动手能力，这对他们有好处。

庄子有言：朴素而天下莫能与之争美。"热爱劳动、艰苦朴素"的严苛要求在焦家已经成为骨子里的习惯；简朴的生活奠定了焦家后人正确而坚实的人生基础。直到今天，焦家兄弟姐妹几人仍以朴素示人，为人清正，从不追求奢侈和享受。

3.有担当

焦裕禄的担当精神与家乡丰厚的文化底蕴密切相关，是家乡的传统文化把他熏陶成为一个有担当的人。焦裕禄的母亲经常教育孩子"天上一颗星，地下一个丁，好男儿就要有担当"，所以焦裕禄无论在战争年代打仗，还是在革命年代搞建设、当领导干部，都是一个能够担当重任的人。

焦裕禄短暂的一生中，多次变换工作，工作条件和生活条件一次比一次艰苦和困难。但是焦裕禄坚决服从组织的决定，感谢组织把他派到最艰苦的地方。在洛阳矿山机器厂，无论是搞基建工作，还是在生产的第一线当车间主任，焦裕禄都没有讨价还价，没有讲过任何条件。他当基建科长成为最好的基建科长，当一金工的车间主任，成为最好的车间主任。当调度科长时，因为表现突出，他的级别从原来的15级调到了14级，而且成为厂里最年轻的厂党委委员。焦裕禄在工厂里，造机器，弥补技术空白，成为一个有担当的人，这一点让与他在工作上有过交集的同事们都难以忘怀。焦裕禄当县委书记，当成了县委书记的榜样，成为全党干部学习的楷模，这都是要有一种担当精神来支撑的。

在焦裕禄的影响下，孩子们遇到困难，不埋怨，不逃避，担当起自己该担当的责任。2014年，在焦裕禄离开我们50周年的日子，焦裕禄的子女撰写了一封特殊的家书，向远在天堂的父亲倾诉无尽的思念。读来感人至深，催人泪下。信中写道："您的六个孩子，如今都过了'知天命'的年龄。过了不惑之年的我们，同样也是食人间烟火的普通人。像其他人一样，我们也面临着生活中种种的难题。家中一样有人下岗，一样有人待业。虽然也有人当上了'七品'县官，但大多数都在普通的工作岗位上踏踏实实地工作着。在您离开我们的这些年里，我们无论过得好与不好，都牢记着您的教诲：'领导干部的孩子不能搞特殊化！'我们也都在靠自己本事生活。我们姊妹六人都是共产党员，我们都可以无愧地对您说，我们都是您的好儿女。"

（二）家教：忠实、踏实、平实

"一心装满国，一手撑起家，家是最小国，国是千万家"，这是最朴素的道理。在焦裕禄看来，正是在家庭这个课堂中，孩子从父母那里获得了让他们受用一生的教诲。焦裕禄坚持勤俭节约、反对铺张浪费，孩子们的衣服都是补补修修，一个传给一个穿，从不会轻易给孩子们添衣服，就连过年也一样。焦裕禄的家教思想中最突出的就是"实"字，做人做事体现"三实"，即忠实、踏实、平实。

1. 忠实

焦裕禄的生命历程其实也和许许多多的党员干部一样，求学上进、维持生计、参加革命、锻炼成长、建功立业、造福人民，虽然经历了几个不同的工作单位，但也和我们很多党员干部一样，属于正常工作调动和组织安排。然而，就在这样几乎看不出有什么特别之处的生命历程中，焦裕禄身上却有着异于常人的英雄气质，那就是对党的事业、对人民的利益、对理想信念的执着和忠诚。

1953 年春天，组织要调焦裕禄到洛阳矿山机器厂，妻子徐俊雅想到刚刚稳定的小家庭又要搬动，就说："你就不能向党组织请求留下来吗？"焦裕禄说："国家已经开始大规模的工业建设，需要大批干部充实到工业战线，党组织决定调我到工业上去，这是党组织对我的信任，应该听从党的分配，哪里需要就到哪里去，咱们的小家呀，得服从国家呀！"就这样，焦裕禄离开了结婚成家的地方，举家迁往洛阳。

在洛阳生活的 9 年时间里，焦裕禄忠诚于党，忠诚于人民，把参与国家工业建设当作荣誉，把白手起家当作自豪，书写了无怨无悔的光辉人生。正是这种忠诚，使得一个"拉牛尾巴"的土改干部，成为我国工业战线上的一个标兵；从一个只上过三年小学的学生，成长为一个现代化工业企业的管理者；从一个看不懂图纸的人，成为一个能够设计工业产品的大工匠。焦裕禄把忠诚写进工作中，担当起了创造历史的使命，为党和人民做出了巨大的贡献。

在焦裕禄影响之下，妻子徐俊雅也成为对党忠诚、对人民忠诚的领导干部。许多人都以为徐俊雅是家庭妇女，其实她文化水平比焦裕禄还高，焦裕禄去世时，她在县计划经济委员会工作，后来当了县计划经济委员会主任、副县长、县人大副主任。她将六个子女抚养成人，继承焦裕禄的遗志，把忠于党、忠于人民融入自己坚强的个性之中。

焦裕禄的一生做到把忠实当品质，做到忠实于党的事业，忠实于人民群众，时刻听从党的召唤。而这样的特质，也正是习近平总书记对党员干部所要求的"忠诚、干净、担当"，是新时代中国特色社会主义伟大事业中党员干部所必须具备的素质。

2. 踏实

焦裕禄身为洛阳矿山机器厂的领导干部，丝毫没有领导干部的"架子"。正是植根于人民群众的情怀使他摆正自己的位置，和中国的第一代创业工人一起为党分忧，为国家担责，为人民谋利益，在工作中踏踏实实。焦裕禄这一代人为新中国建设完整的工业体系和国民经济体系做出了贡献，铸就了洛阳工业创业创新精神。踏实做事做人，植根于人民群众，成为洛阳工业创业创新精神的源泉和支撑。

1956年底，焦裕禄在洛阳矿山机器厂刚担任一金工车间主任，就接下了一个大任务，制造新中国第一台直径2.5米卷扬机。厂党委要求，4月底试制成功，向五一劳动节献礼。在随后的一个多月里，尽管焦裕禄的家就在厂区里，可他从来就没有回去过，吃住都在车间里。他办公室里有一条长板凳，被当作床铺用，在这条长板凳上，他一睡就是50多天。为了弄清机床每一个部件的功用，他每天在大家上班前早早就来到车间，拿着图纸，钻到机床下，逐一比照每个零件。"吃别人嚼过的馍没味道"，这句名言就诞生在洛矿的机床边。2.5米卷扬机最终如期试制成功，这给洛阳矿山机器厂带来了巨大的荣耀，整个中国都轰动了，这是共和国重工业起步的一个重大事件。

踏实做事做人成为全家共同遵守的行为规范。焦裕禄的妻子徐俊雅也在洛阳矿山机器厂工作。她的文化水平高于焦裕禄，工作能力也很突出，她在厂里踏踏实实地做着最普通的统计员的工作。在我们调研过程中，当年的同事都说，焦裕禄的妻子徐俊雅踏实朴实，从不搞特殊。

"老焦有一句名言，蹲下去才能看到蚂蚁。你得跟你爸爸一样，跟群众打成一片，特别是调查研究，你爸爸做得很突出。"焦跃进经常从母亲口中听到这些话，他把焦裕禄当作榜样，"爸爸既是精神财富，也是一种压力，在鞭策我，绝不能给他老人家脸上抹黑"。"坚持勇于担当，善于创新，做到修身养性，自爱自重，在各自的工作岗位上兢兢业业，以自己的才能有益于社会，实现人生价值"，这条家规家训是焦裕禄的子女于2014年3月在他们生活将近30年的自家小院里制定的，焦家儿女坚持继承父亲遗志，牢记父亲教诲，做焦裕禄精神的继承者、实践者，他们无愧为焦裕禄的后代。

3. 平实

平实就是平常实在、不虚荣、不做作，以平常心态过平凡普通生活。焦裕禄同志从来到洛阳的第一天起，就能够严格要求自己，以平实心态，认真做事，在平凡中实现不平凡的诺言，在普通的生活中铸就不普通的辉煌。

焦裕禄来洛阳时正是大建设时期。从洛阳西关通往谷水的路上，焦裕禄一直在观察着这个古老的城市。汽车在泥泞的道路上吃力地前行，放眼望去是杂草丛生的原野，同车的工友们议论纷纷，感慨颇多。焦裕禄没有参加议论，他思考如何能够更快地进入工作状态。在这片一穷二白的土地上，焦裕禄看到了测绘人员在挥旗、插标、看仪器、记数据，顿时兴奋不已，他引导大家讨论古城的辉煌历史，展望现代洛阳工业发展前景，告诫大家紧紧把握现在，树立信心，为实现古都的新生而努力奋斗！

平实心态，还体现在焦裕禄的家风中。焦裕禄去世后，徐俊雅一个人挑起了生活的重担，在朴实的生活中走完了自己不平凡的一生。兰考县的退休干部王怀彦当年在县政府管理财务工作，他回忆起 1965 年有一次到徐俊雅家的情形。当时，徐俊雅一家老小住在县委大院附近的 3 间瓦房里。王怀彦见灶台上放着剩饭，窝头快要坏掉了，就问徐俊雅为啥还舍不得丢掉。徐俊雅说，在水里泡泡，上笼蒸蒸，还能吃。王怀彦问，这一大家子人，钱够用吗？徐俊雅淡淡地说，工资发下来，买了面、买了煤，剩下的就有多少花多少了。徐俊雅把平实当标准，以平常心态过平凡普通生活，一直坚持到老。

（三）家规：不向组织要照顾、不向政府要补助、不因荣誉搞特殊

好家风必须有好家规支撑。焦裕禄很清楚，老百姓看党员干部是不是干净，不仅看其自身，更会看他们的家人、家庭。焦裕禄临终前给妻子约法三章：不向政府要补助、不向组织要照顾、不因荣誉搞特殊。这成为焦家家规的核心内容，焦家人都以实际行动诠释家规，遵守家规。

1. 不向组织要照顾

作为一家之长，焦裕禄的一言一行所折射出的清正廉洁、艰苦朴素的品质是一种潜移默化的力量，他严于律己、身端影正，时刻保持清醒的头脑，禁得住各种诱惑，在"立德"上做到言传身教，在"立廉"上以身作则，内修德、外修品，以他独特的人格魅力给予了子女正确的人生导向，帮助子女们扣好了人生的第一粒扣子，迈出了人生的第一个台阶。

"书记的女儿不能高人一等，只能带头艰苦，不能有任何特殊。"对于焦守凤来说，这句话终生难忘。50多年前正是因为这句话，使她成为一个酱菜厂的普通工人。50多年后的今天，也正是因为这句话使她成为一个备受人们尊敬的人。

1963年夏天，焦裕禄的大女儿焦守凤初中毕业，许多好单位都给她送来招工表，提出为她安排工作，话务员、教师、县委干事……一个个体面的职业让十几岁的姑娘心花怒放，但很快被父亲泼了冷水。女儿拿着这些表去给父亲，请他帮着给参谋参谋。父亲说："这些单位你都不能去，走出学校门，你就进了机关门，你缺了劳动这门课。""县里头好地方干部子女不能去，俺爸规定的。"焦守凤清楚记得，父亲把她领到食品厂，还叮嘱厂里不能因为自己的缘故给女儿安排轻便活。说

是食品厂，其实就是个手工作坊，在这里焦守凤主要干两种活：腌咸菜和酿酱油。劳动强度大，味道刺鼻，更糟的是，需要两只手伸到咸菜缸里捞咸菜。守凤的手被磨出许多口子，伤口再被盐水一浸，整个手都是肿的。

焦裕禄的家规也曾经令自己的子女不满，让子女们感到处处受到约束。但是50多年过去，曾经令子女们委屈不满的家规，如今成为他们每一个人的骄傲。

2. 不向政府要补助

"不准跟政府要待遇、要东西、要补助"，这是焦裕禄同志去世前，当着全家人的面明确提出的，这是一个共产党员的大公无私、光明磊落、平民心态的真实体现。

焦裕禄病危时，省地两级党委的干部代表组织问他，你对后事有什么交代，对党还有什么要求？但是他除了要求死后葬在兰考的沙丘上外，别无他求。他还特意叮嘱徐俊雅，这么多孩子，我们还有两个70多岁的老母亲，千斤重担，全压在你一个人身上，你辛苦一点，要教育好孩子，多叫他们参加劳动。焦裕禄临终前，用尽最后的力气给她交代后事："我死后，你会很难，但日子再苦再难也不要伸手向组织上要补助、要救济"；"你要把孩子们教育成为红色革命接班人"。这两句话，徐俊雅记了一辈子，这是丈夫的遗训，也是焦家的家规。几十年里，徐俊雅始终坚守一条：符合老焦这两句话的事就做，不符合的"说出个天来也不行"。

焦裕禄逝世时，徐俊雅才33岁，上有孩子的奶奶、姥姥两位年迈老人，下有6个尚未成年的孩子，最小的孩子焦保刚才3岁多。一家9口人全靠徐俊雅每月50多元的工资和每个月13元的抚恤金艰难度日，生活很拮据，但徐俊雅始终牢记着丈夫临终前的遗言，从未向组织申请过任何救济，一个人挑起了生活的重担。徐俊雅有一句话经常说："打老焦的旗，向上级伸手，我咋对得起他？"焦守凤至今记得，兰考那个焦家小院里一年四季摆着破布和旧衣服，母亲浆洗后就着油灯纳鞋底，这些破破烂烂的材料就是一家老小保暖的衣装。

3. 不因荣誉搞特殊

焦裕禄经常告诫自己的家人"千万不能搞特殊、谋私利"。焦裕禄去世时，焦国庆还是少年，对家规没有多少体悟和理解，只记得当年因为看了一场白戏，遭到了父亲的严厉批评，直接促使兰考县委制定了《干部十不准》。

焦家人一直把"不因荣誉搞特殊"、"不拿权力谋私利"放在家庭建设的首位，规范每一个人的行为。这个家规被一代一代地传承下来，成为焦家每一个家庭的现代家规。从焦裕禄子女的情况看，他们中确实也没有因为荣誉而搞"特殊"的，更没有谋私利的。"不因荣誉搞特殊"的家规，使得焦家的后代不敢越雷池半步。焦守云说："我妈妈在世的时候，就管我们管得特别严。她说：'你们做不好，别人只说这是焦裕禄的孩子，而不说是徐俊雅的孩子。'这句话对我们压力很大。多年来，我们兄弟姐妹几个都恪守家规。"

习近平总书记曾明确要求，"各级领导干部要教育亲属子女树立遵纪守法、艰苦朴素、自食其力的良好观念，明白见利忘义、贪赃枉法都是不道德的事情"。焦裕禄的家风穿越时空、历久弥新，就在于它提出了领导干部如何看待权力、如何严格要求家人、怎样关爱子女的永恒命题。无论任何时候，"不搞特殊"都是对家人最好的馈赠，"不谋私利"都是对子女最好的教育，"不因荣誉搞特殊"、"不拿权力谋私利"到任何时候都不会过时。

二、焦裕禄的情怀

2022 年是焦裕禄同志诞辰 100 周年，他离开人世已有 50 多年了。然而岁月的流逝并没有抹去焦裕禄这个光辉名字，焦裕禄精神已经成为我们党的宝贵精神财富，永远载入中国共产党人的精神谱系，成为激励新时代共产党人踔厉奋发、勇毅前行的精神力量。焦裕禄同志作为一名优秀党员干部具有深厚而博大的高尚情怀，尤其是对组织绝对忠诚的忠贞情怀、对群众亲民爱民的公仆情怀、对问题迎难而上的斗争情怀、对干部严格要求的廉洁情怀，为新时代的共产党人树立了一个有情有义、有胆有识、爱憎分明、乐观向上的党员领导干部光辉形象。

（一）对组织绝对忠诚的忠贞情怀

2017 年 5 月 3 日，习近平总书记在中国政法大学与大学生们座谈时指出："焦裕禄同志的事迹归结到一点，就是坚定跟党走，他一生都在为党分忧、为党添彩。"坚定跟党走，一生都在为党分忧、为党添彩，这是焦裕禄毕生的信念和追求，也是焦裕禄精神的根本点，充分体现了焦裕禄同志对党组织的无限忠诚，对党的事业的无限忠诚。

焦裕禄对组织绝对忠诚的忠贞情怀，源于对共产党领导人民翻身得解放的朴素感情。焦裕禄在《党员登记表》中曾有这样的描述："当时入党时，只想到过去个人受了鬼子汉奸那么多罪，现在解放了，当了民兵，诉了汉奸的苦，还能打鬼子汉奸报仇，很感谢共产党……"这反映了焦裕禄对共产党领导下自己翻身解放的感恩之情，也是穷苦人民对共产党发自内心的朴素感情。焦裕禄 1922 年 8 月 16 日出生于山东博山县

（今山东省淄博市博山区）北崮山村一个农民的家庭，年幼时家里倾尽所能供他读了几年书。焦裕禄天资聪颖，又勤奋好学，成绩十分优秀，还参加了学校里的雅乐社，学会了好几种乐器。后来因为家乡遭遇严重的灾荒，生活日益艰难，只得忍痛辍学回家，帮着父母做家务、砍柴火。焦裕禄 13 岁以后，就开始去推独轮车运煤卖煤，到油坊帮工，为家里挣钱。焦裕禄 19 岁那年，焦裕禄的父亲焦方田因为忍受不了官府催捐、债主逼债，走投无路而悬梁自尽，焦裕禄不得不成为家里的顶梁柱。但是有一天焦裕禄外出干活时被残暴的日本兵抓走，关进了博山县城的监狱里，1942 年 9 月，刚过 20 岁的焦裕禄又被日军作为"政治嫌疑犯"押送到抚顺大山坑煤矿去当特殊劳工，动不动就被监管打骂，遭受着非人的折磨，年轻的焦裕禄心里扎下了民族仇恨之根。1943 年 3 月，在矿友的帮助下，焦裕禄终于逃离了矿区，千辛万苦回到老家，后辗转流落到江苏省宿迁县，在一户富农家打长工。在这种颠沛流离的生活中，焦裕禄受尽了地主恶霸和侵略者的欺压凌辱，深深感受到底层老百姓受压迫的苦难，在心底积压了强烈的愤怒。1945 年 8 月抗日战争胜利后，焦裕禄带着妻子和女儿回到家乡博山。在共产党领导下，家乡发生了巨大变化，土地改革，耕者有田，防匪防特，生活安定。焦裕禄深刻认识到，是共产党带领大家翻身得解放，是共产党领导人民改变了穷苦的生活，共产党对穷人、对焦裕禄一家人恩深似海，焦裕禄发自内心地对共产党充满朴素的敬爱感恩之心。

焦裕禄对组织绝对忠诚的忠贞情怀，发自在党组织教育培养下觉悟提升的思想自觉。1945 年 8 月，焦裕禄回到解放了的博山，参加了村里的民兵组织，开始了革命生涯。在温暖而严格的革命大家庭中，在复杂繁重的革命工作实践中，在党组织的教育培养中，焦裕禄的思想觉悟一步步提高了，由一人一家的快意恩仇，到阶级仇、民族恨，眼界开阔了，境界提升了，焦裕禄在革命队伍中迅速成长起来，激发起巨大的工作热情。因为焦裕禄上过几年小学，有文化，又心灵手巧，能拉会唱，就经常教民兵们学习文化知识，学唱革命歌曲。焦裕禄的组织领导能力很强，经常组织民兵训练，提高军事素质，安排民兵站岗放哨，侦察了解敌情，布置防匪防特，参加支前送粮，在各项工作中都表现不凡。1946 年 1 月，由于焦裕禄思想进步、工作积极、表现优异、成绩突出，组织上批准他成为一名光荣的共产党员。加入中国共产党后，焦裕禄对自己的要求更加严格，更加勤勉地学习党的理论和知识，工作也更加积极主动，在组织发动群众、对敌斗争和土地改革的革命实践中快速成长。1947 年 7 月，焦裕禄被组织上调到了渤海地区参加南下干部集训，随后担任南下工作队淮河大队一中队二班班长，成为革命斗争的骨干。焦裕禄有文艺天赋，在宣传队中参加现代歌剧《血泪仇》的演出，在延安来的同志的指导下扮演剧中男主角。他从剧情结合自己的生活经历，深切体会到阶级仇，深刻认识到只有在共产党领导下，穷苦人民团结起来去斗争、去推翻一切剥削阶级，才有美好幸福的生活。1948 年 2 月，焦裕禄随南下工作队到了河南，被分配到开封市的尉氏县彭店区工作，开始了他在河南奋斗的光辉一生。在党组织的大家庭中，共产党人的崇高理想和坚定信念，为国家、为民族、为人民利益而奋斗的宗旨意识，来自五湖四海的同志亲如一家、互助友爱的大家庭般的温暖，为实现目标而统一意志统一行动的严格的组织纪律性，都影响和熏陶着焦裕禄，使他逐步成为一名优秀的党员领导干部。在理论上，焦裕禄下苦功夫，认真学习毛主席著作，无论到哪儿身边总是带着《毛泽东选集》，一有空就认真读读、反复思考，并且做到学以致用、活学活用。在洛阳矿山机器厂（简称洛矿）工作期间，他还送给工友一本《毛泽东选集》作为礼物。他送给女儿的传家宝也是《毛泽东选集》。他因病去世后，人们在他的床头还发现了两本书:《毛泽东选集》和刘少奇同志的《论共产党员的修养》。政治上的坚定来自理论上的清醒。焦裕禄对党的理论的学习，极大地提升了他的思想理论水平和政治境界，他一生都在自觉而坚定地坚守"党的干部是块砖，哪里需要哪里搬"的忠贞情怀。

　　焦裕禄对组织绝对忠诚的忠贞情怀，体现于坚定跟党走永远为党分忧的实干担当。焦裕禄在工作中，什么时候都是任劳任怨，担当作为，无条件服从组织安排，在党爱党，在党忧党，听党话，跟党走。1950年冬，焦裕禄调任共青团尉氏县委副书记，离开了熟悉的农村工作，到县里做青年团的工作，接受了一个新的挑战。一些同志不愿做团的工作，焦裕禄却形象地说:"团的工作是党的工作的一部分，党是头颅，团是手足，一个人只有头颅，没有手足怎么能行呢?"他常说:要相信党，党不会亏待一个好人，更不会放过一个坏人。"年青力壮的时候不为党多做点事，将来老了，只怕想干也干不成了!"青年是祖国的未来和希望，焦裕禄在做团的工作时注重青年，改行做其他工作仍然不忘教育青年，"要永远把教育青年的任务担在肩上"，永远把党的事业发展重任担在肩上。1953年6月，受组织安排，焦裕禄又一次变换工作，被组织抽调到洛矿。当时焦裕禄已在尉氏县干得得心应手，而且家里已有三个孩子，妻子徐俊雅又快要生产了，不管是工作上还是家庭生活上，离开尉氏前往洛阳都面临很大困难。但是，焦裕禄却对妻子说:"国家已经开始大规模搞工业建设，需要大批优秀干部。党组织决定调我到工业战线，这是党组织对我的信任。咱们应该听从党的召唤，而不能讲条件。哪里需要就到哪里去，这是咱们共产党员应尽的义务，咱的小家得服从国家呀！"充分说明焦裕禄的党性原则非常强，坚决服从组织分配，做好党组织交给的革命工作。他在洛矿总共 9 年时间，先后担任了筹建处资料办公室秘书组副组长、基建科副科长、一金工车间主任、生产调度科科长等职务，从一个"拉牛尾巴"的农村干部成了工业战线上一名优秀的管理干部，开拓了新的工作领域，为中国工业的发展和洛阳的建设做出了极大的贡献。焦裕禄能够坚决服从组织安排，离开自己熟悉的工作环境，敢于挑战自我，勇于超越自我，在自己十分陌生的工业新领域从零开始，是与他坚强的党性原则和深厚的文化修养密不可分的。1962 年，我国工业建设已经有了一定的发展基础，而农村却因为遭受巨大的自然灾害而困难重重，处于豫东平原上的开封地区，尤其是兰考县，又经受着内涝、风沙和盐碱的三重危害，是全省乃至全国有名的穷县。焦裕禄不顾自己患有严重的肝病尚未康复，就听从组织召唤，先是到了开封尉氏县，很快便又奔赴发展农业的第一线、最为穷苦落后的兰考县担任县委主要领导，带领兰考人除"三害"，把生命奉献在沙丘，充分体现了一名优秀共产党人的忠贞情怀。

（二）对群众亲民爱民的公仆情怀

亲民爱民是焦裕禄精神的首要内容，也是焦裕禄"心中装着全体人民、唯独没有他自己"的深厚公仆情怀。

焦裕禄心系群众、不忘根本，始终对群众有一股"亲"劲。作为党的领导干部，焦裕禄能够清醒认知共产党员"我是谁、为了谁、依靠谁"，时刻都和群众心连着心、心贴着心，时时处处都在践行党的宗旨、坚持党的群众路线。尉氏县的老百姓中流传着一个说法，就是焦裕禄"人前三不说话"，即不笑不说话、不叫大爷大娘不说话、不叫哥嫂不说话。不管他职务怎么变化，做多大的官，但他对老百姓的感情始终没有变。心系群众，不忘根本，这是焦裕禄作为一个优秀共产党员一贯持有的立场和情怀。在洛矿工作期间，焦裕禄牢记党的根本宗旨，始终保持和发扬党的优良作风，真诚对待群众，真心服务群众，始终做群众的贴心人。他常说："关心群众比关心个人更重，关心他人比关心自己更重，这样才算得上一个共产党员。"洛矿工人吴永福的第 5 个孩子出生时，吴永福的工资不到 50 元，生活十分困难，焦裕禄听说后马上送去了 10 元钱，为吴永福缓解了困难。工人刘辅臣的妻子生了小孩后想喝点小米稀饭补养身子，可当时小米很难得到，焦裕禄知道后立即把自己家仅有的二斤小米送到了他家。二金工车间小吴的媳妇要生了，焦裕禄让妻子徐俊雅用家里仅有的几尺布票买来布料，做了三套小衣服送去。焦裕禄待群众如亲人，急群众之所急，为群众解决各种难题。1955 年，洛矿厂里新盖了一栋家属楼，按规定分给了焦裕禄一套 50 平方米的房子，全家十分高兴。但焦裕禄听说新分配来的一对夫妇没有房子住，就和妻子徐俊雅商量，把这套房子让给了那对夫妇，还特意打电话给纪登奎厂长说："把这套房子让给那对夫妇吧，他们比我更需要。"还特意叮嘱，"你千万别说这房子本来是分给我的，就说是厂里安排支援新职工的，让新职工一进厂就能体会到党的温暖。""宁肯自己多受苦，不让职工心里堵；宁愿瘦掉十斤肉，不让生产落了后。"焦裕禄的身上，闪耀着共产党员甘当公仆、奉献自我的精神。工人们都说："老焦心里装着咱，他待咱比亲人还亲。"在兰考工作仅有 475 天，他几乎跑遍了兰考所有的公社大队，雪夜探访、送衣送粮，解决困扰兰考群众的最大拦路虎"三害"，他常说："当群众最困难的时候，共产党员要出现在群众面前。"不管条件多么艰苦，他都和人民群众摸爬滚打在一起，为人民群众谋利益、办实事。

焦裕禄甘当学生，虚心请教，始终对群众有一种"敬"意。焦裕禄亲民爱民，全心全意为人民服务，学习和树立了马克思主义的群众观，并在工作实践中牢牢践行着从群众中来、到群众中去的群众路线。从农村战线到工业战线，焦裕禄面临着新的挑战，出现了许多新问题。不会干，怎么办？他在实践中摸索钻研，虚心向技术人员和老同志请教，从群众中寻求办法。初到洛矿，焦裕禄主动请缨，负责修路，经常与老工人攀谈、积极向专业技术人员学习、不断向有管理经验的同事请教。每当遇到难题，焦裕禄就组织技术人员、老工人和民工队长召开"诸葛亮会"，集思广益、群策群力地进行解决。一金工车间建设初期，设备的安装是最重要的任务，其中重达60吨的大行车怎么进到车间成了难题。运输科副科长孙峰来找焦裕禄商量。焦裕禄说："没有办法，就到群众中去。"焦裕禄、孙峰组织召开了工作骨干及懂行人员的座谈会，畅所欲言、献计献策，终于啃下了这块硬骨头，圆满完成了任务。风沙是造成兰考极端贫穷落后的"三害"之一，焦裕禄在调查研究中向群众学习了"贴膏药、扎针"的方法。焦裕禄说："沙区没有林，有地不养人；造林防沙，百年大计；育草封沙，当年见效；翻淤压沙，立竿见影。"他亲手种下的泡桐树如今枝繁叶茂，被兰考群众亲切地称为"焦桐"，见证着焦裕禄先当学生、再当先生，虚心向人民群众请教的诚挚敬意。

（三）对问题迎难而上的斗争情怀

焦裕禄参加革命后历经18年不同的工作经历，清匪剿霸，土改分田，农村工作使他声名大振；洛矿建设，勤学苦练，转战工业又成行家里手；治理"三害"，魂系沙丘，造福兰考再树不朽丰碑。每一段历程都是惊心动魄，充满艰辛，每一路凯歌都彰显焦裕禄无惧艰险、迎难而上、拼搏奋斗的斗争情怀。

焦裕禄具有无畏的英雄主义精神，在困难面前敢于斗争。无私者无畏，焦裕禄曾说过："干革命就得敢闯！成功了，有经验；失败了，有教训。只要敢闯，就能从困难中杀出一条路来。"1949年春，焦裕禄由淮海前线返回尉氏县工作。当时，在尉氏大营一带土匪聚集，土匪头子曹十一、耿海兰、黄老三等在此为非作歹、祸害乡里。焦裕禄主动请缨，到大营区担任副区长，后改任区长，负责剿匪清霸，把穷凶极恶的匪首一网打尽，充分体现了焦裕禄的机智勇敢和丰富的对敌斗争经验，以至于当地群众传唱着"打倒黄老三，大营晴了天"。1953年6月，焦裕禄从共青团郑州地委第二书记的岗位上被抽调到洛矿搞工业建设。看到运送物资的道路成了推动工作的瓶颈，焦裕禄主动请战，担任修筑临时公路的指挥部总指挥，日夜吃住在工地，带领大家圆满完成了任务。在洛矿的前期建设中，厂里派焦裕禄到哈尔滨工业大学学习，他用小学的文化基础短时间内啃下了高中的课程，被评为"优秀学员"；在大连起重机厂实习时，不到一年完成了需要三年才能完成的实习任务，职工称他是"最棒的车间主任"。焦裕禄说："搞工业是艰苦的，担子是沉重的，但是我们是共产党人，这个担子一定能挑起来。只要钻进去，外行也能变成内行。""路是闯出来的，咱们应该勇当闯将，闯出一条自力更生的路子来。充电机也不是什么了不起的东西，只要下决心搞，准能搞出来！"在最穷、最苦、最落后的兰考，面对内涝、风沙和盐碱，焦裕禄无惧困难，敢于斗争，"共产党员要敢于在困难面前逞英雄"、"敢教日月换新天"、"拼上老命大干一场，决心改变兰考面貌，不达目的，死不瞑目"。为了人民，为了国家，焦裕禄身上闪耀着大无畏的革命英雄主义精神。

　　焦裕禄具有严谨的科学求实精神，在困难面前善于斗争。在焦裕禄身上，生动地体现了尊重客观规律的求实精神，脚踏实地，干事创业，求真务实，善于斗争。担任洛矿一金工车间主任后，焦裕禄认真学习钻研工业管理和大机器生产的业务知识。为熟悉生产车床结构原理，掌握现代科学技术，焦裕禄常常拿着图纸钻到机床下，一点一点对照着查看，务必弄清楚每一个部件。计划员告诉他根本不必这样辛苦，因为"图上都标着号"，但焦裕禄却说：那可不一样，要了解一台机床，就得亲自把每一个部件都看明白，"吃别人嚼过的馍没味道"。焦裕禄带领技术人员和工人连续奋战，住在车间50多天，最终按计划要求完成机器安装并投入生产。焦裕禄尊重知识、尊重人才、尊重专家，但不迷信苏联专家。他实事求是，工作务实，能够理论联系实际，善于集思广益，用灵活实际的土办法解决了整铸齿轮、烘装大齿轮等问题，带领工人生产出了全国第一台直径2.5米卷扬机，铸就了共和国重工业起步的一个里程碑。1959年春，焦裕禄被任命为洛矿生产调度科科长，他工作起来细致、踏实，经常深入车间了解情况，帮助车间解决困难和问题。他经常随身携带着好几种工作手册，分门别类，记载着各车间的情况，生产任务、设备条件、劳动力量，甚至哪个工人有什么思想问题、家庭困难，等等，他都记得清清楚楚。工人们说："焦科长不仅谙熟业务，还善于抓政治，抓人的思想，跟着他再重再难的任务，我们都乐于接受。"焦裕禄这个调度科长被工人们亲切地称为"政治科长"。焦裕禄善于分析矛盾、处理矛盾，"抓两头、带中间"是他常用的科学工作方法，在兰考树立了"四面红旗"村——赵垛楼的干劲、韩村的精神、双杨树的道路、秦寨的决心，用先进典型激励群众，激发群众对照身边的榜样找差距、找不足、找方向，与自然灾害进行顽强斗争，改变兰考贫穷落后的面貌。

（四）对干部严格要求的廉洁情怀

清正廉洁是共产党人的政治本色。习近平总书记指出："我们的权力是党和人民赋予的，是为党和人民做事用的，只能用来为党分忧、为国干事、为民谋利。"作为一名优秀的党员领导干部，焦裕禄对自己、对同志、对家人都严格要求，始终保持着共产党人清正廉洁的崇高道德情怀。

严于律己，以身作则，绝对不搞特殊化。焦裕禄常说：作为一个共产党员、革命干部，不管其资历深浅、地位高低，都是人民的勤务员，绝不能凭借自己的地位捞取特权，更不能以功臣自居，为自己的享受开方便之门，或者给自己的亲友发放所谓关心他们的"优待券"。在洛矿的车间里，焦裕禄经常忘我地在机床边劳动，他一个人跟三个班次，夜以继日地和同志们并肩奋战，连家都不回，车间里的大板凳就是他累了躺下休息的床铺。1956年冬天，焦裕禄等五名同志到北京出差，走出火车站已是深夜，焦裕禄坚持在一个小胡同里找了家旅馆，房间又黑又旧又破，还没有暖气，大家都有怨言。焦裕禄耐心做思想工作："同志们，党交给我们的任务还没有开始干，就开始考虑自己，就挑肥拣瘦？当年革命时期，毛主席在延安的窑洞里写出了多少伟大的著作，指挥了多少战役，打了多少胜仗。今天住在这个房间里边总比窑洞好多了吧。看来问题不在于住好房子，而在于怎么做工作。"旅馆房间里有四张小床，焦裕禄叫服务员又搭了一张临时床铺，自己睡在上面。焦裕禄出差期间吃饭也非常简单，有时就吃点馒头和咸菜，说："有咸菜吃就不错了，革命胜利了，生活好了，但也不能忘记过去的苦日子呀！"焦裕禄常说自己只有为党工作的权力，没有浪费的权力，更没有利用职务之便，为自己和家人搞特殊化的权利。在洛矿工作时，每当有人给孩子买礼物、帮助家里解决困难，焦裕禄都会很严肃地告诫家人绝不允许这样做。徐俊雅身体不好，厂里一个领导提出可以为她调换工作岗位，徐俊雅说"老焦会发火的"，就把领导的好意给回绝了。在兰考的县委办公室里，他身患肝癌、被病痛折磨，他用一个搪瓷茶缸盖顶着疼痛发作的肝部，继续坚持工作，用他自己的话说，这叫"压迫止痛法"，藤椅上被顶破一个大洞。同志们为了减轻他的病痛，给他开了好药，他知道以后坚决要求退掉，说："兰考是个灾区，群众的生活很困难，吃这么贵的药，我咽不下去。"焦裕禄从来不向组织伸手要照顾，从来没有利用自己的权力为自己、为家人、为亲戚朋友谋取任何不正当利益。他的妻子徐俊雅的哥嫂想托她给焦裕禄这个当姑父的说说，帮侄子在县城里安排个工作。因为焦裕禄家孩子多，几个孩子都是徐俊雅的嫂子帮忙带大的，徐俊雅心想焦裕禄再不讲情面，这回也会给哥嫂一个肯定的答复。但是焦裕禄还是婉言回绝了徐俊雅的哥嫂，还把徐俊雅的侄子直接叫到家里，亲自做起了孩子的思想工作，最后，年轻人心服口服地对父母说："我姑父一点拨，我也想通了，种田也是革命工作啊！"焦裕禄严于律己、甘于奉献的精神贯穿了他的生命始终。

坚持原则，严格管理，当好人民勤务员。党章规定，党员除了法律和政策规定范围内的个人利益和工作职权以外，所有共产党员都不得谋求任何私利和特权。党员干部是党的事业的骨干，是人民的公仆和勤务员，更要率先垂范，模范遵守。焦裕禄作为一名党员领导干部，不仅自己严格遵守规定，严于律己，绝对不搞特殊化，而且对下属党员干部也是严格管理，坚决杜绝以权谋私和不正之风。在洛矿期间，他带领同志们出差公干，大家想住得好点、吃得好点，焦裕禄总是教育他们，国家还很困难，要艰苦奋斗，勤俭节约。在兰考任职县委书记时期，他在县委常委会上说："一个党员贪污多占，不深入群众，高高在上，这就是变质。共产党员在任何时候都要坚持原则，任何环境中都不能动摇，要经得起考验，任何成绩面前都不能骄傲自满，要吃苦在前，享受在后。"焦裕禄去县剧场排队买票看戏，坐在后排，剧场领导看到了，要把他领到第三排去。原来县剧场有个不成文的规矩，就是第三排的座位不卖票，专门留给领导。群众称坐这一排的人为"老三排"，称经常坐在第三排中间位置的领导为"老三排排长"。焦裕禄知道后，坚决反对，在县委常委会上严肃地进行批评："我们要废了这个规矩。"并在会上对大儿子焦国庆曾经"看白戏"的事情做检讨，专门起草了《干部十不准》，要求任何干部在任何时候都不准搞特殊化。走在黄河大堤上，焦裕禄对同行的干部说："这大堤是由一粒粒土堆积而成的，如果发现一个小孔而不及时堵住，那日后就会出大问题，俗语说：'千里之堤，毁于蚁穴。'干群关系也是这样，不从小事做起不行啊！"坚持原则，严格管理，约束党员干部当好人民勤务员，这是焦裕禄对干部的真正爱护和帮助。

树立家风，制定家规，培养革命后代人。习近平总书记指出："无论时代如何变化，无论经济社会如何发展，对一个社会来说，家庭的生活依托都不可替代，家庭的社会功能都不可替代，家庭的文明作用都不可替代。希望大家注重家庭、注重家教、注重家风。"焦裕禄是一个爱家庭、爱孩子、爱生活的好丈夫、好父亲，是一个懂生活、会生活的人。但他并没有因为爱而因此纵容家人、溺爱孩子，而是树立了良好的勤俭节约、严守纪律的家风家规家训。他教育和引导家庭成员树立节约意识，杜绝铺张浪费，勤俭持家。孩子们的鞋坏了，要再穿一段时间；一件大衣多年不换，白天当大衣御寒，晚上在床上当被子盖，穿成了

"两用大衣"，牙刷坏了也舍不得换。他对孩子们说："啥是丢人？好吃懒做，贪图享受，才是真正的丢人。""书记的女儿和工农子弟一样，都是革命的后代，没有什么特殊性，不能高人一等。如果说有什么特殊，那就是比别人更要好好学习，更要热爱劳动，更要艰苦朴素。"孩子们写作业的笔记本，只有正面、反面都写了，再也没有地方写了，他才给换一本。孩子们写作业用的铅笔，一直用到最后成为铅笔头，手都捏不住了才可以换一支新铅笔。有时他还会做一个铁皮的小圆筒，套在铅笔上，把铅笔一直用到不能用为止。焦裕禄这种办法培养孩子们的节约意识，珍惜和爱惜物品，而单位的稿纸和笔从来不让孩子使用。大儿子焦国庆有一次看了一场没掏钱买票的"白戏"，焦裕禄知道后批评了儿子，并补上了戏票钱，还对家人说：咱立个家规：今后，不管谁，都不准看"白戏"。演员演戏，花费了很多辛勤劳动，看戏不买票，就是剥削行为！正是在这样严格的家风家规的教育和熏陶下，焦家的后代都把不搞特殊当作一种习惯遵守。焦裕禄生前立下规矩，不向政府要补助，不向组织要照顾，不因荣誉搞特殊，这是焦家全家人的行为规范。他的儿子焦跃进曾经说："我们的父亲留给我们的物质财富不多，留下最多的是精神财富。其中对我们影响最大的就是艰苦朴素、勤俭持家。"焦家的子女都有一个共识："继承父亲的遗志，牢记父亲的教诲，做焦裕禄精神的继承者、实践者、传播者，无愧于焦裕禄后代。"焦裕禄的孙女焦楠说："我小时候对爷爷的精神还不太了解，随着年龄的增长我理解得越来越深刻。这种精神值得我们去传承。今后要干好自己的本职工作，不能给我们焦家抹黑。"

　　焦裕禄的精神是永恒的，焦裕禄的情怀是伟大的。今天，我们党要团结带领人民全面建设社会主义现代化国家、全面推进中华民族伟大复兴，要始终赢得人民拥护、巩固长期执政地位，必须持之以恒推进全面从严治党，深入推进新时代党的建设新的伟大工程，以党的自我革命引领社会革命，坚持不懈用习近平新时代中国特色社会主义思想凝心铸魂，全面加强党的思想建设，加强理想信念教育，弘扬传承焦裕禄精神，树立焦裕禄那样的情怀，做共产主义远大理想和中国特色社会主义共同理想的坚定信仰者和忠实实践者，做忠诚干净担当的新时代好干部。

大爱无声　花开有音

大爱无声　花开有音

第十二讲　学习焦裕禄精神，立政德强作风

□ 张　静

　　张静，河南焦裕禄干部学院焦裕禄精神教研组组长。全程参与河南焦裕禄干部学院筹建，坚守在教学一线 10 余年，先后为 11 万余人次授课。主持开发和讲授《焦裕禄在兰考的 475 天》、《焦裕禄精神的形成与时代价值》、《学习焦裕禄精神，立政德强作风》等课程；开发微党课《兰考"硬骨头生产队"》、《焦裕禄精神代代传》；发表论文 5 篇，主持和参加过课题 5 项，参与编写专著 2 本。专著《中华源·河南故事·焦裕禄》被中宣部评为 2020 年地方优秀外宣书籍一等奖。曾获得 2021 年度全市宣传思想文化工作先进个人荣誉称号。

习近平总书记在党史学习教育动员大会上提出，"全党同志要做到学史明理、学史增信、学史崇德、学史力行"。在这四个目标中，崇德是一种精神动力。"学史崇德"，要"崇"哪些"德"？作为党员领导干部崇的就是政德。2018年3月10日上午，习近平总书记在参加十三届全国人大一次会议重庆代表团审议时强调："领导干部要讲政德。政德是整个社会道德建设的风向标。"很快，"政德"一词成为大家热议的关键词。

为了进一步加深大家对新时代政德的全面理解，做到"学史崇德"，加强政德修养，做焦裕禄式好干部，我们一起来学习一下焦裕禄精神。

一、学习焦裕禄精神，立政德强作风的意义

（一）深刻领会新时代政德的基本内涵

"政德"一词最早出现在《左传·昭公四年》也就是先秦时期："恃此三者，而不修政德，亡于不暇。"倚仗着这三个方面（国家的地势险要而多产马匹，齐国、楚国祸难又多），却不学习和研究政事与德行，在繁忙的劳碌中也会灭亡的。这里政德指的是政事和德行。以德治国思想早在西周时期就已经出现了。大家听得比较多的就是"为政以德，譬如北辰，居其所而众星拱之"、"政德兴，则政权安；政德衰，则政权乱"。

现如今，政德属于职业范畴，它是与行使公共权力联系在一起的特殊职业道德，是领导干部从政道德的简称。2011年10月13日，中共中央组织部发布的《关于加强对干部德的考核意见》提出了干部"德"的内涵。

干部的"德"主要包括政治品质和道德品行两大方面。政治品质，主要包括领导干部的政治方向、政治立场、政治态度、政治纪律、党性原则等；道德品行，主要包括领导干部的社会公德、职业道德、个人品德、家庭美德等。党的十八大以来，"政德"一词被一次次强调。2014年7月，中央组织部印发《关于在干部教育培训中加强理想信念和道德品行教育的通知》要求各地区各部门加强理想信念和道德品行教育，该《通知》指出："开展道德品行教育，关键是要引导干部明大德、守公德，成为一个高尚的人、一个纯粹的人、一个有道德的人、一个脱离了低级趣味的人、一个有益于人民的人。"要求"党校、行政学院、干部学院要充分发挥主渠道、主阵地作用，在各类主体班次中都要把理想信念和道德品行教育作为必修内容"。这次党史学习教育活动又提出要做到"学史崇德"。

2018年3月，习近平总书记在参加十三届全国人大一次会议重庆代表团审议时指出："立政德，就要明大德、守公德、严私德"，"领导干部特别是高级干部要明大德、守公德、严私德"。明大德，就是要铸牢理想信念、锤炼坚强党性，在大是大非面前旗帜鲜明，在风浪考验面前无所畏惧，在各种诱惑面前立场坚定。守公德，就是要强化宗旨意识，全心全意为人民服务，恪守立党为公、执政为民理念，自觉践行人民对美好生活的向往就是我们的奋斗目标的承诺，做到"心底无私天地宽"。严私德，就是要严格约束自己的操守和行为。所有党员、干部都要戒贪止欲、克己奉公，切实把人民赋予的权力用来造福于人民。总书记的阐述既明确了政德的深刻内涵，又明确了立政德的实践要求。

（二）学习焦裕禄精神，立政德强作风是现实的需要

马克思指出："理论在一个国家实现的程度，总是取决于理论满足

这个国家的需要的程度。"其实，一种精神、信仰在一个国家的实现程度，也总是取决于这种精神、信仰满足这个国家需要的程度。在中国特色社会主义新时代，人们既需要物质的力量，更渴望精神力量的支撑。焦裕禄精神正是推进实现中国梦的强大正能量。这种能量对党员、领导干部而言既是认识问题、解决问题的能量，更是以德化人的力量。

自 2009 年以来习近平同志多次对焦裕禄精神提炼总结，2009 年总结出了"亲民爱民、艰苦奋斗、科学求实、迎难而上、无私奉献"的焦裕禄精神五个方面；2014 年结合党的群众路线又总结出"公仆情怀、求实作风、奋斗精神、道德情操"四种内涵，"对群众的亲劲、抓工作的韧劲、干事业的拼劲"三股劲；2015 年 1 月在跟县委书记班座谈时指出："焦裕禄同志以自己的实际行动，塑造了一个优秀共产党员和优秀县委书记的光辉形象，做县委书记就要做焦裕禄式的县委书记。"2015 年 6 月，接见全国优秀县委书记时，习近平总书记指出，要做"政治的明白人、发展的开路人、群众的贴心人、班子的带头人"。习近平总书记结合党的建设的主要任务、针对不同的对象一次次提炼焦裕禄精神，为我们结合实际，学习焦裕禄精神，加强政德修养指明了方向。

（三）学习焦裕禄精神，立政德强作风是制度的选择

马克思主义唯物史观认为，人类社会发展史在一定意义上是制度文明发展史，社会运动不管其形式如何，总是在一定的社会制度体系下进行。

习近平总书记曾指出，焦裕禄的崇高精神跨越时空、历久弥新，无论过去、现在还是将来，都永远是亿万人心中一座永不磨灭的丰碑，永

远是鼓舞我们艰苦奋斗、执政为民的强大思想动力，永远是激励我们求真务实、开拓进取的宝贵财富，永远不会过时。

　　焦书记作为县委书记的榜样是 20 世纪 60 年代传播开来的，到了 20 世纪八九十年代，我们党又一次号召全党学习焦裕禄精神，掀起了第二次焦裕禄精神学习热潮。第三次学习热潮是在党的第二批群众路线教育实践活动中开展的，习近平总书记一年两次到兰考，再次号召全党学习焦裕禄精神。

　　政德修养是各级领导干部都需要加强的。习近平总书记指出，各级干部特别是领导干部要按照"三严三实"要求，深学、细照、笃行焦裕禄精神，努力做焦裕禄式的好干部。好干部的标准是什么？2013 年 6 月的全国组织工作会议上，习近平总书记已经指明了，就是 20 个字：信念坚定、为民服务、勤政务实、敢于担当、清正廉洁。我们今天所讲的明大德、守公德、严私德，与这 20 个字是可以相映照的。信念坚定就是明大德，为民服务、勤政务实、敢于担当就是守公德，清正廉洁就是严私德。焦书记不只是县委书记的榜样，也是全体党员、领导干部的榜样。在党史学习教育中，各级领导干部同样可以通过学习焦裕禄精神加强政德修养，做到"学史崇德"。具体来说，我们应该学习焦裕禄精神的哪些方面呢？

二、学习焦裕禄精神，立政德强作风的着力点

（一）立政德强作风要明大德

明大德就是要筑牢理想信念，锤炼坚强党性，在大是大非面前旗帜

鲜明，在风浪考验面前无所畏惧，在各种诱惑面前立场坚定，这就是领导干部首先要修好的"大德"。

1. 明大德要在大是大非面前旗帜鲜明

大是大非指原则性的是非问题。在大是大非面前旗帜鲜明就是在大是大非面前态度必须明朗。

在民主革命时期，革命的领导者、对象、动力、步骤、前途就是每个共产党员所必须认清的大是大非问题。毛泽东同志指出："谁是我们的敌人？谁是我们的朋友？这个问题是革命的首要问题。"焦裕禄当时的态度是怎么样的呢？我们来了解一下。

焦裕禄当时所在的尉氏县大营区是远近有名的土匪窝，当地流传有"大营九岗十八洼，洼洼里头有响马"的说法。十多个村子里面都有土匪出没，大小土匪就有上百人，名头最响的是黄老三。黄老三曾是大营镇的伪镇长，财大气粗，有几百号人的武装队伍，盘踞在大营区二道岗，为非作歹，到处搞暗杀。因为有土匪的存在，群众都不敢靠近共产党，因为怕被黄老三迫害。焦裕禄了解到这一情况后决定打虎先打头，先除掉黄老三。焦裕禄到任后，与黄老三进行了殊死较量。最后，焦裕禄带领民兵队追查了4天，终于活捉了黄老三。黄老三被镇压后，群众振奋不已，奔走相告，说"打倒黄老三，大营晴了天"。

焦裕禄同敌人坚决斗争，甚至在面对死亡威胁的时候依然坚定不移。当时黄老三扬言要杀了焦裕禄，当时的区长都被黄老三逼走了，更何况他是副区长，但是，焦裕禄他坚持了下来，而且还坚决同黄老三斗争到底。

在工作中我们应该注意哪些呢？习近平总书记在《知之深，爱之切》中指出："大家都知道，共产党人是有鲜明的立场的，支持什么，反对什么，旗帜要鲜明，特别是在大是大非面前，态度要明朗。对好人好事要敢于表扬，在歪风邪气面前要敢于扶正祛邪。对犯错误的干部，要理直气壮地进行批评教育；对错误严重、态度恶劣、屡教不改的人，甚至搞反扑、搞秘密串联、企图翻案的人，要抓住典型进行严肃处理，有的还要大张旗鼓地进行处理。""只要我们坚决按中央的方针政策办事，旗帜鲜明，敢于领导，善于领导，不管谁制造什么障碍，工作有多大困难，都是可以克服的。""不要担心，有党的政策为我们做主，有党中央为我们撑腰，不要一听人家告状就不敢工作了。"

2. 明大德要在风浪考验面前无所畏惧

毛泽东曾说："为了达到建设新中国的目的，对于什么困难我们共产党人也是无所畏惧的。"焦裕禄就具有无所畏惧的精神品质。习近平总书记指出："学习和弘扬焦裕禄同志不怕困难、不惧风险，'革命者要在困难面前逞英雄'的大无畏精神，大兴知难而进之风。知难而进、迎难而上是中国共产党人的宝贵品格，也是焦裕禄精神的重要内容。"

迎着困难前进，在战胜困难中实现和完成自我的精神成长，是党的一条重要经验。焦裕禄无所畏惧精神品质的形成也是如此。1962年兰考粮食产量下降到历史最低水平。当时的兰考是灾荒压头、人口外流、干部发愁。就在这样的当口，党想派干部来兰考加强领导，扛起这个重担，在这种背景下组织上考虑的自然都是能力很强的干部。焦裕禄表态说："感谢党把我派到最困难的地方，越是困难的地方越能锻炼人。"

他一到兰考就下乡了，转了一圈回到县委，他向大家说："兰考是个大有作为的地方，问题是要干，要革命。兰考是灾区，穷，困难多，但灾区有个好处，它能锻炼人的革命意志，培养人的革命品格，革命者要在困难面前逞英雄。"焦裕禄说："革命嘛，就得敢闯。成功了有经验，失败了有教训，只有敢闯，才能从困难中杀出一条路来。"他以共产党人大无畏的英雄气概，创造性地制定了一套简便、易行、实用而又符合规律的治理"三害"的方法，最终在重重困难中闯出了一条生路。

习近平总书记指出："面对困难和挑战，历来有两种截然不同的态度：一种是消极悲观、被动应付，有的甚至临阵脱逃；一种是毫不畏惧、迎难而上。我们学习和弘扬焦裕禄精神，就要像焦裕禄同志那样，始终保持一种敢做善成的勇气，保持一种逆势而上的豪气，不怕矛盾复杂、不怕任务艰巨、不怕责任重大，敢于挑起重担，敢于克难制胜，敢于奋勇争先。要变压力为动力，善于在挑战面前捕捉和把握发展机遇，善于在逆境中发现和培育有利因素，夙兴夜寐思改革，废寝忘食谋发展，以昂扬的精神状态和优良的作风带领广大群众迎难而上、锐意改革、共克时艰。这种革命英雄主义是那个时代所需要的，现在还要结合新的实际继续倡导。"

3. 明大德要在各种诱惑面前立场坚定

《庄子·骈拇》"小惑易方，大惑易性"，意思是小的迷惑会让人搞错方向，大的迷惑会让人改变本性。面对诱惑时能不能做到"心不动于微利之诱，目不眩于五色之惑"，守住底线、清白做人，考验着每一名党员干部的党性修养、思想觉悟和道德水平。

焦裕禄任县委书记的 20 世纪 60 年代的诱惑虽然不比现在多，但是诱惑还是存在的，并不是没有。比如，棉被、床单和衣服等，现在看来这些衣帽鞋袜是小事，通过电商平台随时可以买到，但在当时，算得上是"限量款"了，这些东西对于那个年代的人来说就好似现在的奢侈品，不仅很多普通人买不起，而且大部分时候就算有钱也买不到，可以说是有市无价了。但是作为县委书记的焦裕禄，他的被子42个补丁，褥子 36 个补丁，焦裕禄的袜子破到不能补，孩子的衣服都是补丁摞补丁，包括后来焦守云去天安门城楼受毛主席接见，穿的都是补丁衣服。

焦裕禄曾经查处过一个生产队队长，他偷了 1.2 万块砖，9000 片瓦，32 棵树，盖了 3 间瓦房，偷了 920 斤麦种。

焦裕禄之所以能抵挡诱惑，源自他时刻保持正确的政治立场。

在新的"赶考路"上，面对百年未有之大变局更需要全体党员干部披荆斩棘。如何应对方方面面的考验，抵御形形色色的诱惑？一个重要方面，就是领导干部要像焦裕禄那样时刻保持定力，坚定立场。这是我们讲的明大德，我们再看守公德。

（二）立政德强作风要守公德

守公德，就是要强化宗旨意识，全心全意为人民服务，恪守立党为公、执政为民理念，自觉践行人民对美好生活的向往就是我们的奋斗目标的承诺，做到"心底无私天地宽"。焦裕禄之所以能够被人民群众记住，就是因为他时刻将群众的冷暖放在心上，时刻牢记党的宗旨。

1. 守公德要恪守执政理念

"立党为公，执政为民"是中国共产党的执政理念，焦裕禄恪守党的执政理念的体现，我们来了解一下。焦国庆"看白戏"这件事大家都知道，当时焦国庆年龄很小，焦书记完全可以睁一只眼闭一只眼，但是他没有，他很认真地对待这件事情。他不仅批评教育，补戏票，还制定出了《干部十不准》。焦裕禄明白，特权思想要不得。孟子曾提出"仁政"思想，主张"政在得民"。"得民"就是要得到老百姓的认可、支持。当时有位县领导长期占据看戏最好的位置第三排，百姓给他起了个外号叫"老三排"。百姓都看着呢，一位领导干部长期占据看戏的好位置，长此以往，必然会失民心啊。为了扼杀这种以权谋私的歪风邪气，焦裕禄果断制定《干部十不准》。

2. 守公德要关注民生福祉

焦裕禄到兰考时，百姓缺衣少食，36万百姓大半要出去逃荒要饭。中国人安土重迁，不愿意背井离乡，流离失所。但是不出去，没有粮食就得挨饿。百姓说："光救灾不治灾，越救越难！"

面对这种困境，焦裕禄说："党把兰考36万群众交给我们，我们没能领导他们战胜灾荒，却让他们端着讨饭碗四处流浪，应该感到羞耻和痛心！"此后，他带领兰考的干部群众战天斗地。

兰考县从"三害"肆虐，百姓外出逃荒要饭，到今天的全国第一批脱贫摘帽，再到国家生态文明建设示范县，入选全国"幸福百县榜"，转折点就在焦书记。

焦裕禄为了兰考人民的福祉，献出了自己全部的生命热情。

3. 守公德要做到心底无私天地宽

《道德经》中的一段话："天地所以能长且久者，以其不自生，故能长生。是以圣人后其身而身先，外其身而身存。非以其无私邪！故能成其私。"意思是说，天地所以能长久存在，是因为它们不为了自己的生存而自然地运行着，所以能够天长地久。因此，有道的圣人遇事谦退无争，反而能在众人之中领先；将自己生死置之度外，反而能保全自身生存。不正是由于他不自私，反而能够成就他自身吗？焦裕禄到兰考之所以敢做别人不敢做的事，取得了别人想取得而没有取得的成绩，原因之一就是他做到了心底无私天地宽。

焦裕禄为了兰考的干部群众，敢去外地购买"议价粮"。有人可能会想焦书记买"议价粮"又能怎样？他为什么要买"议价粮"？当时，兰考正处于除"三害"的关键时期，但干部群众一个个饿倒了。因为缺粮，他们长期吃不饱肚子，营养不良造成的浮肿病不断蔓延，这时急需粮食。可是按照当时国家的粮食政策是统购统销的，这是条红线。什么是统购统销？就是统一地收购，统一地销售，不许有私人买卖粮食。焦裕禄经过痛苦的抉择，做出了充满人性温度的决定，他决定派人到外地去购买"议价粮"。他说："救命要紧，出了问题我一个人扛着。"他心里很清楚，当时这么做是拿自己的政治生命做赌注的，但是为了群众的切身利益，他早已经把个人的利益置之度外。他让县供销社组织了一个148人的采购队伍，十几辆大卡车，走了8个省，采购了粉条、苜蓿片、红薯干、黄豆等代食品60多万斤。这些粮食可以说把干部群众从饥饿和死亡的边缘拉回来了，却将焦裕禄和县委班子推到了风口浪尖上。有人把这件事告到了省里。但是焦裕禄并没有把自己的得失放在心上。为什么呢？因为他有"无我"之境界和"有我"之担当。

（三）立政德强作风要严私德

严私德，就是要严格约束自己的操守和行为。所有党员、干部都要戒贪止欲、克己奉公，切实把人民赋予的权力用来造福于人民。习近平总书记指出："修身立德是为政之基。"关于立身修德，也就是严私德，我们从两个方面来理解。

1. 严私德要戒贪止欲

清正廉洁、无私奉献，是共产党人先进性的重要体现，也是焦裕禄精神的鲜明特点。焦裕禄到尉氏县时，有一天他妻子徐俊雅正熬粥呢，来了一个同事，随手抓一把枣放到锅里了，说让孩子补一补。粥熬好了，焦裕禄回来了，一看锅里有枣就问怎么回事？然后徐俊雅就把这个情况说了说，焦裕禄就拿筷子在锅里扒拉，扒拉半天，数清了，一共12颗枣。工作队开会的时候他主动作了检讨，把这12颗枣的钱赔了出来。焦书记之所以能做到这一点是因为他戒贪止欲。"贪如火，不遏则燎原；欲如水，不遏则滔天。"《吕氏春秋》里有个"假途灭虢"的故事，其中的虞公就因贪图财宝，而导致自己国家被灭了。这就是贪欲的危害。

一个人要行所当行，止所当止，以清醒的心智和从容的步履走好人生每一步。

2.严私德要克己奉公

克己奉公就是要求党员领导干部正确处理"小我"和"大我"的关系。梁启超说："何谓大我，我之群体是也。何谓小我，我之个体是也。""小我"的利益即个人利益，"大我"的利益即国家、集体的利益。这一问题也是焦裕禄所要面对和处理的，他是怎么做的呢？

前面我们提到焦书记他的衣帽鞋袜都是缝了又缝，补了又补，甚至不舍得花钱、花时间治自己的病。可是他对群众却很大方。北方的冬天很冷，下雨更显阴冷，他却在晚上顶风冒雨身披雨衣，提着羊肉、红糖、大红枣、黄豆，到土山寨村看望农民郭大娘。他说："听医生说，羊肉、红枣、红糖、黄豆放在一起熬汤喝，可以治浮肿病，我特意给您带来点试试。"他还救活了好几个孩子的命，并把他们送到医院治好了病。

这是焦书记作为共产党人舍"小我"顾"大我"的高度自觉的体现。

习近平总书记指出，"我们学习和弘扬焦裕禄精神，就要像焦裕禄同志那样牢固树立正确的世界观、人生观、价值观，为党和人民的事业任劳任怨、无私奉献"，"要把人生价值与党和人民事业的发展紧密结合起来，多想群众少想自己，多想事业，少想名利，坚持在其位、谋其政、尽其责，真正把全部心思和精力用在干事创业上，做到为官一任、造福一方"。

三、学习焦裕禄精神，立政德强作风的实践路径

（一）坚定理想信念，拧紧政德修养思想"总开关"

要立政德，首先就要拧紧思想"总开关"。这个思想"总开关"是什么？就是理想信念。

党的十九大报告指出："要把坚定理想信念作为党的思想建设的首要任务。"习近平总书记把理想信念比作精神之"钙"。形象地说，理想信念就是共产党人精神上的"钙"，没有理想信念，理想信念不坚定，精神上就会"缺钙"，就会得"软骨病"。焦裕禄亲民爱民、艰苦奋斗、科学求实、迎难而上、无私奉献，根本上还是源自他坚定的理想信念。而要坚定理想信念就需要思想理论引领，思想理论上的坚定清醒是政治上坚定的前提。习近平总书记指出："理论上清醒，政治上才能坚定。坚定的理想信念，必须建立在对马克思主义的深刻理解之上，建立在对历史规律的深刻把握之上。"焦裕禄的道德修养和理想信念是有理论滋养的。他经常是毛泽东著作不离手，经常组织县委一班人学习毛主席著作，坚持用马列主义、毛泽东思想武装头脑。良好的德行不一定都是与生俱来的，学习主导着人的修养和境界。

（二）涵养家风家教，提供政德修养力量源泉

习近平总书记指出："领导干部要努力成为全社会的道德楷模，带头践行社会主义核心价值观，讲党性、重品行、作表率，带头注重家

庭、家教、家风，保持共产党人的高尚品格和廉洁操守，以实际行动带动全社会崇德向善、尊法守法。"

怎样把家风建设好呢？德行教育从哪里开始呢？

中国人讲"百善孝为先"，孔子说："夫孝，德之本也，教之所由生也。"孝道，是社会一切道德建立的根本，一切教化都在此基础上产生。如果一个人不孝敬父母，他的仁爱之心就无从谈起。当年焦裕禄不管走到哪里，只要见到和母亲年纪相仿的人，都会亲切地喊她们一声"娘"。他把群众看得很重。这里面还有一层就是焦裕禄他本身就是一个大孝子，他对母亲很有孝心，所以才会用喊"娘"的方式表达他与群众的感情。焦裕禄的优秀品质与他母亲尚善的教育密不可分。焦裕禄的母亲李星英作为对焦裕禄成长影响最大的长辈，她对焦裕禄为人处世价值观的影响是非常大的。她非常重视儿子的教育，她说："天上一颗星，地下一个丁。"意思是说，地上的人都对应天上的一颗星星，做好事了，星星发亮，做坏事了，星星暗淡。他时刻将母亲的嘱托牢记心头，一举一动都按照这样的标准要求自己。

另外，孝忠相通，孝始忠结。孔子说："夫孝，始于事亲，中于事君，终于立身。"孝从侍奉双亲开始；其次是侍奉君王；最后达到修身立事，实现自己的远大志向。自古忠臣多出于孝子，古人说，"求忠臣于孝子之门。"一个人能够对国家尽忠、竭忠尽智，他一定是孝子。为什么这样说呢？因为中国古人讲的这个"孝"，它的内容很全面，不仅仅要"养父母之身"，还要"养父母之心、养父母之志、养父母之慧"。一个真正的孝子，在"为人处世、待人接物、学习工作"时，都能够不让父母担心，都能够让父母放心，心中也会常常想到父母。所以，一言一行、一举一动，都会小心谨慎。《礼记》中说："壹举足而不敢忘父母，壹出言而不敢忘父母。"意思是孝子每走一步路，都不敢忘记父母；每说一句话，都不敢忘记父母。"壹举足而不敢忘父母，是故道而不径，舟而不游，不敢以先父母之遗体行殆。"如果我们每走一步路，都不敢忘记父母，那么有大道可走，就不要走那些邪僻的小径；有舟可乘，就不要冒险涉水过河。这都是不敢以父母所给的身体，去做危险的事情。"壹出言而不敢忘父母，是故恶言不出于口，忿言不反于身。不辱其身，不羞其亲，可谓孝矣。"如果你一出口都不敢忘记父母，那你就不会口出恶言，骂人家的父母。为什么呢？一旦你骂人家的父母，人家也回骂你的父母，回骂你的父母，就会让自己的身心受到羞辱，让自己的父母也跟着蒙羞。所以说，不辱没自己的身心，也不让父母蒙羞。这才是一个真正的孝子。

新时代党员领导干部的家风建设，既要从中华优秀传统文化中汲取丰富营养，更要从红色资源中汲取精神动力，只有这样才能从高处远处着眼，从近处微处着手，永葆红色底蕴。

（三）提高个人修养，强化政德修养关键环节

《大学》中说："自天子以至庶人，壹是皆以修身为本。"也就是说，上至天子，下到平民百姓，一切都以修身为做人的根本。

作为党员领导干部，具体要"修"哪些方面呢？

习近平总书记曾引用南宋吕本中《官箴》中的一段话："当官之法，惟有三事：曰清、曰慎、曰勤。知此三者，可以保禄位，可以远耻辱，可以得上之知，可以得下之援。"强调为官者只有做到清廉、谨慎、勤恳，才可以永保俸禄爵位，永远没有耻辱，得到上司的赏识，受到群众的爱戴。这"清、慎、勤"三字的为官之道，被后人称为"千古不可易"。为政清廉、用权谨慎、勤政爱民，即使在今天仍然是党员干部为

官从政的箴言。

面对纷繁复杂的社会环境，习近平总书记指出："中国传统文化历来把自律看作做人、做事、做官的基础和根本。《论语》中就说，要'修己以敬'，'修己以安人'，'修己以安百姓'。古人所推崇的修身齐家、治国平天下，修身是第一位的。我们共产党人更应该强化自我修炼、自我约束、自我塑造，在廉洁自律上作出表率。""要多积尺寸之功。小事小节是一面镜子，小事小节中有党性、有原则、有人格。要牢记'堤溃蚁孔，气泄针芒'的古训，坚持从小事小节上加强修养，从一点一滴中完善自己，严以修身，正心明道，防微杜渐，时刻保持人民公仆本色。要慎独慎初慎微慎欲，培养和强化自我约束、自我控制的意识和能力，做到'心不动于微利之诱，目不眩于五色之惑'。要管好自己的生活圈、交往圈、娱乐圈，在私底下、无人时、细微处更要如履薄冰、如临深渊，始终不放纵、不越轨、不逾矩，增强拒腐防变的免疫力。"

大爱无声　花开有音

第十三讲　焦裕禄的家风

□ 王　蕾

王蕾，焦裕禄干部学院专职教师，毕业于武汉大学，哲学硕士，主持了《焦裕禄的家风研究》《习近平家风建设重要论述融入高校思想政治教育研究》《中华优秀传统文化与社会主义核心价值观的内在关联研究》等多项省市级课题，参与编写河南省人民政府外事办公室策划的中英文版《中华源·河南故事·焦裕禄》一书。

　　"天下之本在国，国之本在家，家之本在身"，这句话出自《孟子》，这其实是一整套的具有实践性的美好社会的建设纲领。天下、国家、家庭，一直到身，什么是最核心的东西呢？其实核心是家庭，而不是个人，因为话说回来，个人也是家庭涵养、教育的结果。对领导干部来说，家庭关系到的不仅仅是一身之进退、一家之荣辱，家庭的家风更关系到党风、政风、国风。

一、焦裕禄的家风

（一）家风的内涵

　　从历史学的角度来看，"家风"起源于西周时代之前。中国的家庭乃至家族都依靠血缘维系，不同的家族因其不同的教育、熏陶和道德规范而呈现不同的精神风貌。两汉时期，家风的发展取得了阶段性进步，出现了文字记载。比如，《史记·货殖列传》中描述："然任公家约，非田畜所出弗衣食；公事不毕，则身不得饮酒食肉。"这里面所描述的"家约"一词可以说是家风概念的雏形。家风这个词真正完整出现是在潘岳所作的《家风诗》里。

　　　　绾发绾发，发亦鬓止；
　　　　日祗日祗，敬亦慎止；
　　　　靡专靡有，受之父母。

鸣鹤匪和，析薪弗荷；

隐忧孔疚，我堂靡构。

义方既训，家道颖颖；

岂敢荒宁，一日三省。

在这首诗中，潘岳通过叙述自己的严正家风等优秀传统，颂扬祖宗德行以期勉励自我、告诫后人。之后，家风的概念逐渐走向成熟，并一直沿用至今。简单来说，所谓家风，就是指一种由父母或祖辈提倡并能身体力行和言传身教，用以约束和规范家庭成员的风尚。

我们今天说焦裕禄家的家风，就是焦裕禄本人以其言传身教为其家人所树立的一种风尚，这种风尚是焦裕禄为其家庭培育形成的一种文化和道德氛围，是焦家家庭伦理和家庭美德的集中体现。家风其实是看不见、摸不着的，存在于一个家庭或者以前的家族的日常生活中，家庭成员一举手、一投足，都会体现出一种习性，是一个家庭长期形成的一种文化风气。说得极端一点，没有家风，本质上也是一种家风。所谓上行下效，父母、祖辈的言行举止本身就会影响到你。所以说，家风是有着强大的感染力的，正是因为有这种感染力，使得焦家后人在长期生活、学习和工作中能够一直坚守和发扬这种风尚。

（二）焦裕禄家风的内容

焦家的家风，据焦守云回忆，总结起来一共有三条。第一条是一定要热爱劳动，不能不劳而获，自己的事情自己做；第二条就是从小要艰苦朴素，不能跟别人比吃比穿，要比就比学习、比进步；第三条也就是最关键的一条，领导干部的家属不能搞特殊化。

1. 热爱劳动，不能不劳而获

热爱劳动是焦家最接地气的家风。"民生在勤，勤则不匮。"劳动是人类的本质活动，中华民族向来是勤于劳动、善于创造的民族。作为以耕地为生的农民子弟，焦裕禄传承了中华民族热爱劳动的传统美德，从一名普通的劳动者到县委领导干部，他始终保持着劳动人民的本色。焦守云回忆说，父亲焦裕禄一有工夫就会带着自己和兄弟姐妹们去劳动，领着他们在房前屋后种瓜种豆，让孩子们体会劳动是怎么回事。

为了不让孩子从小养成好逸恶劳、好吃懒做的习惯，让他们时刻保持劳动人民的本色，他亲自将自己的女儿送到条件最艰苦的县食品加工厂，补上劳动这堂课。1963 年，焦守凤初中毕业，没有考上高中，一直在家待着，比较苦闷，不愿出门。焦裕禄的妻子徐俊雅就跟焦裕禄说："咱们亲戚的孩子你没安排一个，自己小孩的事你总不能不管吧。"焦裕禄说："这好办，可以叫她下农村锻炼，也可以学理发，还可以去打扫厕所。"焦守凤一听，气得嘴噘得老高。徐俊雅也不高兴，县委书记的女儿干那活儿多丢人。怎么会高兴？你想想一个县委书记的女儿，明明可以有很多好单位选，人家都争着要你去呢，为啥要去干扫厕所这种活儿？当时教育局、邮局都想给焦守凤介绍工作，报名表都送家里去了，但是焦裕禄就是坚决不同意啊。他是这样说的："一出学校门就想坐办公室，不行，年轻人应干点脏活、累活，找个体力劳动比较重的职业去锻炼，不劳动就会忘本。"最后呢，就让焦守凤到食品加工厂去上班，不仅如此，焦裕禄还让厂领导把她安排在酱菜组，那里的工作可是最辛苦的。

家风是一种风尚，是无形的，怎么体现出来呢？就是通过家长的教育，通过日常生活的点点滴滴，把正确的世界观、人生观、价值观给树立起来。焦裕禄对子女的教育就是这样，他不跟子女说大道理，无论是言传还是身教，都是从身边事说起做起，但道理都在这中间体现出来了，这也就是我们现在说的家庭的教育功能，春风化雨、润物于无形，这个影响是很深远的，以至于在焦裕禄去世多年以后，焦家的子孙们仍然在各自的工作岗位上兢兢业业、任劳任怨。

2. 艰苦朴素，不比吃穿比进步

在党的七届二中全会上，毛泽东提出"两个务必"：务必使同志们继续地保持谦虚、谨慎、不骄、不躁的作风，务必使同志们继续地保持艰苦奋斗的作风。焦裕禄作为毛泽东同志的好学生，也是学习实践毛泽东思想的好榜样，他用自己的实际行动，继承和实践了毛泽东提出的"两个务必"。工作、生活中，焦裕禄几乎把艰苦朴素的风气发扬到极致，他生活简朴、办事勤俭，用过的一床被子上有 42 个补丁，褥子上有 36 个补丁，衣帽鞋袜也都是缝了又补、补了又缝，虽然破旧得厉害，他也舍不得换掉。不管生活条件有没有变好，焦裕禄始终保持着一个共产党人艰苦朴素的本色，不仅如此，他教育孩子从小要艰苦朴素，不能跟别人比吃比穿，要比就比学习、比进步。

1963 年春节前后，焦跃进才 5 岁，不喜欢吃豆面馍，为啥不喜欢吃？那时候机关幼儿园配的是细粮，吃的是白面馍。这个豆面馍啊，用粗面做的，还有点硬，不好下咽，吃过白面馍的人，怎么会喜欢吃豆面馍？焦跃进吃了几口就随手扔在屋门外。焦裕禄下班回家就看到了，也没说啥，捡起来放在煤炉上烤着。1963 年的兰考还在闹饥荒呢，农村里仍然有大量的农民因为粮食不够，不得不扒火车逃荒要饭。焦裕禄拿着那块豆面馍就问这几个孩子是谁扔的，焦跃进就承认是自己扔的。焦裕禄也没生气，因为他一猜就知道是焦跃进干的，只有他最小嘛，当然是什么好吃吃什么，这也不能怪他。焦裕禄就问焦跃进你们老师教你唱的《我是一粒米》，你还会不会唱？焦跃进一边点头一边唱了起来："我是一粒米，别把我看不起。一粒米一粒米呀，来得不容易，农民伯伯早起晚睡，每天种田地。小朋友呀要爱惜呀，吃饭要注意。"焦跃进唱完了，焦裕禄就说："你唱得很好听，可是你知道这首歌的意思吗？"焦跃进说知道，粮食是农民伯伯辛苦种出来的，我们要爱惜粮食。焦裕禄就指着豆面馍问他，那你爱惜粮食没有？接着焦裕禄就把自己小时候的遭遇讲给几个孩子听。焦裕禄说，他小的时候，别说豆面馍，就是野菜都吃不饱。想吃饭只能去煤窑里当苦工，一天要做十几个小时的活儿，就是这样也只能挣一斤橡子面。橡子面是什么呢？这个橡子面是用橡子树果子研磨成粉，味道苦涩，本来不是粮食，那时候没粮食吃，就只能吃这个充饥，吃到肚子里，不但不顶饿，还烧心。几个孩子听了才知道原来爸爸小时候连饭都吃不饱。从那以后呢，几个孩子都不再浪费粮食了。

　　这是来到兰考以后的事，兰考穷啊，生活环境差。但是在洛阳的时候，焦裕禄也是经常对孩子们进行艰苦朴素教育。焦国庆上小学的时候，也很热爱学习，但用铅笔很费。每一次写字的时候总是将铅笔头削得很细很细，这样铅笔就不耐用，抄一篇课文就要削好几次铅笔。又不喜欢用短铅笔，你想那个铅笔短了，握在手里就不舒服啊，那小国庆呢，就把铅笔头给扔掉了。几次下来，焦裕禄就发现焦国庆老是买铅笔，就问他你用过的铅笔头呢？我看看还能用不能？焦国庆就愣了，那早扔掉了啊。焦裕禄就说，以后啊，要用你的旧铅笔来换新的，我买好了铅笔等着你来换。有一次，焦国庆觉得铅笔实在是用得很短了，就拿着短铅笔去找爸爸换，想着父亲一定会表扬自己。结果呢，焦裕禄拿了个铁皮做成的小圆筒套在焦国庆的旧铅笔上，说：这不是还能用吗？说着还把带小圆筒套的旧铅笔握在手里给焦国庆示范了一下。焦国庆只好把这个铅笔又拿回去用了几天，实在拿不住了，才找爸爸焦裕禄。拿到新铅笔，焦国庆就嘟囔说爸爸抠门，焦裕禄就笑了，说："这铅笔是很多工人叔叔劳动制成的，别人的劳动成果我们都应该珍惜。全国有多少像你一样的学生，都像你这样浪费，一年得生产多少铅笔啊？"铅笔的事情解决了，焦国庆又提出了新要求，他想要个文具盒，班里同学都有了，就他没有，没有文具盒，铅笔也容易折断，也是一种浪费。焦裕禄就答应了。但是呢，焦裕禄没给他买，说要亲自动手给他做一个。下班回来，焦裕禄就去借了一把锯、一把小刀，找到了一块薄木板，给焦国庆做了一个铅笔盒，还用花纸剪了"好好学习，热爱劳动"八个字贴在上面。

3. 领导干部的家属不能搞特殊化

习近平总书记号召所有党员干部，要特别学习焦裕禄同志艰苦朴素、廉洁奉公、"任何时候都不搞特殊化"的道德情操。"任何时候都不搞特殊化"是焦裕禄作为领导干部一心为公、恪尽职守、廉洁自律的真实写照，也是他教育家人、子女的精神信条。

可以说，焦裕禄的家庭在他的工作中成了配角，他不会因为家庭生活牺牲自己的原则，对别人是什么标准，对自己家人也是一样的标准。焦裕禄也是这样严格要求徐俊雅的。比如看《参考消息》这件事，焦裕禄的级别比徐俊雅高，可以看《参考消息》；不过呢，徐俊雅的文化水平要比焦裕禄的高一些，但是徐俊雅的级别达不到，他就不让徐俊雅看，焦裕禄看完《参考消息》就放到柜子里，他说这是规矩，你也不能搞特殊化。

焦裕禄家中的孩子比较多，他自己身体也不好，靠他那一点点的工资养活家人，生活是比较艰苦的。每次发救济，组织上总会照顾一点，但是都被焦裕禄拒绝了。1963 年春节前夕，县委机关党支部书记拿着年终机关人员救灾名单叫焦裕禄审阅。焦裕禄一看有自己的名字，就问："救灾有什么条件吗？"支部书记回答："家在灾区，生活困难，本人申请……"焦裕禄笑着说："我家不在灾区，本人又没有申请，为什么有我？"说完就将"焦裕禄"三个字划掉了。在他的带动下，又有十几个同志表示不要救济，把救济物资发给最困难的群众。

古人云："其身正，不令而行；其身不正，虽令不从。"政声人去后，功德在民心。历经半个多世纪的岁月洗礼后，焦裕禄的家风也是历久弥新、熠熠生辉，关键在于他把"勤"与"俭"当成了自己最为厚重的人生底色，把"艰苦朴素，廉洁奉公，任何时候不搞特殊化"的道德情操发挥得淋漓尽致。

（三）焦裕禄后代对焦家家风的坚守与传承

焦裕禄临终前，再三嘱咐徐俊雅："这一大群孩子，还有两个 70 多岁的老母亲，千斤重担，全压在你一个人身上了。你辛苦一点，要教育好孩子，多叫他们参加劳动……生活上艰辛一点，不要随便伸手向组织上提要求。"1964 年 5 月，焦裕禄去世以后，家里 6 个孩子，日子就更不好过了。焦裕禄去世的时候才 42 岁，徐俊雅才 33 岁，这一家上有老下有小，一家 9 口人就靠徐俊雅一个人勉强支撑着。焦守云回忆说：从那以后，我家开始不行了，小时候我们都捡过煤核，在外面看到柴火也捡回家烧，我哥我姐放假了没事，就去帮人家铲煤。铲一天煤，挣个几毛钱都交给妈妈。在那样的情况下，徐俊雅哪还有多余的钱给孩子添置新衣裳呢。焦国庆又正处于长身体的年纪，长得快，徐俊雅就把焦裕禄穿的衣裳改了给他穿。1966 年，毛主席在天安门还接见了焦守云，她那个时候，也是穿着补丁摞补丁的衣服。

在焦裕禄的影响下，徐俊雅对子女也是严加管教。她对几个子女是这样说的："你们如果工作干不好，人家不会说你是徐俊雅的孩子，而是说，你们是焦裕禄的孩子。"当年兰考刚流行装电话的时候，在乡里工作的儿子焦跃进也兴冲冲地打算在家里安一部电话，没想到他母亲徐俊雅坚决不同意："你装个电话，是不是打算在家遥控办公呢？一乡之长你不跟群众同劳动，怎么了解群众的想法和困难？"虽然装个电话不是什么奢侈之举，但徐俊雅想的不是装电话的问题，而是这个举动背后的意味。在徐俊雅看来，当年焦裕禄当兰考县委书记的时候，用一双脚底板走遍了兰考的乡村，焦跃进作为一乡之长更是应该如此，不然怎么去了解群众呢？作为领导干部，就是要跟群众同劳动，不这样的话，怎么能了解群众需求。

焦守云说，除了母亲徐俊雅，大姐焦守凤也是焦家家风重要的坚守者和传承者。焦裕禄逝世后不久，席卷全国的"文化大革命"便开始了，年轻的焦守凤曾一度被推上了领导岗位，从一个开封地区银行的打字员，成为地区妇联的青年干部，不久又被推到团地委副书记的位置上。然而，她不站队，只凭着本分做事。所以，很快又被解除了职务，成为团地委的普通干事。"文化大革命"结束后，开封撤地设市，她被调到了开封市总工会财贸工会工作，一直到退休。在工作以后，焦守凤也慢慢理解了父亲的苦心。她以前对父亲的要求很困惑，凭什么焦裕禄的女儿就要比别人能吃苦呢？后来她处处吃苦，有时候还会被别人比较，但是她自己说她是焦裕禄的女儿，就应该这样吃苦。焦守凤家里的条件在几个兄弟姐妹中是最困难的。最困难的时候，焦守凤夫妇、大儿子大儿媳，以及女儿和外孙，一家近十口人挤在两间平房里。焦守凤一辈子严格要求自己。即便是孩子下岗了，她也没有和组织说，怕有人说她利用焦裕禄的影响为自己谋福利。只好自己提前退休，将岗位空下来，让孩子接了班。女儿冯晓红下岗了，她想让妈妈向组织说说困难，哪怕帮她解决一个临时工的工作也行，但是焦守凤想起父亲焦裕禄对她说过的那些话，就对女儿说，自己的路要自己走。这些持续多年的艰难困苦，焦守凤都默默承担着，从来没有向政府要求过帮助和救济。焦守凤是这样说的，有困难找政府要求帮助，在焦家没有这样的风气。

二女儿焦守云是焦家的"代言人"，她也在用自己的实际行动继承和弘扬着焦家家风。1971年焦守云刚刚18岁，就加入了共产党。当时焦守云考上了部队上的护士学校。从护校回到医院，她积极要求到传染科，因为传染科工作性质危险，大家都不愿意去。她想起父亲对她的教导，不怕苦，所以她毅然决然选择到比较艰苦的地方。1978年，焦守云转业到了郑州科技情报研究所，一直在这里工作到退休。1980年儿子余音出生后，焦守云悉心培养儿子。在儿子余音10岁时，焦守云成了单亲母亲，她一个人挑起了照顾孩子的重担，日子一度过得很艰难。后来余音考上了中央音乐学院，家里的花费也变大了，她节衣缩食、省吃俭用，愣是一个人扛了过来，也从来没有主动向组织伸过手。

关于焦裕禄的二儿子有个外号叫"大蒜县长"。为什么叫"大蒜县长"呢？2000年11月8日，身为河南省杞县县长的焦跃进出现在了北京最繁华的王府井大街上，他手举大蒜，高声叫卖，惊动了各家媒体，也惊动了京城及全国各地的大小客商。焦裕禄的儿子在京城卖大蒜的事，在社会上引起了强烈的反响。杞县大蒜因为焦跃进进京闯市场而名扬全国，焦跃进也因此被群众誉为"大蒜县长"。焦跃进在杞县工作的时候，时刻把父亲留下的宝贵精神财富作为自己做人做官的准则，把领导的关怀作为自己工作的动力，对自己从严要求，不搞特殊。他说："我始终感到父亲那双慈爱的眼每时每刻都在关注着我，给我压力，给我动力。我必须对自己严格要求，绝不能给他老人家脸上抹黑。多少年来，无论在什么工作岗位上，父亲的革命精神，始终激励我发奋图强，努力工作，丝毫不敢懈怠。"

三女儿焦守军继承父亲遗志，成为人民称赞的优秀战士，她入伍30多年，参加了1979年的对越自卫反击战和1984年的"两山"作战，分别荣立个人和集体三等功，这在女兵中也是屈指可数的。在一次采访中，焦守军说："现在宣传焦裕禄精神，可能是人民的呼唤吧！呼唤他的精神回来，希望出现更多的像父亲那样的领导，希望通过我们的表现，影响更多的人，我们不一定能扭转什么，不一定能够感染人家，但我们做好我们自己，人人都做好自己，不就对了吗？"

我们也可以看出，焦裕禄的后代也像普通人一样，过着普普通通的生活，并没有因为焦裕禄，他们就享受特殊的照顾和福利，这是焦家后代严格遵循焦裕禄定下来的家规家训的结果，是他们继承焦家家风的表现。

二、焦裕禄家家风的形成

焦裕禄出身贫苦，高小文化水平，这样一个人能成长为优秀的县委书记，还为子孙后代留下了这样好的家风传统，为什么？接下来，我们就一起来分析焦裕禄家家风是怎么形成的。

（一）焦裕禄家家风形成的理论基础

1.马克思主义家庭观

马克思主义家庭观是马克思主义全部学说中的一个重要内容，在马克思、恩格斯的多部著作、文章和书信中都有涉及。马克思主义家庭观最核心的部分是对家庭本质的阐述，马克思在查阅了大量人类学、历史学以及社会学等诸多资料的基础上，在《德意志意识形态》一书中这样概括："每日都在重新生产自己生命的人们开始生产另外一些人，即增殖。这就是夫妻之间的关系、父母和子女的关系，也就是家庭。""家庭的本质是社会关系，即夫妻关系和父母子女关系，家庭是人类自身生产得以进行的形式。"家庭实际上是人类文明更迭和进步的衍生品，集中反映了人与人、人与社会以及人与自然的三度关系。当然了，最重要的还是人与人之间的关系，马克思在这诸多关系中，着重强调了父母与子女之间的关系，认为父母对子女的感情最为崇高，强调家庭对孩子的培育和教化，认为父母是孩子接触和了解社会最直接的窗口，"父母应当在家庭中对子女开展适当的教育，因为这是父母需要承担的最基础的义务和责任"。家庭教育呢，也就是家风最早出现的地方。

毛泽东思想是马克思列宁主义的基本原理同中国革命的具体实践相结合的产物，身为中国共产党的创始人之一，毛泽东自觉将马克思主义和家庭建设相结合。他时刻强调党员干部要有坚定的共产主义信仰和精神觉悟，以一个马克思主义者该有的立场和态度严格要求自己和亲人，牢固树立为人民服务的价值取向。无论是工作中还是生活中，毛泽东始终把"为人民服务"摆在最高位置，不仅以党员标准严格要求自己，而且将党性作为齐家原则，教育家人要培养党性、坚守党性、发扬党性，做"一个有益于人民的人"。从这个角度来说，毛泽东家的家风也是马克思主义中国化的重要产物。

焦裕禄非常重视马克思主义的学习，尤其注意对马克思列宁主义的基本原理与中国革命的具体实践相结合的产物——毛泽东思想的学习。焦裕禄无论是在办公室还是下乡工作，都会随身带着《毛泽东选集》，他对身边工作的同志说："白天到群众中调查访问，回来读毛主席著作，晚上过电影，早上记笔记。"对于亲身经历革命斗争和新中国建设实践的焦裕禄来说，对毛泽东思想的认识自然是很深刻的。可以这样说，焦裕禄作为毛主席的好学生，也是将党性作为治家的原则，比如我们前面说焦裕禄不让徐俊雅看《参考消息》这件事，为什么不让看？党规定的，就要守规矩。

2. 无产阶级红色家风是来源

作为毛主席的好学生，焦裕禄在学习革命前辈的优良作风上也具有典范性。我们知道，老一辈无产阶级革命家的优良家风和伟大事迹，充分彰显了优秀共产党人所特有的风骨风范，为新时代的党员领导干部提高党性修养、完善自身品格德行起到了示范作用。

焦裕禄从革命战争年代走过，老一辈无产阶级革命家们大多怀有"革命理想高于天"的坚定信念，并能为之在艰苦卓绝的境况下奋斗终生，甚至为革命理想牺牲自己也在所不惜，这种红色家风的核心内核可以总结概括为"爱党爱国，忠于理想"、"克勤克俭，廉洁奉公"、"律己修身，不搞特殊"。

老一辈革命家们在齐家治国的实践中，不仅自己为党为国为民任劳任怨、尽忠职守，也将子女教育、家风建设与报国为民的崇高目标紧密联系起来。

3. 中华优秀传统文化是基石

焦裕禄出生在山东淄博博山区，长期在河南工作。山东和河南厚重的中华优秀传统文化，自然对焦裕禄有着耳濡目染的作用。焦裕禄家的家风深深扎根于中华民族文化的沃土，具有深厚的民族文化的根基。这家风根植于中华优秀传统家风文化土壤，中华优秀传统家风滋养了焦家家风文化，焦家家风蕴含着中华优秀传统家风文化的基因。

重视家庭、重视人伦情感不仅是中华文化的突出特点，同时是中国人对人类文明最突出的贡献之一。纵观中华五千年的悠久历史，"家"可以说是传统文化中的一个基础性的范畴，家文化将中国人的政治、经济、文化、宗教、礼俗等各个层面的生活融为一个整体，使得中国传统文化愈加博大精深、兼容并蓄。正如国学大师梁漱溟所说，家文化乃中国文化的核心及伦理本位之所在，掌握了家文化就可以提纲挈领地理解中华传统文化。这种家文化在传承发展的过程中受儒家学说影响较深，其价值取向带有浓厚的家国情怀，也就是我们经常提到的"修身齐家治国平天下"。家文化的道德取向主要表现为儒家所倡导的"五常八德"。五常，就是我们常说的仁、义、礼、智、信。八德，就是忠、孝、仁、爱、信、义、和、平。儒家所倡导的这五种基本道德及其衍生的道德条目成了日常生活中评价个人道德修养及其家风好坏的重要尺度。由此可以看出，传统文化中对于个人思想品德修养的看重，认为个人精神风貌和品格修养高低不仅仅关乎家庭、家风的好坏，还直接影响到社会风气、国家安定以及主流价值观的传承。

焦裕禄的个人修养乃至其家风建设都从中华优秀传统文化的丰厚文化土壤中汲取到了其思想道德的精髓，提取了中华民族的优良文化基因。我们知道焦裕禄精神的几个特质是亲民爱民、艰苦奋斗、科学求实、迎难而上、无私奉献，从文化根源来说，无一不是来源于中华优秀传统文化。中国古代讲仁者爱人、爱国爱家，讲刚健有为、自强不息，讲修身做人、勤政廉洁。文化是有传承性的，习近平总书记说："一个不记得来路的民族，是没有出路的民族。"我们是从历史中走来，向未来走去的。否认了历史，必然迷失前进的方向。因此，我们学习焦裕禄精神，学习焦裕禄家风，要与中华民族传统文化结合起来，要与中国优秀传统家风联系起来。

（二）焦裕禄家家风的实践基础

苦难铸就辉煌，实践锻炼才干。焦家家风的形成不仅有着深厚的理论基础，还有着丰富的实践基础，存在于焦裕禄个人成长历程以及长期的工作经历中。

1.艰难的成长经历

焦裕禄于 1922 年出生在山东省淄博市博山区北崮山村。家境贫苦，读了四年小学以后就辍学了，之后就开始跟着大人推独轮车运货，13 岁就开启了艰辛的成人生活模式。除了推独轮车，焦裕禄还到煤窑挖煤。那时候的煤窑，叫"地窝子窑"，人只能半跪着、蹲着或者仰躺着挥镐。巷道狭窄得很，挖出煤来，只能用篓子背着爬着运出来，现在很难想象到，我们现在很少会有塌方、爆炸这种事了，但那时候塌方、瓦斯爆炸随时都有可能会发生，那时候人们是这样说的，早上去是个人，晚上回来是个棺材。

1922 年到 1945 年，焦裕禄的前半生可以用"苦难"两个字来概括。但也正是这种苦难，锻造了焦裕禄不怕吃苦、顽强隐忍的性格。什么叫新旧社会两重天？对生活在新时代的人来说，不管看多少史料，看多少纪录片，你都不会有很深的理解。黑格尔说：同一句格言，出自青年人之口，与出自饱经风霜的老人之口，含义大不相同。但焦裕禄不一样，他下过煤窑、进过日军监狱，可以说是吃尽了人间苦难，他有这种独特的历史记忆，什么叫新旧社会两重天？也只有像焦裕禄这样什么苦难都经历过的人才能真正理解这句话的含义。

有句古话说："艰难困苦，玉汝于成。"苦难的生活经历让焦裕禄对幸福生活有着强烈的向往，焦裕禄后来对革命以及对建设新中国抱有很强烈的激情，他对党和人民怀有深厚的感恩之情，以及对自己和家人高标准、严要求，有很大一部分原因正在于此。

此外，焦裕禄能够如此有担当，还得力于他有一位伟大的母亲。焦裕禄的母亲李星英连续经历了丈夫死、儿子被抓、公爹死、儿媳死这样成串的大灾大难，却依然能够独自抚养教育子女。在儒家文化濡染下的山东妇女虽然受三从四德的影响，很内敛，很保守，但又有其独特的地方：既朴实、忠厚，又坚强、有担当。焦裕禄的母亲就是这种典型的传统女性形象。当年，焦裕禄在煤油灯昏暗的灯光下读书写字，母亲李星英总是边做针线活边陪着他。当焦裕禄读到《三字经》"三才者，天地人；三光者，日月星"时，她对焦裕禄这样说："禄子，天上一颗星，地下一个丁，人行得正，走得端，天上的星就是亮的，一旦走了偏路，星也就暗了，你要记住呀！"这是一位母亲对儿子一生的教诲。这个教诲，焦裕禄记了一辈子，所以他的那颗星一直闪烁着光芒。

焦守云说过，奶奶李星英手很巧，女工样样在行。"过去女的都是穿那个绣花的鞋，奶奶的针线活那是出了名的好，十里八乡的姑娘、小媳妇都去找她要鞋样，她没事了就是纳鞋底，包括我爸的鞋。"甚至焦裕禄生病以后，李星英看着生病憔悴的焦裕禄，她还说："没有什么治不好的病，我们回家治病，病治好了，我还给你纳千层底穿。"老人家一方面是不愿意承认焦裕禄得的是不治之症，另一方面也是希望能以坚忍乐观的态度去感染儿子。焦裕禄去世之后，李星英陪着徐俊雅办丧事，整个过程中一滴眼泪也没掉，回山东以后刚下火车，一下子就瘫软在地上，放声大哭，撕心裂肺谁都劝不住。后来有人就问老人家为什么当时不哭，回家了才哭，老人家是这样说的："俊雅还年轻，又带着六个孩子，将来所有事情都靠她一个人，我要是在那里大哭，俊雅该怎么活啊！"一个年过七旬的老人家都能有这样的担当，有这样的气度。正是因为常年受母亲的影响，焦裕禄总是能为别人着想，在面临困难时也总能从积极的一面着手，生活的苦难与挫折没有消磨焦裕禄的意志，相反，他把苦难变成财富，成长为一个海绵型的人，对一切未知的领域都充满热情。

2.工作实践与家风家教的现实融合

我们说焦裕禄是一个海绵型的人才，到什么山头唱什么歌，适应新环境、学习新技术是焦裕禄面对困难所学会的生活技能。1953年，从郑州团地委书记调到洛阳矿山机器厂，工业领域是焦裕禄所不熟悉的，对于当时的工人来说，他们就是只会打游击战制造土雷的土八路，属于外行领导内行啊。焦裕禄也意识到他们确实没有专业知识，难以服人，在开会的时候他告诉战友们："搞工业建设毕竟是一个崭新的课题，要比农村工作复杂多少倍。必须迅速掌握科学技术，掌握现代化的管理知识。若要尽快入门入路，只有学习，向工人群众学，向知识分子学，向专家学，向一切内行的人学，边学边干。"当时，焦裕禄办公桌上、床头就堆满了《机械工业企业管理概论》、《机械制造工艺》之类的书籍，字典、辞典也是随身携带。

1954年，焦裕禄作为洛阳矿山机器厂基建工程科副科长被送到哈尔滨工业大学学习。从农业战线到工业战线，从工厂到高等学府，对只上了四年小学的焦裕禄来说困难之大是不言而喻的。他们这些工农干部必须先补中学的课程，才能转入本科阶段学习。初中、高中几十本课本，别的都还好，数学对焦裕禄来说那是相当难，但焦裕禄非常重视这次学习，白天上课学，晚上自学，熄灯后打着手电筒讨论数学题。好不容易学完预科要进本科班学习的时候，洛矿又临时调整计划，要求几人结束学习，赶紧回厂。几人都不想回去啊，多难得的一次学习机会，一只脚都迈进大学校门了。那时候焦裕禄一开始也不想回去，也是经过一番心理斗争才想明白，他们都是调干生，不是普通学生，是工厂等着急用的领导干部，就像机器上的螺丝，没有那一颗螺丝，机器都可能运转不了。五个人都是共产党员，在焦裕禄的带动下，决心为了公共利益放弃眼前的学习机会。

回去以后又被派往大连起重机厂实习。到大连以后，焦裕禄也是第一次见识现代化的大工厂啊。那时的他对一切都是陌生的，别说会上大家讨论的东西听不懂，就连机器的名字都叫不上来。他问一个老工人：熟悉工厂的这些业务要多长时间。老工人说两年。焦裕禄很震惊：洛矿马上就要投产了，我们哪有那么多时间。当时有工人议论："'拉牛尾巴的人'还能管工业？"焦裕禄听说后就说："我们这些工人、农民在共产党、在毛主席的领导下，把天下都打下来了，还有什么困难能挡着我们！"革命乐观主义精神是焦裕禄身上很典型的一个特点，看他的一生你会觉得焦裕禄就是不怕苦、不怕难，其实是因为早在青少年时期，焦裕禄就经受了很多生活的磨砺，那时候甚至连希望都看不见，所以后来不管是去往工业战线，还是农业战线，焦裕禄从来没有被困难打倒过。他说："革命者要在困难面前逞英雄。"

在大连工作、生活的两年时间是焦裕禄家庭生活气息最浓郁的两年，也是徐俊雅每每回想起来都觉得陶醉的时光，可以想象，在那样一个大建设的年代，焦裕禄是国家将其从民兵一步步培养起来的干部，是一个组织指向哪里他就到哪里的奉献者，而在大连的两年，焦裕禄不但属于国家，还属于家庭。虽然一家人住在仅有 13 平方米的小屋里，但是焦裕禄还是会做各种各样的菜给家人，他努力学习工业技术，写心得，发文章，还用发文章领的稿费买饭菜、做衣裳。可以说，焦裕禄在大连生活的两年，已经有了城市知识分子的生活趣味：写作、研究技术、与外籍专家交流；他甚至为了更好地和外国专家交流，学习俄语、学习交谊舞。如果不去了解焦裕禄，很难把这样的焦裕禄和后来田间地头、和农民们一起翻淤压沙、风吹日晒的形象联系到一起。

但这就是焦裕禄，他们这一代的共产党人，把共产主义信仰当成了生活的最高目标。所以我们说焦裕禄是把党性融入工作、融入生活，也融入家庭。焦裕禄这一代人都是从战争年代走过来的，每一个人的生命仿佛都承担着很多战友的使命。生活好了，幸福了，他们也都小心谨慎，苦难来了呢，又都争着上，因为对他们这些革命战争年代走过来的人来说，能活着就已经是一种幸福了，吃点苦不算什么，个人利益在集体利益、国家利益面前不值一提。用这样的角度来看待他们这一代人，就能理解焦裕禄的人生轨迹了。让他从哈工大回来，他就回来了，让他去大连，他也高兴地去了，让他去兰考，他也不讲条件就去了。他们的人生参照点是过去的苦难，所以，在当下看来，无私奉献、不计报酬、艰苦朴素啊，等等；有一些人性中最宽阔的东西，对焦裕禄来说，只是起点，是"伴随物"。

回顾焦裕禄从革命斗争到社会主义建设实践的历程，无论是当民兵，参加土改，还是在工业战线9年，之后又回到农业战线，焦裕禄身上始终有一种不屈不挠的奋斗精神，始终有一种亲民爱民的情怀。焦裕禄是从社会最底层成长起来的党员干部，对农民、工人的疾苦非常了解，知道他们所思考的、所需要的是什么，也正是早年家庭的贫困经历使他深刻认识到勤劳和俭朴的重要意义，所以焦裕禄能够始终与人民群众站在一起，教育子女也是勤劳、俭朴，不能搞特殊化。

三、焦裕禄家家风的时代价值

家庭和睦则社会安定，家庭幸福则社会祥和，家庭文明则社会文明。历史和现实告诉我们，家庭的命运同国家民族的前途命运紧密相连。物有本末，事有始终，在历史的峰回路转中，总有一些东西贯穿岁月，一脉相承。中国共产党执政后，不仅仅继承了中华民族关于"家国同构"的观念，同时，还把"为人民服务"作为立党立国的宗旨。在家风问题上，共产党人不仅深谙家风连着民风，齐家才能治国的道理，更深知共产党人的家风如何关系到国家治理能否有效，执政基础能否牢固，甚至关系到一个国家的兴衰存亡。1967年，毛泽东在一次中央会议上专门向领导干部推荐《战国策》中的名篇《触龙说赵太后》一文，此文在论及诸侯没有一个子孙三世保住王位的原因时说："此其近者祸及身，远者及其子孙。岂人主之子孙则必不善哉？位尊而无功，奉厚而无劳，而挟重器多也。""父母之爱子，则为之计深远。"大家应该都知道，就是出自这篇文章。所以，毛泽东就要求干部子女都要修身养性，自强不息。他说："靠毛泽东不行，还是要靠你们自己去努力，去奋斗。"毛主席经常思考我们党如何能够防腐拒变，保持人民政权的纯洁性的问题，也十分重视干部子女家庭教育的问题。

习近平总书记指出："领导干部的家风不是个人小事，不是家庭私事，而是领导干部作风的重要表现。"重视家风建设，对亲属子女的严管严教，不仅仅是道德要求，更是政治要求、纪律要求。党员干部的家风，往往是作风的反映。一个人的家风正，其人在工作作风、生活作风上一般也正；一个人的家风不正，那么他在工作作风、生活作风上一般也会有问题。我们说重视家风建设，是我们党的优良传统。党员干部要重寻家风精髓，重拾家规家训，向焦裕禄这样的正面典型看齐，从自己做起，从自己的家庭做起，传承优良家风，筑牢责任意识和担当精神，让好的家风成为干事创业源源不断的正能量。

家庭是社会的细胞，家风是世风的缩影。家是最小国，国是千万家，家国同构，已成为涵养文化自信的东方智慧。一个家庭赓续有致、流布不衰的家风，浸润着党的宗旨和优良传统，又折射出世相万态和人间真情。焦裕禄的家风让我们看到，高尚道德总是具有强大生命力，良好家风归根结底是一种道德追求的继承，作为我党立党为公精神重要代表的焦裕禄同志，其家风文化所传递出的朴素道理与担当情怀，在新时代的当下具有凝聚民心的强大的聚合价值。作为党员领导干部，培养良好的家风不仅是个人道德修养的重要命题，而且对全社会的道德建设具有很强的示范引领作用。全社会良好家风叠加在一起，就是一种强大的道德力量，它将不断推动着国家建设和社会文明向前迈进。高举习近平新时代中国特色社会主义思想伟大旗帜，在实现第二个百年奋斗目标的新征程中，弘扬焦裕禄精神，弘扬焦裕禄家风。这不仅仅是对家庭文化的弘扬和回归，而且也是营造健康的党风、政风和国风，早日实现社会主义现代化强国的需要。

大爱无声　花开有音

第十四讲　敢教日月换新天——永恒的焦裕禄

□ 昃晶晶

昃晶晶，1985 年 10 月出生，大学学历，现任焦裕禄干部教育学院宣传教育陈列部部长，参与编写《焦裕禄的 80 则贴心话》一书，主讲精品课程《敢教日月换新天——永恒的焦裕禄》走进中央广播电视总台山东总站策划的《流萤学堂》栏目，在"央视频"App 的播放量近 400 万次。当选淄博市第十二次、第十三次党代会代表，第十五届"博山十大杰出青年"。

　　早在 1990 年，习近平同志饱含深情地写下《念奴娇·追思焦裕禄》，表达了对焦裕禄的崇敬之情。这位"为官一任，造福一方"的党的好干部——焦裕禄，用自己的实际行动铸就了亲民爱民、艰苦奋斗、科学求实、迎难而上、无私奉献的焦裕禄精神。载入中华人民共和国史册的这个名字，被人们所铭记，他的事迹和精神感动着亿万党员干部群众。2022 年是焦裕禄诞辰 100 周年，让我们一起重温焦裕禄的成长经历和心路历程，共同感知他 42 年跳动起伏的脉搏，倾听他那铿锵有力的心脏跳动声。

　　提到焦裕禄，很多人认为他是河南兰考人，这是因为他在兰考的光辉事迹留给人们的印象太深刻了，而事实上他是地地道道的山东人。山东省淄博市博山区是焦裕禄的故乡，博山拥有悠久的齐鲁历史文化、起步较早的工商业文明以及大无畏的革命精神，博山还是著名的华夏孝乡，焦裕禄精神和品格的形成离不开这片热土的滋养。1922 年 8 月16 日，焦裕禄出生在博山区北崮山村的一户普通农民家庭，从小深受齐鲁文化和浓郁孝文化的熏陶，"孝"的种子在他的心中生根发芽，对他后来亲民爱民品格的形成产生了深远影响。

　　《焦氏族谱》的序言里有这样一句话："耕耘之外，以行仁为务。"传达的是"除了务农糊口，填饱肚子，还要做个好人，多为社会做些贡献"。这是对焦家历史传承的总结，是对后世提出的具体要求，也是对焦家家风的经典概括。焦裕禄祖上世代务农，在博山优秀传统文化的影响下，一直秉承自强不息、勤俭持家、正直为人的朴素价值观，成长中的焦裕禄耳濡目染，受到了爷爷的厚爱，以及母亲的言传身教。

对焦裕禄影响最大的是他的母亲李星英。这位坚强勇敢的山东母亲用她那柔弱的双肩撑起了这个多灾多难的家庭，对焦家家风的发展传承发挥了至关重要的作用。焦裕禄和哥哥小时候不管出门还是进门，焦妈妈都会拿一个小笤帚，把他们浑身上下扫得干干净净，并语重心长地说："穷不是我们的错，我们要挺起胸来走路，身上有补丁，这也没什么大不了的，我们要干干净净地出门。"她传递的是人穷志不短的理念。焦妈妈还教育孩子们："天上一颗星，地上一个丁，好男儿就要有担当。"她把天上的星星和地上的人对照起来，人每做一件好事，对应的那颗星就会越亮一些；如果不做好事，对应的那颗星就会黯淡无光。可以说，焦妈妈对孩子们的教育是潜移默化的。

焦裕禄的爷爷焦念礼，在村子里是个有威望的老人，他乐善好施，在修井、铺路、和睦邻里等涉及乡亲们的事情上都是有担当的领头人。他曾吃过不识字的亏，所以再苦再难也要让孙子读书识字，可以说是爷爷开启了焦裕禄读书的大门。

1931年，8岁的焦裕禄开始上学了，先是在本村读小学，后来到邻近的南崮山村博山县第六高小继续读书。焦裕禄天资聪颖、勤奋好学，门门功课常是优秀，尤其是文笔不错。他写的作文经常受到老师的表扬和全班同学的传抄，曾在《阚家泉的风景》这篇作文中这样写道："仁者爱山、智者乐水。我钦佩那些为国建立过功勋的仁人智者，更爱哺育过无数仁人智者的好山好水……"，这篇作文不仅写出了他对家乡的热爱，也抒发了他志做仁人志士的感怀。

焦裕禄不仅文化知识学得好，还多才多艺，吹拉弹唱样样拿得起。上高小时，便加入了学校的雅乐队，学会了二胡、小号等各种乐器，这为他参加革命后从事宣传工作打下了基础。焦裕禄拉过的二胡是一件非常珍贵的物件，是由他的启蒙老师苏承厚送给他的，这把二胡陪伴他度过了衣食无忧的童年时光。南下后在尉氏县从事土改工作时，焦裕禄还经常搬着凳子到空场上拉二胡，群众循声而来。等围观的人聚得多了，他便趁机给大伙儿宣讲党的政策，讲革命道理。这也是焦裕禄做群众工作的一种方法。

我们还要讲到焦裕禄家乡的一座文化名山——岳阳山，这里留下了祖祖辈辈奋斗的印记，也是少年焦裕禄成长的乐园。山门处民国二十年（1931 年）所刻立的石碑，使焦裕禄受到了"植树造林、保护山林"的最初启蒙。

少年焦裕禄家境虽不富裕，但总体来说还算过得去，原本可以过普通的农家生活，但无论在哪个时代，个人的命运都是与国家民族的命运紧紧相连的。

1937 年，"七七事变"爆发，日本帝国主义全面侵华。

12 月 30 日，日军侵占了博山城，第二天就制造了枪杀 230 余人的谦益祥惨案。日军的入侵打破了人们正常的生活秩序，伴随着整个中华民族的不幸，焦家从还算殷实的农民家庭跌落到了举步维艰的贫困境地。

1938 年，为了维持生计，焦裕禄不得不中断学业，"年至 1941 年，在家种地、卖油、下煤窑"，替父母挑起了家庭的重担。焦裕禄曾在八陡黑山后桃花峪煤井下煤窑，我们在寻访中了解到，当时矿工下煤窑一个班是 24 小时，每人领上 4 两电石，报酬是 4 斤煎饼，但矿工要带着 3 斤煎饼下井，当作口粮，剩下的 1 斤才是给家里人挣的。

不幸的是，1941 年，焦裕禄的父亲焦方田因无力偿还地主的债务，又面临孩子娶妻成家需要用钱，面对生活的重压，他终日愁苦，后在家中油坊上吊自杀。1942 年，焦裕禄因参加过红枪会被日本人以"抗日分子"的罪名，抓进了博山县城里的日本宪兵队，从此便开始了 300 多天暗无天日的人间地狱生活。

在博山监狱遭受了半年的牢狱折磨后，1942 年 12 月初，焦裕禄被押送到胶济铁路张店车站宪兵队，一个多月后，又被押上闷罐车，送往济南日寇最高宪兵队。

据焦裕禄本人后来回忆："到了济南，火车开到郊外，因不靠车站、车门很高，又五个人捆一根绳，根本下不来车，鬼子便一边打一边推，摔到下面的石子上，有的摔断了腿，有的摔得口鼻流血。"

紧接着，他被押送到了济南日寇最高宪兵队，在那里受到了惨无人道的残害。那时正是天寒地冻的时候，他们已经一整天没吃没喝，他们集体向鬼子抗议，鬼子恼火了，便一边骂一边用水管往牢房里灌冷水，很快水就漫过了腰身，焦裕禄他们一边赶忙抢点水喝，一边把棉衣脱下来举过头顶，鬼子在外面拍手大笑，直到半夜水才慢慢退去。

很快，鬼子把从全省各地抓来的青壮劳力，押送到了辽宁抚顺的大山坑煤矿做特殊劳工。焦裕禄和矿友们受尽了敌人的折磨，不到一个月的时间，同去的、邻近村庄的 20 人，就有 17 人被折磨致死。焦裕禄就在这样恐怖的环境里挖了几个月煤。

直到 1943 年 4 月，焦裕禄在一位郑姓老乡的帮助下，冒着生命危险逃出了煤窑，在抚顺市西三条通市卫生队隐藏下来，扫了两个月的马路，好不容易攒够了回家的路费，但因为没有劳工证还是坐不了火车。又通过郑姓老乡，辗转到沈阳，坐火车回到家乡。

回到家乡以后，因为没有"良民证"，焦裕禄又先后两次被抓。

1943 年秋天，焦裕禄被迫带着家人走上了逃荒谋生之路。先是来到了江苏省宿迁县城东 15 里的双茶棚村，给一户姓张的人家挑水。半个月后，又到了园上村给胡太荣家做了两年长工。

1945 年，新四军北上解放了宿迁，建立了人民政府，焦裕禄目睹了老百姓当家做主的喜悦，听说家乡也开始建立人民政权，领导反奸诉苦，这一年秋天，他便迫不及待地赶回了家乡。

回到家乡后，通过民兵队长焦方开的介绍，焦裕禄加入了民兵队伍，从此走上了革命的道路。1946 年 1 月，焦裕禄在北崮山村光荣地加入了中国共产党，立下了为共产主义奋斗终身的初心。

焦裕禄在自传中写道："这时入党是绝对保守秘密的，也未举行仪式……只知道共产党对穷人好，自己自从共产党来了才有了出路，入党要好好干工作，在各种工作中起带头作用。"

入党后，焦裕禄很快成为民兵队里的骨干分子。他参加了解放博山县城的战斗。焦裕禄足智多谋、英勇善战，他带领民兵队研制石雷，开展形式多样的地雷战。据焦裕禄的战友陈壬年回忆，焦裕禄当年带领大家开展的地雷战要比电影《地雷战》中的场景还要生动精彩。

1947 年 2 月，焦裕禄随民兵连调鲁中武装部，配合主力参加了由毛主席亲自指挥的莱芜战役，在首战青石关伏击战中，英勇杀敌，表现优异。莱芜战役胜利后，他正式脱产参加了区武装部工作，参与领导民兵连与国民党军顽固势力的边沿斗争。

1947 年 6 月，博山县武装部选派焦裕禄等 20 余人到华东军政大学学习。由于敌人进攻，大军转移，一行人员到临朐县找到了鲁中区党委招待所，参加了南麻、临朐的战斗。战役结束后，焦裕禄随华东野战军第八纵队到渤海军区，分配到商河县做土改复查工作。8 月，参加鲁中区党委干部集训，经"三查三整"编入鲁中南下干部大队，担任淮河大队一中队二班班长。1947 年 10 月开启南下征程，在辽阔的中原大地上留下了一串闪光的、永不磨灭的印记。

回顾焦裕禄在家乡成长、入党、走上革命道路的不平凡的 25 年，我们可以感受到焦裕禄精神和品格的形成离不开齐鲁文化和孝文化的熏陶、优良家风的培育、家乡党组织的重点培养以及焦裕禄个人的努力奋斗，家乡的成长经历为焦裕禄世界观、人生观、价值观的形成打下了坚实的基础。可以说，在齐鲁大地上，焦裕禄就已经初步成长为一个理想信念坚定的革命战士。

南下进军途中，淮河大队成立宣传队，焦裕禄以坚定的政治立场和全面的文艺素养成为宣传骨干。他在歌剧《血泪仇》中担任男主角，演出非常成功并引起轰动，当时在场观看的豫皖苏区党委副书记章蕴当场宣布，把淮河大队留在豫东。就这样本来是以大别山深处为目的地的这支队伍，就扎根在了河南。

留在河南，焦裕禄的第一个岗位是尉氏县彭店区土改队队长，当时正是土匪恶霸横行的时期，他一边打土匪，一边搞土改、分田地，与当地群众打成一片。正因为这样，焦裕禄成了土匪的眼中钉。晚上土匪出没，为保护乡亲，焦裕禄从不住老百姓家，而是藏身于墓地、寺庙等地方。

随后焦裕禄又先后担任尉氏县委宣传干事、尉氏县大营区区长等职，继续从事剿匪反霸和土改工作。在剿匪反霸斗争中，斗智斗勇，"三纵三擒"大土匪头子黄老三，当地老百姓欢呼道："杀了黄老三，晴了半拉天。"

对于焦裕禄来说，他的一生中有两把非常重要又承载着感情的椅子，一把是承载着他在兰考鞠躬尽瘁、死而后已的那把藤椅，一把是承载着他在彭店依靠群众、剿匪反霸的椅子。焦裕禄在尉氏彭店工作时，经常坐在一把竹椅上给当时的农会会长马建寅讲党的政策、宣传革命道理。后来马建寅就把这把椅子作为传家宝留存了下来，他的后人搬了几次家都没舍得丢掉。2018年我们的团队去河南寻访时，马建寅的儿子把这把椅子无偿地捐献给了我们纪念馆。这把椅子似乎在为我们讲述着焦裕禄的那份为民情怀，让我们感受着他带领人民群众翻身求解放的峥嵘岁月。

1948年11月，焦裕禄领到了支援淮海战役的任务，他带领1000多名民兵支援前线。由于出色完成了支前任务，豫皖苏五分区奖给焦裕禄带领的担架队一面"支前模范"锦旗。

焦裕禄还是一名优秀的青年团干部，自1950年起，曾三度任职青年团，先后担任尉氏县青工委副书记、青年团尉氏县委副书记、青年团陈留地委宣传部长，青年团郑州地委宣传部长、第二书记。1950年6—10月，焦裕禄在河南省团校进修了半年时间，他的未婚妻徐俊雅作为优秀团干部一同参加了进修。1952年，焦裕禄担任青年团陈留地委宣传部长时，参加地委工作组，到杞县九区驻村蹲点，当时发现青年团中存在问题，他专门给陈留地委和团省委写了报告，陈留地委对焦裕禄的报告高度重视，并作出四点批示，号召要学习焦裕禄的这种工作方法，发现问题并及时解决问题。焦裕禄还曾语重心长地跟一些年轻的团干部说过："党是头颅，团是手足，一个人只有头颅没有手足怎么能行呢，不趁着年轻的时候为党多做点事，年纪大了恐怕想干也干不成了。"

焦裕禄在青年团的任职经历，记载了他不负韶华的青春岁月，直到今天，仍然激励着我们广大青年同志和青年干部不忘初心、牢记使命，在实现中华民族伟大复兴的赛道上奋勇争先！

接下来，焦裕禄迎来了人生中极其重要的一段成长经历。1953年，国民经济和社会发展的第一个"五年计划"开始实施，焦裕禄作为一名优秀的青年团干部被选调到新中国工业化进程的最前沿，来到了正在筹建的苏联援建 156 个重点项目之一的洛阳矿山机器厂。

焦裕禄从担任修路总指挥开始，历任基建科副科长、一金工车间主任、生产调度科科长、厂党委委员等职，一步步成长为一名优秀的工业管理干部。

工厂正在筹建，同时也要为将来运转做好人才储备。1954 年 8 月，焦裕禄被厂党委选派到哈尔滨工业大学学习。焦裕禄当年所学的专业是焊接工艺学，是哈工大的王牌专业。当他顺利完成预科学业，即将转入本科学习时，洛矿作出决定，选派优秀干部加快实习锻炼。焦裕禄愉快地接受了组织的安排，1955 年 2 月，他被分配到大连起重机厂实习。

在大连实习时，因为工作表现优异，焦裕禄被称为"最棒的车间主任"，他还在年度工作总结里提出了十条工作经验，被厂党委书记推荐刊登在了厂报上。在我们今天看来，这十条工作经验并没有过时，对我们当前的工作也具有很好的指导意义。

1956 年底，焦裕禄在大连实习结束后，大连起重机器厂看中了他的才干，想把他留下来，并表示愿意用两名工程师与洛矿做交换，洛矿当时正处于攻坚阶段，急需焦裕禄这样懂技术、会管理的干部，于是焦裕禄就又回到了洛矿，并担任了一金工车间主任。

回到洛矿，当时的任务就是制造直径 2.5 米卷扬机，这也是国家"一五"时期的重点课题。在制造卷扬机的过程中，焦裕禄和工友们一起攻克难关，工人身上有多少油，他的身上就有多少油，吃住在车间长达 50 多天，实在累了就在长板凳上睡一会儿。

在焦裕禄的带领下，一金工车间只用了 3 个月的时间就研制出了新中国第一台新型直径 2.5 米、重约 108 吨的双筒卷扬机。这台机器的试制成功在新中国工业化进程初期写下了浓重的一页。

包括在外培训的两年，焦裕禄在工业战线上度过了 9 年的时间，从"拉牛尾巴的人"到工业战线上的红旗手，他干一行、爱一行、专一行，在共和国工业化史册上留下光辉的印迹。

直到 1962 年春天，河南省委决定从工业战线选调一批年轻干部加强农业建设，焦裕禄再一次被点名，当时正在因病休养的焦裕禄立即表示："我是一个党员，一切听从组织安排，没二话。"党就又把他调回了尉氏县，担任县委书记处书记。

半年后，1962 年的冬天，正是兰考遭受风沙、内涝、盐碱最严重的时候，全年的粮食产量降到了历史的最低水平，就在这样的关口，焦裕禄临危受命，义无反顾地来到了兰考县。

临行前，焦裕禄饱含深情地说："感谢党把我派到最困难的地方，越是困难的地方，越能锻炼人，请领导放心，不改变兰考的面貌我决不离开那里。"

焦裕禄来到兰考的第二天，就深入农村调查访问，他住进了饲养员肖位芬老人的牛棚，与他同吃同住同劳动，并向群众讨教恢复生产、战胜"三害"的经验。

经过调研，他发现改变兰考的关键在于改变县委领导干部的精神状态。在一个大风雪的夜晚，焦裕禄召集县委委员们开会，人到齐后，并没有宣布会议的议程，而是带大家来到了风雪严寒的火车站。当时的火车站几乎被漫天大雪淹没了，许多逃荒的灾民穿着国家救济的棉衣拥挤在候车室里，等待着开往丰收地区的列车。看到这些，焦裕禄的眼睛湿润了，他沉痛地对县委委员们说："党把 36 万兰考人民交给我们，我们没能带领他们战胜困难，应该感到羞耻和痛心啊！"

　　经过反复的统一思想，兰考县委干部的精神面貌焕然一新，掀起了除"三害"的热潮。

　　其实，这时焦裕禄已经患有慢性肝病了，许多同志劝他在办公室听汇报，他却说"吃别人嚼过的馍没味道"，他要亲自掂一掂"三害"的分量。

　　每当漫天大风的时候，就是他带头下乡查风口、探流沙的时候，每当雨下得最大的时候，就是他查看洪水流势的时候。

　　焦裕禄靠着一辆自行车，两只铁脚板，经过了三个多月的风里来雨里去，跋涉了 5000 余里，对全县 149 个生产大队中的 120 多个大队进行了走访和蹲点调研，终于取得了兰考"三害"的第一手资料。

　　焦裕禄在调查和实践中总结出了"贴膏药"和"扎针"的具体方法。"贴膏药"就是翻淤压沙，"扎针"就是植树造林。

　　在兰考经过半年多的深入细致的调研后，焦裕禄制定出台了第一个文件《关于治沙、治碱、治水三五年的初步设想》，可以说这个方案来之不易，焦裕禄还特意在文件上作了批示：我建议这个文件，发给党的支部书记以上的干部每人一份，号召他们学习，并出谋献计，为此立功。这个文件今后要在各种会议上讲，如党代会、人代会、劳模会、各种干部会。也是党课团课的辅助教材。

　　在以焦裕禄为班长的县委领导下，一场植树造林、翻淤压沙、挖河排涝、改变盐碱的除"三害"斗争在全县范围内展开了，兰考当年的粮食产量就明显增收。

　　焦裕禄"心中装着全体人民，唯独没有他自己"。在妻子徐俊雅的眼中，焦裕禄有"丢东西"的"坏习惯"，每次下乡，不管兜里装了多少钱多少粮票，回来都是一分不剩，有时候甚至连衣服也不见了，后来才知道，他是把这些都给了贫苦群众，因为他"看不得穷苦人的眼泪"，看不得人民吃苦的焦裕禄自己却"吃尽了苦头"。肝病日渐严重，嫌药太贵坚决不肯服用；他用过的一条被子上有 42 个补丁，褥子上有 36 个补丁；就连最后一次回老家的路费，都是从县里借的……

焦裕禄一生清正廉洁、严于律己，对待子女的要求也非常严格。大儿子焦国庆以县委书记儿子的身份，没有买票，稀里糊涂看了一场戏，受到了焦裕禄的严厉批评。第二天焦裕禄亲自为儿子补票，并在县委常委会上作了检讨，针对当时领导干部中存在的一些特权行为，专门制定了《干部十不准》，规定任何干部在任何时候都不能搞特殊化。纠正的是干部现实工作中的细枝末节，着眼的是党的作风建设根本。

焦裕禄于 1947 年 10 月离开家乡后，由于工作繁忙，仅回来过三次，最后一次回家，是 1964 年 2 月，带着全家人一起回来过春节。他挨家挨户拜访了儿时村里的伙伴、一起吃苦受累的乡亲和并肩作战的战友。比焦裕禄小 10 天的陈壬年回忆说，当时焦裕禄在他家里坐了一个多钟头，给时任村支书的他提了两条建议：一是抓封山造林、靠山吃山，比如，在北边的岳阳山上种桑树，既可以养蚕也可以绿化，在东南边的崮山上可以种桃树，既可以赏花也可以卖果子增加一些收入；二是抓水利，在冬季农闲的时候，组织劳力多挖蓄水池。后来，这些建议都得到了落实，在天旱的时候，对周边的村庄发挥了很好的作用。在家难得的 18 天里，东家门西家炕，做的都是记挂在心头的事，他是在以这样的方式跟乡亲们告别、跟一起战斗的战友们告别、跟自己的老母亲告别。

从博山回到兰考后，焦裕禄的肝病也越来越严重了。他时常用钢笔、茶缸盖、鸡毛掸子等硬东西一边顶住肝部，一边顶住藤椅，强忍着病痛坚持工作，时间久了，藤椅的右边被顶出了一个大窟窿。

后来焦裕禄被送到了北京的医院治疗，医生给出的最后诊断是"肝癌后期，皮下扩散"。焦裕禄躺在医院的病床上，心里担心的不是自己的病情，而是念念不忘兰考，他想看一看兰考的麦穗，想看一看兰考的父老乡亲。临终前，他唯一的要求是"活着没有治好沙丘，死后要把我埋在沙丘上，我要看着兰考人民把沙丘治好"。

焦裕禄到了生命的最后关头，还对妻子徐俊雅深情嘱托：……咱家这个担子全落到你身上了……不要伸手、张口向组织上要钱、要东西。徐俊雅一直恪守着焦裕禄的嘱托，后来她回忆道："这么多年，从没有向领导要过一分钱，没有吃过救济。"有人曾劝徐俊雅说："时代变了。"她说："心不能变。"正是这样的坚守，让焦家的家风历久弥新。

1964年5月14日9点45分，焦裕禄永远地离开了我们，终年42岁。1966年2月7日，《人民日报》头版全文刊登了长篇通讯《县委书记的榜样——焦裕禄》，焦裕禄的光辉事迹传遍大江南北，2月26日，遵照焦书记的遗愿和兰考人民的强烈愿望，他的灵柩用专列从郑州送回兰考，在兰考举行了追悼大会和迁葬仪式。兰考十万百姓自发组成送葬队伍，大家都在流泪，甚至是失声痛哭，特别是在最后往墓穴里送土的时候，人群里有人喊了一声，说我们不要用铁锨，不要惊动了我们的焦书记，他太累了，让他好好休息。大家自觉地排成一队，用双手捧着土，一把土、一把土地安葬了他们的好书记。

焦裕禄在兰考的475天里，只留下了4张照片，其中最为经典的一张是他在朱庄村亲手栽下的泡桐树旁的留影，这也是唯一一张经过他本人同意而为他拍摄的。现如今，这棵泡桐已长成参天大树，兰考人民亲切地称为"焦桐"。焦桐常青，精神永恒。

我们一起回顾了焦裕禄短暂而辉煌的一生，在革命战争年代里，不论是在家乡参加战斗，还是南下后剿匪反霸搞土改，还是在青年团岗位上，他都坚定不移地跟党走，积极为党工作；在新中国工业化进程初期，不论是筹建洛矿，还是在哈工大深造学习，还是在大连实习锻炼，还是研制卷扬机，他都是身先士卒、兢兢业业；在"三害"肆虐的兰考大地上，他带领干部群众"拼上老命大干一场"，用满腔的热血和实际行动谱写了一曲"敢教日月换新天"的英雄壮歌。他用人生短短的四十二个春秋，生动诠释了共产党人立党为公、执政为民的崇高风范。我们要按照习近平总书记的号召，特别学习弘扬焦裕禄同志"心中装着全体人民，唯独没有他自己"的公仆情怀，凡事探求就里、"吃别人嚼过的馍没味道"的求实作风，"敢教日月换新天"、"革命者要在困难面前逞英雄"的奋斗精神，艰苦朴素、廉洁奉公、"任何时候都不搞特殊化"的道德情操。

焦裕禄精神是第一批纳入中国共产党人精神谱系的伟大精神，是我们党宝贵的精神财富，跨越时空，历久弥新，犹如一座永不磨灭的丰碑，矗立在亿万人民心中，永远激励着一代又一代的共产党人奋进新征程，为推动党和人民的事业，为实现中华民族伟大复兴的中国梦而努力奋斗！

大爱无声　花开有音

第十五讲 我心中的焦裕禄

□余 音

余音，中国共产党党员，焦裕禄外孙。毕业于中国音乐学院，男中音歌唱演员，师从著名歌唱家吴雁泽、邹文琴教授。2004年参加工作，曾任中国歌剧舞剧院歌剧团副团长，现任中国歌剧舞剧院艺术培训中心主任。

主演音乐剧《焦裕禄》、民族歌剧《盼你归来》、《星海》等舞台剧作品，演唱原创单曲《焦裕禄之歌》、《喊了一声娘》、《焦桐花开》、《念奴娇——追思焦裕禄》等单曲作品。担任荣获中宣部第十六届"五个一工程"奖电影《我的父亲焦裕禄》总制片，组织编写《肝胆长如洗——焦裕禄生平采访实录》，任编委会主任。

多年来，余音作为焦裕禄家庭第三代传承弘扬焦裕禄精神，潜心研究焦裕禄精神的时代意义，采取多种形式宣传焦裕禄精神，为焦裕禄精神传承发展留下了一系列优秀的符合时代需求的艺术作品。

　　我叫余音，来自中国歌剧舞剧院。焦裕禄书记是我的外公。我想，也正是这个原因，我今天能够和大家聊聊我心目中的焦裕禄。从小，我耳濡目染了外公的事迹，长大以后参加工作，对外公的名字"焦裕禄"三个字，经历了一个从熟悉到陌生，再到心向往之的过程。

　　首先，我想谈一下我对"焦裕禄"这个名字的认知过程，以及对我的成长产生了什么样的影响。

　　我是双职工家庭，在我年幼的时候，一到寒暑假，父母就把我送到兰考去，在我姥姥身边待着。我姥姥很疼爱我，对我很好，但她是个性格很内向的人，再加上我姥爷去世早，姥姥30多岁就守寡了，使得她性格稍有孤僻，跟我们这些孙子辈说话也很少，更是很少提起我的外公。我姥姥只会跟我舅舅、我母亲、我姨等几个子女讲起我外公的事，记者来采访我姥姥，她是不愿意说的。她不喜欢过多对外界谈我外公，因为每谈一次就揭一次伤疤，她就伤心一次。

　　因为宣传学习等需要，组织上经常请焦家人配合做一些宣传工作，可是我姥姥又不愿意说，组织上就经常找我母亲。我母亲是会积极配合做这些工作的，一是因为她性格外向，语言组织能力比较好；二是她也意识到，作为焦家人有义务做好焦裕禄精神的宣传工作，这对社会是有益的。母亲13岁就登上过天安门城楼，受过毛主席接见，从那时起她就开始做报告了。我小的时候还不能理解我母亲13岁的时候经历了什么，长大以后才明白，那是多么大的一种荣耀。我的母亲是很幸运的，历任党和国家领导人几乎都接见过她，这让她小小年纪就见过"大世面"。到现在为止，她也是"新中国成立后最年轻的党代表"。其实我母亲很清楚，她的荣誉是党和人民给她的，因为她是焦裕禄的女儿。

我对我外公的了解，大部分是从我母亲那里得到的。当然，由于当年我年龄小，理解能力有限，母亲描绘的外公形象是朦胧的，是碎片化的，她更多的是要告诉我"你的外公是个好人、好官"。在我成长的过程中，母亲一直会提醒我："你和别人不一样。"她的意思不是告诉我自己有多了不起，而是告诉我："你的外公很了不起，你不能给'焦裕禄'这个名字抹黑。"

其实，我小的时候并不理解母亲这话的意思。那个时候，我也不懂"家风"的含义，只知道在某种意义上自己和别的小朋友不一样，但我又不知道我们的不同在哪里。日子一天天过着，我的家庭和千千万万人的家庭一样面临着柴米油盐，也没觉得"焦裕禄"这三个字会给我带来什么，反而带给我们家人更多的是规矩和责任。

所以，我小的时候对外公的名字"焦裕禄"这三个字其实是有一些抵触的。从我上小学开始，就需要被动地接受来自各个方面关注，我到现在也认为这些关注是以猎奇为主。

作为一个学生，本分是学习，生活上必须严格按照那个年代主流的价值观和行为准则来要求自己，我的父母都是军人出身，本来对我的要求就高，再加上焦裕禄外孙这个特殊身份，对于一个刚上学的孩子来说其实挺压抑的。可我偏偏从小就不是个安稳的孩子，我小时候淘气、贪玩、不爱学习，考试还粗心大意，有时候成绩不好，老师就批评我说："你下回再考这个成绩，你都对不起'焦裕禄'三个字！"我听了心里就很难受。诸如此类的事情很多，有的时候即便是受点委屈也不好争辩什么，头上的光环变成了孙悟空头上的紧箍咒，我想我也没有干什么坏事，怎么就对不起"焦裕禄"三个字了？

我是二十世纪八十年代生人，是伴着改革开放成长起来的一代。那个时代，人们的想法开始多元化，小虎队、摇滚乐开始流行。然而我是焦裕禄的外孙，被打上了艰苦朴素、无私奉献、劳动模范标签，所以很多人其实是抱着猎奇的心态在看我。我上中学的时候，开始流行骑山地自行车，但我那时候骑的是父母淘汰下来的旧自行车，人家背地里就议论说："你看，焦裕禄的外孙骑个破车，他家混成啥样了。"这个话传到我耳朵里，我心里很不是滋味。不过后来我想，如果当时我骑一辆造价不菲的好山地车，也说不定会有人说我不够艰苦朴素。我的性格本来是外向的，但是在各类猎奇的眼光中逐渐学会了内敛。那时候我想，尽管我外公是一个英雄模范人物，但是对我个人来说却是一种负担，就像我们戴着党徽的时候会心怀敬畏一样。"焦裕禄"三个字被高高地供在道德的制高点上，神圣而清冷。今天回想起来，焦家的四代人没有触碰过任何法律和道德的底线，虽没有大富大贵、有权有势，可是焦家人吃得踏实，睡得香甜，在各自的位置上做好自己的本职工作，我认为这就是最好不过的生活方式。

我对我外公的认识经历了一个从朦胧到清晰的过程。前面讲过，我小学的时候只知道外公是英雄模范，但内心深处也充斥着很多的不理解。我不明白，我外公他到底是为什么那样生活？吃点好的，喝点好的，少干点活儿不行吗？非要那么拼命，把身体搞坏了，在最好的年龄去世，把这一家人就给抛下了，让我姥姥这么辛苦，到底是为什么呢？我对此很困惑。我小学四年级的时候，1990版的《焦裕禄》电影就出来了，我看了电影，李雪健老师表演得很传神，同时我也开始看一些书籍，综合这些文艺作品对我外公的刻画，他的形象越来越清晰了，我对他的认识也就越来越完整。

　　我上大学以后，思想逐渐成熟，阅历也多了，脑子里能稍微多想一点东西了，这个时候我对外公又产生了一种不理解。我在想，兰考被"三害"困扰了几百上千年，凭什么我外公就认为他有能力改变这个现状？兰考当时亩产粮食40来斤，基本是绝收状态，36万人，当中有20万人在逃荒要饭。这种状态下，我觉得外公那股子豪情壮志让我很难理解，他就真的是特殊材料做成的？人在自然环境如此恶劣的条件下，吃不上，喝不上，精神上很大程度被绝望侵蚀的情况下，焦裕禄是靠什么信念支撑下来的？咬住牙把一件不可能的事变成可能的事，而且只在短短的475天里实现这个转变，是怎么做到的呢？带着这些问题，我开始思考一个问题：1990版电影《焦裕禄》告诉了我"他是焦裕禄"，可是没有告诉我"他为什么是焦裕禄"。焦裕禄到底是怎么成为焦裕禄的？带着这个问题，我开始了我对外公焦裕禄的追寻之旅，我渴望看到的不仅仅是清晰的他的身影，更想进入他的内心世界。

　　和所有大学生一样，焦家的后人也面临着毕业、择业，之后面临着房子、票子、圈子等世俗之事。初入社会的时候，一个人是要把他的梦想打碎重建的。2004年，我如愿考上了中国歌剧舞剧院，成了一个国家演员，刚开始参加工作时，我拿着每月580块的工资。为了生存开始给各种业余培训班代课赚钱。我觉得我是中国音乐学院的毕业生，是一个国家院团的歌剧演员，认为自己放下身段干这些活儿不容易，开始满腹牢骚，开始看什么都不顺眼。母亲耐心地听了我的牢骚，然后告诉我，你想想你姥爷那时候怎么过的？饭都吃不饱，还带着人除"三害"，你只是千千万万大学毕业生中的一员，大家都面临着就业压力、生活压力，别人怎么活，你也怎么活。母亲的话很实在，很有道理。我想起了我大姨，她在兰考本来可以找一份在当时来说很不错的打字员工作，可是外公告诉她：劳动才是人生第一课，让她进酱菜厂工作。从这个时候开始，我更加努力地去适应社会，业余培训老师工作也开始做得有声有色，收入稳定了，我带的学生也有考上音乐学院的。随着剧院业务开始好转，我把更多的时间放回自己的本职工作，工作越来越忙，生活也越来越充实，通过不断努力，我从合唱演员成长为角色演员。我平时比较热心肠，人缘比较好，大家选我当团长助理，开始做一些执行工作，这段经历也让我对自己所从事的事业有了新的认识。2011年，有一次机缘巧合，我开始参与音乐剧《焦裕禄》的创作，那一次我扎根比较深，带着自己一直以来的思考和工作后的心得参与了这个音乐剧的组织和创作。我觉得我既然搞这个作品，就不能带着困惑去搞，我一定把所有的疑问都研究清楚，让创作更有"根"有"源"。首先，我最大的疑问就是，焦裕禄精神形成的原动力是从哪里来的。我问我母亲："我们搞戏剧，戏剧理论当中要有冲突的存在。正面人物和反面人物的冲突在当时兰考是没有的。那么我应该体现哪两者的戏剧冲突？"我母亲说："那个年代，兰考最大的敌人就是恶劣的自然环境，戏剧应该展现的是焦裕禄带领兰考人民和恶劣自然环境的斗争。"我说："这个冲突我也想到了，但觉得戏剧性不够。可不可以体现人与人之间的冲突？"母亲告诉我："在那个年代的兰考，人与人的区别只有能力高下、认识的深浅，人与人之间的冲突不是主要矛盾。那时候人还是比较纯洁的，尤其他们县委领导班子还是相对比较纯洁的。"后来，我就在想，当时的戏剧冲突可能就要落实到人心的转变上来，焦裕禄怎么拯救陷入绝望的人心，怎么能继续把大家团结起来拧成一股绳，这应该是一个重要的冲突。在这个基础上，再体现人对恶劣的自然环境之间的斗争，展现戏剧的冲突。这次关于戏剧冲突的讨论让我意识到一件事，我们的创作和宣传立足点必须是事实，戏剧冲突是从事实中深挖总结提炼出来的，才能具备逻辑自洽，而不是为了体现主题刻意编造出来的。我们可以看到有些文艺作品存在着"假大空"的套路创作，或者是"洒狗血"的畸形煽情创作，这些都是不可取的。改革开放40多年了，今天的观众是有智慧的观众，你用臆造的东西糊弄观众，就会适得其反，使作品失去观众的信任，更可怕的是让观众失去对我们党英雄模范人物形象的认同感。

在创作过程中，我不断重新审视自己之前对外公产生的那种不理解——焦裕禄凭什么觉得自己能改变困扰了兰考几百年的"三害"？在戏剧冲突的设置当中，我觉得那时候最大的敌人应该就是人在面对残酷的自然灾害时候内心的犹疑和软弱。今天我们理解这个事情，简而言之就是信仰是否坚定的问题，焦裕禄是毛主席的好学生，他百分之百相信人定胜天，相信共产党有能力带领人民群众干成想干的事，我觉得正是那个年代的人有这种雄心壮志，才有了抗美援朝的胜利、"两弹一星"的成功。水是有源的，树是有根的，焦裕禄这种必胜的信念不是凭空从天上掉下来的，起源在哪里呢？我想这不是一本书或者是一部文艺作品能够讲透的。今年我42岁了，在工作和生活中一直都在不断地追寻外公焦裕禄的足迹，他就像一本读不完的书，在不同的年龄、经历、社会背景下都会有不同的感悟。这些年，在领导、家人的鼓励下，我参与了很多宣传外公的工作，比如以上提到的音乐剧《焦裕禄》、歌剧《盼你归来》、纪录片《永远的焦裕禄》、电影《我的父亲焦裕禄》、图书《肝胆长如洗——焦裕禄生平采访实录》，还参与了很多电视台的节目、访谈。这些年走过来，自己也担任了剧院的中层干部，从一个焦家人、一个党员、一个文艺工作者、一个中层干部的不同角度，我感悟到了更加完整的、有温度的焦裕禄精神！习近平总书记把焦裕禄精神概括为"亲民爱民、艰苦奋斗、科学求实、迎难而上、无私奉献"。我想这是对焦裕禄精神最全面完整的表述了，我下面想结合这五种精神进行概括和表述，从自身的角度和大家分享我对焦裕禄精神的认识。

一、"亲民爱民"是本性

焦裕禄就是贫苦农民出身，在那个特殊年代，结合他自己的成长经历，"亲民爱民"的本性可以说是焦裕禄与生俱来的，并不需要刻意去学。今天我们提起焦裕禄，都觉得县委书记毕竟是个可以说了算的官员，可是对于焦裕禄来说，他自始至终都和人民站在一起，从老百姓的角度思考问题，尽管他的身份是个官员，可他把官和民这两个身份融合在了一起，这也是他为政时期"敢做事、能做成事"的基础。说到这里，我想跟大家聊一聊关于焦裕禄的出生地，提起焦裕禄，大家可能很容易就想到兰考，在相当长的一段时间里很多人认为焦裕禄就是兰考人，是河南人。其实随着这些年宣传学习的普及，大家都知道焦裕禄是山东淄博博山人。文化厚重、山水峻秀的山东曾经诞生了孔孟二圣，优秀传统文化的土壤孕育了焦裕禄身上很多优良品质。记者在采访我的时候，问及我外公的成长历程，我客观地说，外公的人生第一课是她目不识丁的母亲李星英的谆谆教诲，是戏剧传说里的忠臣良将，是博山的山风中都能嗅出的忠孝仁义，是齐鲁大地厚重淳朴的民风。他从人民中来，在苦难中成长。从小命运就给了他难以置信的万千磨难：少年丧父、入监坐牢、下煤坑做苦力、九死一生、背井离乡、逃荒要饭，看见过抚顺大山坑煤矿的万人坑，受尽了日本人的欺凌和地主恶霸的压迫……苦难并没有让焦裕禄低头，反而磨炼出他坚韧的性格和对国家人民的大爱。他当民兵、入党、在军政大学学习；在淮海战役中推独轮车，南下武装工作队的时候做过宣传，二胡歌唱样样拿手；领导土改组织民兵打过土匪黄老三；参加过大工业，在"一五"期间制造出中国第一台直径2.5米卷扬机；进过"国防七子"之一的哈工大学习，带领兰考36万人民战天斗地……我们在采风和创作电影《我的父亲焦裕禄》和创作访谈录《肝胆长如洗——焦裕禄生平采访实录》的时候，我更加系统全面地梳理了焦裕禄的一生，感叹他强大的意志，敬仰他百折不挠的精神！我常常在想，焦裕禄有限的生命定格在了一个最好的年龄——42岁，虽然外公英年早逝，可是他短短的一生却活了好多人几辈子的内容。别人在搞创作的时候由于故事不够而发愁，可是我们在搞这个题材创作的时候常常都是为了时长而发愁，每一段故事都不忍割舍。

上边我简单地讲了外公的人生轨迹，大家都知道他做过最大的官是县委书记，我们河南有一出戏叫《七品芝麻官》，里边有一句唱词："当官不为民做主，不如回家卖红薯。"这句略带诙谐的话其实也正是说明了"县官"这个词在中国人心中的责任，我们中国共产党的宗旨就是"全心全意为人民服务"。外公说过一句话："我们不当父母官，我们是老百姓的儿子，老百姓才是我们的父母。"他在兰考的475天，就是用这句话践行着他的为官之道。大家也许还有印象，在1990版《焦裕禄》中有一段经典的台词，是关于工作的标准是党满意还是群众满意的讨论，这段讨论发人深省。焦裕禄的结论是："群众满意是唯一的标准，党的宗旨就是全心全意为人民服务，群众满意的事儿党会不满意？反过来说吧，群众不满意的事儿，党会很满意？"这是个简单的问题，却是焦裕禄对党的干部面对群众工作的准则。穆青、冯健、周原在长篇通讯《县委书记的榜样——焦裕禄》中提道："他心里装着全体百姓，唯独没有他自己。"兰考的老百姓在 1966 年看到他们老书记的墓被迁回兰考的时候哭喊着："他是被俺们兰考人活活累死的。"

　　"亲民爱民"，在焦裕禄这儿从来都不是一个口号、一场作秀。外婆在世的时候讲起，当时外公的工资是 130 元，可是家里永远是不够吃不够花的，原因就是他看不得受苦人，身上的钱都给了困难群众。作为一个县委书记，他的工作是常年下乡调研，一看到缺衣少吃的、看到生活困难的五保户，他都会以公家的名义自掏腰包救济。如果咱们去过焦裕禄烈士陵园，大家会注意到一个叫张继焦的同志，他就是当时我外公在下乡的时候救起的一个孩子，他的本名叫张徐州，在他小时候得病没条件医治，他的父亲准备放弃他的时候，我外公联系医院付了医药费救活了他的命。焦裕禄去世以后，张徐州为了这段恩情改名叫张继焦，他常说，焦书记救了我一条命，我要给他守灵守一辈子。后来，他从参加工作到现在退休都没有离开过那里，我们家里的事他也都当成自己的家事，跑前跑后忙里忙外。我小时候不明就里，一直以为"继焦舅"是我亲舅舅，直到初中以后才知道他的故事。焦裕禄流传最广的一张照片，是他披着衣服跟一株小泡桐树的合影，这棵树现在近 60 年树龄，已是参天大树。泡桐树是一种速生经济林种，一般寿命都不会很长，如果大家去过兰考的话现在可以看到在焦裕禄干部学院的对面有一棵需要三四个人才能合抱的树，这棵树就是当年照片里边焦书记种下的树。当时的种树现场还有一个"小伙子"叫魏善民。有一次，焦裕禄带领乡亲们劳动，结束回程的路上，他刚种下的一株泡桐树苗被大风吹倒了，焦裕禄就喊上魏善民，两个人一起又把这棵树种上了。当时魏善民跟我外公说："这棵树都蔫儿了，可能活不成了。"焦裕禄看了看树的根系，还比较完好，就告诉魏善民："这棵树的根还好着，种下了就有希望！"

这看似短短的一句话，透着亲切，同时也给这个曾经逃荒要饭的年轻人上了生动的一课，那就是坚守希望，从一点一滴做起。现在，魏善民老人也已 80 多岁了，他没有忘记那个告诉他希望的老大哥。从他开始，魏家两代人一直守护着这棵树，这棵树在他的心目中就是老书记，就是那个带着他战天斗地的救星，两代人守护的是思念和希望，是兰考人心中的精神图腾。

在兰考工作期间，焦裕禄会在饭点的时候到高处去站一会儿，看看谁家的烟囱没有冒烟，以此来判断这家人是不是缺粮少柴；在雨天的时候他会带着县里的干部转移受灾的群众；在五保户大娘的炕头上说出来那一句"娘，我是焦裕禄，是毛主席让我来看你的"；在解决粮食问题的时候，他站了出来，揽下了所有的责任；在有人不理解他为什么顶风冒雪地骑自行车下乡的时候，他说"隔着车窗，老百姓看不清你，就不会把你当自己人，不会跟你交心"；在临终的时候，他床头的最后一篇没有写完的文章是《兰考人民多奇志，敢教日月换新天》；这一切都是他对这片土地和人民最深沉的爱，他换来的也是人民对他无尽的思念。1966 年，焦裕禄移葬兰考的时候，送葬队伍有 10 万人。焦裕禄告诉他的子女："你们的眼里要能看得到受苦人的眼泪。"这是个最朴素的真理，他了解乡亲们，爱护乡亲们，就能时时处处从他们的角度考虑问题，也就能更好地发动群众。今天，干群关系怎么能搞好？就是要和老百姓拉近距离，要真心实意地亲民爱民，全心全意为人民服务，这才是解决问题的根本。

2014 年，习近平总书记在第二批党的群众路线教育实践活动期间来到了兰考县，这是习近平总书记第三次来到兰考了。兰考作为一个县域，能够受到中央如此的关注，每一个兰考人都备受鼓舞。

二、"艰苦奋斗"是责任

"艰苦奋斗"这个词大家都很熟悉了，尤其在新中国成立的初期，艰苦是由物质体现出的现实情况，奋斗是改变现状的必由之路。和那个时代千万个党员干部一样，焦裕禄面对着百废待兴的国家，"艰苦奋斗"这个词绝不仅仅是一句口号，而是融入到血脉里的精神，并且贯穿了他的一生。在走上革命道路之前，焦裕禄是为了生存而抗争；走上了革命道路之后，他坚信只有中国共产党才能救中国，只有中国共产党才能领导中国。在坚定了思想之后，作为一个党员领导干部、一个苦难中站起来的中国共产党人，他明确了"艰苦奋斗"是为了共产主义理想而奋斗。

焦裕禄在去兰考报到之前，他很清楚兰考有多困难。焦裕禄在去兰考之前是洛矿最年轻的厂党委委员，生产调度科长，一金工车间的主任，拿到的工资是170元，到兰考以后降到了130元。刚到兰考的时候，由于没有当县域一把手的经验，所以他的职务是县委第二书记。焦裕禄来到兰考，无论是在工资待遇上，还是在职务级别上都没有提高，相对来说还降低了。这时的焦裕禄是完全可以不去兰考的，他有营养不良性的肝炎，有着在工业战线傲人的成绩，洛矿也不愿意放走这个辛苦培养出来的工业干部。可是那个时候的兰考已经是时不我待，焦裕禄选择了站出来面对并最终实现了自己的诺言，直至长眠于沙丘。当时的开封地委书记张申找到他谈话的时候告诉了他所有的困难，也做好了他可能找理由拒绝去兰考的准备，可是焦裕禄坚定地说出了下边的话："感谢党把我派到最困难的地方，越是困难的地方，越能锻炼人。请组织上放心，不改变兰考的面貌，我决不离开这里！"这不是拍拍胸脯就做下的承诺，事实是他真的做到了。

兰考到底有多艰苦？今天的我们可能很难想象当时的艰苦，包括我这个"80后"，也没有过过那样的苦日子。了解这段历史之前，我所能理解的"艰苦"还只是停留在历史书和影视作品中的概念。今天我想用一组数据让大家更直观地了解1962年的兰考到底有多艰苦，焦裕禄为什么要奋斗。

1962年冬天，焦裕禄来到兰考的时候，是兰考遭遇"风沙、内涝、盐碱"这"三害"最严重的时候。众多史料记载着这一年的情况：春天风沙肆虐，20万亩麦子被风灾摧毁；入秋洪水漫灌，30多万亩庄稼被淹死；盐碱地上的10万亩禾苗绝产；全县粮食亩产只有43斤，几近绝收；背井离乡的逃荒要饭大军像破堤而出的洪水，全县36万人中有近20万是灾民。

看完这个数字我们就不难想象了，兰考当时的灾情是触目惊心的。全国解放了，土地改革了，"三座大山"推倒了，可是我们的人民还生活在水深火热当中。"三年自然灾害"再加上兰考土生土长的"三害"，让老百姓的生活难上加难。据兰考的老人回忆，那时去领粮食的时候，即使有粮食，也只能发一手巾包；树皮草根都啃完了，就跑到外面去要饭……在那个全民困难的年代，兰考如果想好起来，就不能坐下来等。等救济、等老天爷开眼，都是兰考人等不来的！如果坐下来等，就面临着一个死循环：吃不饱就逃荒要饭；人都走了，"三害"就更没有人去治理；不除"三害"地里不长庄稼，那就接着再去要饭……直到兰考变成沙漠、水坑，最终淹没在黄河故道里。都说"人穷志短"，兰考人饿着肚子，面对着灾难，实实在在是绝望的，甚至当时省里已经打算将兰考一分为四，让周边四个县一起来背兰考这口"锅"。面对这个表面看来合理的方案，面对这个能"全身而退"的机会，焦裕禄却拒绝了。因为他知道，兰考的情况如果让兄弟县背的话，也会给兄弟县带来很大的困难，同时兰考人除"三害"的志气也会被彻底磨灭。在焦裕禄看来，这是不负责的做法，将来兰考人不会念共产党人的好。试想，当时如果焦裕禄顺水推舟，选择"躺平"，完全可以顺利过了兰考这一关。但是，焦裕禄在困难面前，信念不曾有一刻动摇，他说："共产党人就是要敢在困难面前逞英雄。"他相信兰考能除掉"三害"，过上好日子。面对现实，就要在奋斗中找出路。焦裕禄在兰考的475天走遍了兰考的149个大队中的120多个，全部的行程达到了5000多里。工作会议都是在田间地头，在风口水沟，在农民的家里，现场的事情就时就地解决。奋斗不是蛮干，干部和老百姓都不能饿着肚子去和灾害战斗，他想了很多的办法组织干部党员尽快地分发物资下去，一边疏通兰考的百姓出门逃荒，一边深入灾害的第一线去调研。他把兰考的"三害"分布绘制成了地图，依靠群众的智慧找到了治理"三害"的办法。他在老韩陵饲养员肖大爷的牛棚里住了一宿，和肖大爷彻夜长谈，了解到了兰考有泡桐、花生、大枣这"三宝"。他在一户人家上坟的时候，看到只有坟头上长满了绿油油的植物，由此就有了后来的翻淤压碱，从"造林防沙、育草封沙、翻淤压沙"的治沙三举措，到"以排为主，灌滞涝改兼施"的治水五字诀——"摸、整、疏、堵、管"，再到"翻淤压碱、开沟淋碱、打埂躲碱"的治碱三步骤。一点一滴都是用心，一步一个脚印如此坚定，在求真务实和开拓进取里，焦裕禄找到了方法，在找方法的过程中，百姓也认可了这个县委书记，更可贵的是，他让兰考人重拾了信心。

焦裕禄曾经说过这样一句话："干部不领，水牛掉井。"一个好领导带动一个班子，一个好的领导班子再这样一级一级地带动下去就会形成一股劲儿，这股劲儿拧成了除"三害"的"志"。中央强调搞好党的群众路线教育实践活动不动摇，也是要党员干部依靠群众，和群众站在一边，把心思和精力用在工作上，吃苦在前，享受在后，始终做到"艰苦奋斗"。"艰苦奋斗"是我们党的政治本色，也是我们党保持同人民群众血肉联系的重要法宝，更是我们成就一切事业不可或缺的精神力量。

一床被子用了几十年；衣服、鞋袜补了又补；只靠一辆自行车和一双铁脚板走遍了兰考大地；访贫问苦，治沙治涝——焦裕禄身上集中体现了"艰苦奋斗"的优秀品质。和当年相比，我们今天的工作条件和生活条件都有了根本改善，但仍有人不满足，奢靡之风、享乐主义现象不时上演。

还有一些人对"艰苦奋斗"产生质疑，认为如今物质充裕了，"艰苦奋斗"精神过时了。甚至提出，奢靡享乐也是在拉动内需，有助于经济发展。这种观点当然是错误的，挥霍无度，使大量社会财富消耗浪费，甚至滋生了腐败。"奢靡之始，危亡之渐。"历史的经验告诉我们，一旦沾染上了奢靡享乐之习，就会意志消沉、精神萎靡，丧失奋发向上的精神动力。更值得警惕的是，领导干部一旦过度追求物质享受，则必然会逐步走向腐败，严重损害党群干群关系，削弱党的执政基础和执政地位。官德如风，民德如草，领导干部追求享乐，还会败坏社会风气，造成全社会的奢靡之风。焦裕禄在兰考工作期间也发现了一些问题：特权思想、享乐思想也曾经在兰考的干部队伍中有过苗头。焦裕禄在了解了情况以后果断地出台了《干部十不准》，在全县范围内执行，及时刹住了不正之风的苗头。习近平总书记到兰考的时候曾说，我们的中央八项规定出台之前，我们专门集体学习过焦裕禄的《干部十不准》。

下边我把《干部十不准》的内容列出来，我们从中不难看到焦裕禄对干部要求之严格，用心之良苦，工作之细致。

一、不准用国家或集体的粮食大吃大喝，请客送礼；

二、不准参加封建迷信活动；

三、不准赌博；

四、不准挥霍浪费粮食，用粮食做酒做糖；

五、不准用集体粮款或向社员摊派粮款演戏、演电影，谁看戏谁拿钱，谁吃饭谁拿钱；

六、业余剧团只能在本乡、本队演出，不准借春节演出为名，大买服装、道具，铺张浪费；

七、各机关、学校、企业单位的党员干部，都要以身作则，勤俭过年，一律不准请客送礼，不准拿国家物资到生产队换取农、副产品，不准用公款组织晚会，不准送戏票，礼堂十排以前的戏票不能光卖给机关干部，要按先后顺序卖票，一律不准到商业部门要特殊照顾；

八、不准利用职权到生产队或其他部门索取物资；

九、积极搞好集体的副业生产，增加收入，改善生活，不准弃农经商，不准投机倒把；

十、不准借春节之机大办喜事，祝寿吃喜，大放鞭炮，挥霍浪费。

始终做到"艰苦奋斗"，就要加强党员干部思想教育，坚定理想信念，防止思想滑坡。党员干部一定要自我警醒，自我约束，自我克制，自觉防微杜渐，避免摔跤栽跟头，把满足个人贪欲、一味追求个人享受视为祸害，把为人民服务，创造经得起实践、历史、群众检验的政绩作为人生追求。

始终做到"艰苦奋斗"，就要正风肃纪，建立健全规章制度，狠刹奢靡享乐之风。对一切奢靡享乐的行为，都不能放过，更不能放纵，以严明的纪律、严密的制度，把权力关进"笼子"，以制度的力量确保党员干部"艰苦奋斗"。"忧劳兴国，逸豫亡身。"作风建设永远在路上，党员干部只有像焦裕禄那样，做到严以修身、严以用权、严以律己，才能始终保持艰苦奋斗精神，保持与人民群众的血肉联系。

三、"科学求实"是作风

在习近平总书记总结的焦裕禄精神内涵中，我特别注意到其中的"科学求实"。那个年代的农业有点像"冷兵器时代"，那个时候兰考甚至连拖拉机都没有。那么，他的"科学求实"是从何而来的呢？习近平总书记曾经说过："焦裕禄精神孕育形成在洛矿，弘扬光大在兰考。"在洛阳矿山机器厂工作期间，焦裕禄在工业战线上孕育形成了他"科学求实"观念，这其中也包括了他在哈尔滨工业大学学习和在大连起重机厂实习的经历。在这个时期，他在我国当时最先进、规模最大的工厂里磨炼，参与工厂最初的基础建设，攻关最艰巨的任务，设计制造当时最先进的大型机械，总结了一套科学的工作方法。在这个过程中，焦裕禄"科学求实"的工作作风也和新中国的工业一样成长，经历了从无到有的过程。我们从近代史可以知道，工业社会对农业社会是"碾压式"的存在，基于工业社会而产生的新知识和新思维方式都有一个质的提升。正像邓小平同志提出来的"科学技术是第一生产力"。焦裕禄本身是农业干部，由于工作需要，在党的培养下转战工业战线九年，又因为工作需要回到农业干部身份的时候，他不仅不会捉襟见肘，反而还能够得心应手，信心百倍。在了解老百姓、了解农村的基础上，又有一套在大工业当中锻炼出来的科学思维方式，加上他对我们党的道路有坚定的信念，这几个因素综合在一起，解开了我当年的困惑——在兰考那种近乎绝望的环境中，焦裕禄凭什么认为自己能做到？他凭的就是对党的坚定信仰，对道路的高度自信，对中国社会的了解，对科学技术和先进方法的掌握，基于这几点，他能做成事，就有了必然性。

在那个困难年代的兰考，吃不上饭的农民要出去逃荒要饭。河南农民出去要饭都跨省，到山东、安徽等地。一说要饭的是哪里的？河南的。河南哪里的？兰考的！这是兰考人那时候的卑微，也是无奈。焦裕禄作为县委书记为什么不阻拦他们？其实不阻拦是正确的，农民出去逃荒要饭，当然会影响兰考的形象，但是，拦住他们，让他们饿死在老家，如果就为了维护形象，这是愚不可及的。就像治水一样，堵不如疏，出去要饭还有一条活路，所以焦裕禄同意他们出去。那个时候，焦裕禄同时做了两件事。

第一件事，他对父老乡亲说："你们要出去要饭，是因为你们要生存，是没有办法的事。老百姓饿肚子，我作为县委书记，我很惭愧。"确实焦裕禄手里没有那么多粮食，没办法让灾民在这里生存。那么就让老百姓先能靠逃荒要饭，先活下来。但是焦裕禄和干部们留下来干什么呢？他用仅有的粮食保证这些没走的老百姓能活下来，保证这边的正常运转。同时他积极想办法，申请援助，研究策略，搞清楚兰考的"三害"到底怎么除，因此他撤销了"劝阻办"，成立了"除三害办公室"，变堵为疏，这在当时是一个无奈但却最理性的选择。这里还有一个小插曲：我们在搞创作采风的时候，第一次把"除三害办公室"错记成了"治理三害办公室"，后来有人指出了这个错误。我们后来了解了，当时为什么叫"除"，不叫治理？焦裕禄告诉大家，治理是有了灾害就治理，再有了再治理，而除"三害"就不一样了，是要彻底把"三害"根除！这可能是一字之差，但时时处处能看得出来他做事的果敢和决心。

第二件事，当时的兰考最大的问题是老百姓的生存问题，人能吃饱饭才能干活，这是除"三害"的基础。因此，焦裕禄找省里、找国家要救济，要农业生产工具，要粮食。他那个时候的做法，有点像打仗的思维方式，把这些必要的物资都准备停当以后，他就等着那些出去逃荒要饭的主力军回来。大部队回来的时候，他有粮草了，也有武器了，更重要的是有了斗争的策略，他有了一系列立得住的东西，有了让大家有信心跟着他去把兰考建设好的一幅宏伟蓝图。这是基于什么得到的？是基于他跑遍了兰考进行调查研究的成果，兰考他整个摸透了，找到怎么干的路径了。

焦裕禄有一个很厉害的地方，用我们今天的语言来解读就是：他能在兰考抓"模块建设"，寻求和树立工作当中最精益化的样板。这实际上是把工业的思维应用到农业建设当中。比如"四面红旗"、"护林小英雄"、"石老汉"，通过树立这些标杆，来带动普遍的工作进行对标。

在方法科学的前提下，焦裕禄还能充分地把人文关怀运用在工作当中。当逃荒要饭的农民回到家乡，衣衫褴褛，狼狈不堪，焦裕禄给他们发铁锹，发板车，给他们讲几句暖心的、鼓励的话语。在那个年代、那个时候、那种情境下，这是对常年在外要饭的人们最大的尊重。这对人们心灵的改变，远超过强制命令，焦裕禄就能把他们的心留住了。

在这里跟大家讲两个小故事，也能以小见大，从侧面体现焦裕禄的工作方法。

风箱的故事

兰考一直都有桐树，桐树在那个年代能在兰考做成的产品中，风箱占了很大一部分。那时候在农业作业的时候，会撒一种叫"66粉"的农药。由于没有专业的播撒机器，经常采取的就是用手撒，撒得很不均匀，作业效率低，效果差。焦裕禄知道这个情况以后，就提议把一部分风箱拿出来改装成撒药的机器，用这个机器完成了高效的作业。

榜样的力量

在工作的过程中，凝聚人心鼓励干劲儿是一件必不可少的事情，尤其是在那个年代的兰考更是如此。大家都知道，焦裕禄在兰考一共留下了四张照片。当时他的通讯员刘俊生是这样回忆的："有时候我跟着焦书记下乡走访，我就想给他拍照留一些资料，但是焦书记告诉我不要拍他，要把镜头对准群众，这样大家就会知道我们都看到他们在辛苦劳动，这对他们是一个鼓舞。"事实证明，这样效果很好，大家看到有县里的人给大家拍照，都干劲儿十足。焦书记仅留下的四张照片除了三张是偷着抓拍的之外，仅有的一张就是他救活了一棵倒下的泡桐后，和泡桐的合影。这棵泡桐现在就屹立在焦裕禄干部学院的门口，成了焦裕禄精神的一种象征。

从这段历史来看，我觉得我更能明白习近平总书记为什么在对焦裕禄精神的评价当中加上"科学求实"这四个字。他把信仰、路径、策略等能够促成变化的因素综合到了一起。在我们的音乐剧里，我有感而发写了一句台词："焦裕禄给我们兰考人找到了一条能留下来、活下去的路，把人心找回来了。"焦裕禄在工作中坚持实事求是，深入调查研究，因地制宜谋发展。焦裕禄讲："说一尺不如干一寸。"在深入调查、尊重客观规律的前提下去开展工作，对兰考来讲需要的方案是简单易行，既要使用又要符合科学规律的方法。事实证明，焦裕禄这个工业干部用他在工业战线上学到的方法论，在兰考这片新的战场上打了胜仗，过硬的本领是领导干部建立在道德情操基础上的实干利器，在新时代我们的领导干部面临的工作更加复杂，必须不断加强业务学习，领会好国家的大政方针，才能更好地推动社会和时代发展前行。党的二十大报告再一次强调了科技是第一生产力、人才是第一资源、创新是第一动力。我们可以看到，习近平总书记总结焦裕禄精神当中，"科学求实"的重要内涵，充分说明了"科学求实"精神是共产党人的本质要求，也是焦裕禄精神的灵魂，我们应该更充分地结合党的二十大精神，把"科学求实"精神发扬和传承下去。

四、"迎难而上"是担当

我们回顾焦裕禄的一生，我们看到他这一辈子都是顶着一个"难"字的，但是他在面对困难的时候没有选择退缩，而是迎着困难一直不断地前行。这种前行的动力，正是他作为一个共产党员、一个领导干部的责任和担当。从我小的时候，我就经常问母亲："我外公是一个什么样的人？"母亲告诉我："你的外公是一个做人讲感情、做事讲担当的男子汉。"随着年龄的增长，我对这句话的理解不断加深，随着工作阅历的增加和我对我们党的历史的学习，我也意识到了，"迎难而上"是一个党员领导干部必不可少的品德，而这种品德在我外公身上最大的体现，就是他和这个国家一起，和身边的工友一起，和他最爱的百姓一起，勇敢面对困难、寻求改变，这就是习近平总书记不断强调的担当精神。我想和大家一起回顾一下二十世纪五六十年代我们国家的大环境、大背景。在新中国成立初期的 10—20 年间，我国物资短缺、技术落后，国家面临着前所未有的困难。这个时候，一大批优秀的共产党员挺身而出。他们有一定要把国家建设好的坚定信念，有不怕困难、不怕牺牲的勇气和决心。他们凭借顽强的毅力和艰辛的努力担当起了发展国家的重任，挺起了中华民族的脊梁。焦裕禄便是那个年代的优秀共产党员的代表之一，在他身上体现了共产党人的大无畏革命主义精神，体现了共产党人为人民谋幸福的强烈使命感和担当。

焦裕禄意志坚定，行动坚决，面对困难有坚强的意志和决心。他的意志坚定体现在对组织的要求不折不扣的服从上。在洛阳矿山机器厂当车间主任的时候，他和工友们面对要给五一劳动节献礼的 2.5 米卷扬机的生产任务，他那时年仅 36 岁，面临着一大堆难题：设备不全，技术不足，经验空白。他开始了"以厂为家"的生活。每天工作到夜里 12点，紧接着召开生产会议，深夜两点才能休息，到了四五点钟，又开始新一天的工作——这样的日子，一过就是 50 多天。焦裕禄睡了 50 天的长板凳，啃下了直径 2.5 米卷扬机的生产任务这个硬骨头，填补了我们国家在这个领域的空白。

　　焦裕禄来兰考之前，就患有比较严重的肝病，面对兰考极其恶劣的条件，他有理由拒绝组织的安排，安心留在大城市养病。但在焦裕禄心中，共产党员就应该到群众最需要的地方去。他认为，越是困难的地方越锻炼人，感谢组织把他派到困难的地方。焦裕禄不仅是这样想的，也是这样做的。焦裕禄到了兰考以后，面对极其严重的自然灾害，面对在自然灾害面前失去斗志的干部群众，发出了"坚决领导全县人民苦战三五年，决心改变兰考面貌，不达目的，死不瞑目"的铮铮誓言。焦裕禄的行动坚决体现在他敢于直面困难上。在焦裕禄来兰考之前，兰考县的主要工作不是抗灾救灾，而是发放救灾物资和劝阻灾民防止外流。当时兰考的灾民只有外出要饭和留守苦熬两条路。兰考的干部群众都被困难压住了头，有些人甚至认为战胜自然灾害是不可能完成的任务。焦裕禄在了解了兰考的基本情况后，认为逃避不能解决问题，兰考不能再走"等、靠、要"的老路，必须走自力更生、生产自救的新路，才能从根本上解决问题。焦裕禄坚定的意志和行动的坚决源于他对广大人民最深切的同情和热爱，当粮食不够吃的时候，焦裕禄提出派人到外地去采购议价粮和代用粮，这在当时是违背国家统购统销政策的大问题，是关乎政治前途的。但是焦裕禄一心想的是，兰考不能再饿死人了，不能让大家饿着肚子干革命。在这个问题上，焦裕禄力排众议，独自担下了这个责任，这是他作为一位县委书记的担当。

　　焦裕禄的这些作为与他骨子里的善良和正义有关。焦裕禄早年的生活经历让他对生活的苦难有了深刻的认知和体验，苦难让他饱受折磨，同时也让他对群众的疾苦有了深刻体会，磨炼出了他在面对困难时钢铁般的意志。

焦裕禄的作为，也和他自身革命的经历相连。1945 年，他参加了解放战争，新中国成立后他担任过区长、区委副书记、青年团县委副书记、团地委宣传部长等职，后响应国家号召，调到洛阳矿山机器厂参加工业建设，担任车间主任、科长等职。为加强农村工作，他又被任命为尉氏县委书记处书记、兰考县委书记等职，多个地方、多个岗位的历练让焦裕禄成为一个在困难面前处变不惊、能够采取灵活多样的方式解决问题的行家里手。

焦裕禄敢于直面困难也和他的思维方式有关，他善于辩证地看待问题，从不利因素中找到有利因素，从黑暗中看到光明。他深知，只有被自己打倒的人，没有被困难打倒的人，他总是用革命的乐观主义精神去感染人。有一回，在庄稼即将收获的时候，兰考又一次遭了灾，有些干部发愁地哭了起来，认为本来辛辛苦苦想摘掉贫困的帽子，这下不仅没有摘掉，反而戴得更紧了。就在干部们一筹莫展的时候，焦裕禄鼓励大家说，哭不能解决问题，关键要从不利因素中找到有利因素，把灾害的伤害降到最小。他总结出了四句话："夏季丢了秋季捞！洼地丢了岗地捞！地上丢了树上捞！农业丢了副业捞！"大家从焦裕禄的话中找到了解决办法，看到了生活的希望，全身心地投入救灾工作。焦裕禄辩证的思维方式体现在工作的点点滴滴中，他总是从平凡的事物中发现其闪光之处。有一次，他下乡看到了一个水坑，就对身边的人说："在这里撒点鱼苗，可以用来养鱼。"后来同志们按他说的撒了鱼苗，水坑果然成为一个收入不错的鱼塘。在焦裕禄来之前，那个水坑已经在那里很久了，普通人只是漠视地走过，或者认为它有点碍事，但是焦裕禄看到了它的应用价值。由上我们可以看出来，"迎难而上"的"上"不是蛮干，而是遇见了困难，就要实事求是地面对困难，科学求实地拿出方法，胸前戴着党徽，和同志们、乡亲们手拉手肩并肩地上去解决困难。

这是迎难而上，更是领导干部的担当。

五、"无私奉献"是公仆

1966年2月7日，《人民日报》第1版头条位置，刊登了穆青、冯健、周原的长篇通讯《县委书记的榜样——焦裕禄》。从那天起，焦裕禄的名字为全国人民所熟知。这篇文章当时轰动了全国，著名的播音员齐越老师在中央人民广播电台全文播诵了这篇文章，在录制过程中几度哽咽。习近平同志曾深情地回忆："我当时正上初一，政治课张老师念了这篇通讯，几次都泣不成声……"他说："这节课在我的一生中留下深刻印记，对我树立坚定的理想信念也有很重要的影响。"这篇文章让大家看到了一个"心里装着全体人民，唯独没有他自己"的人民公仆焦裕禄。焦裕禄"无私奉献"的对象是他热爱的人民，是他忠诚信仰的共产党和新中国。

焦裕禄生活和工作的年代是新中国成立后最苦最难的日子。共产党解放了中国，要让饱受战争之苦的人民都过上好日子，这个时候就要有人站出来，首先就是党员和领导干部。习近平总书记曾讲过："我将无我，不负人民。"这是中国共产党人对人民的承诺。作为一个人，焦裕禄仅仅是亿万百姓之一，作为一个贫困县的县委书记，是个不大的官。但是，县委书记却是离老百姓最近的官，当他同时具备了平民和官员这两种身份，为人的良知和为官的责任、对人民的热爱和对党的忠诚共同孕育了他"无私奉献"的公仆精神。

从1962年12月调任兰考到1964年5月14日病逝，在兰考的475天中，"风沙、盐碱、内涝，下乡、种树、跑粮"几乎成为焦裕禄生活的全部。他和老百姓同吃、同住、同劳动，老百姓的事情再小的事在他这里都是大事，自己和家人的事再大也要为百姓的事让路。他为了留住南方的技术员，他把分配给自己的大米拿出来；面对挨饿治"三害"的群众，他赌上了自己的乌纱帽去采购代用粮议价粮；当他的儿子去看了一场白戏的时候，他严厉地批评了自己的儿子并补上了戏票；当他了解到干部当中有一些不良作风的时候，他连夜拟定了《干部十不准》；在他的肝病在最严重的时候，他用东西顶破了藤椅，他的自行车陪着他走了 5000 余里去调研；他最后一次回山东老家告别母亲的时候，还向县里的互助会借了 300 元……焦裕禄的事迹，体现了共产党优秀领导干部的纯粹和无私，他始终和群众站在一起，他最大的愿望就是兰考人不再被"三害"夺去生存的权利。他实现了自己拼上老命大干一场决心改变兰考命运的铮铮誓言。

"上善若水，水善利万物而不争。"焦裕禄把百姓当作亲人，全心全意地付出，却不需要丝毫回报，他的全身心地付出既让我们看到了一个有着悲悯之心、深沉之爱的人，也让我们看到他是如何把县委书记这个角色还原成人民公仆的。

对于共产党人来说，律己修身是坚守道德防线、永葆政治本色的必然要求，是保持先进本色、树立良好形象的基础和前提。"物必先腐、而后虫生"，剖析那些误入歧途的领导干部，无一不是从放松自我要求、放纵个人欲望开始的。当前，面对社会思想观念、价值标准日趋多元的现实，面对比以前更多的诱惑、考验，党员干部尤其要学习对标焦裕禄"无私奉献"的道德情操，常修为政之德，常思贪欲之害，常怀律己之心。唯有如此，才能保持政治本色、端正价值追求，不给不良作风的"微生物"以可乘之机；才能坚定奋斗目标不动摇，践行群众路线不放松，经受住艰苦条件和复杂环境的考验，推动党和人民的事业蓬勃发展。

学习对标焦裕禄无私奉献的道德情操，首先要反思自己的思想行为，提升精神境界。要看看自己的思想深处有没有逾矩的想法；看看自己能不能在复杂的人际关系中做到既有人情味，又按原则办；看看自己能不能坚持减少应酬、保持健康的工作方式和生活方式；看看自己能不能严格要求子女和家属；看看自己能不能对一切腐蚀诱惑保持高度警惕、防微杜渐。通过反思对照，提升思想境界，自觉把权力关进制度的笼子里，做到拒腐蚀、永不沾。学习对标焦裕禄无私奉献的道德情操，要坚决落实正风肃纪的各项规定。党员干部特别是领导干部要带头严守各项纪律，坚持把艰苦朴素、廉洁奉公作为立身之本、为政之基。要牢记"千里之堤，溃于蚁穴"、"一处弛则百处懈"的道理，严格要求、防微杜渐，真正做到自己清、家人清、亲友清、身边清。

今天，我们通过几代人的奋斗，国家富强了，人民生活水平提高了，有了很好的物质条件，作为领导干部却面临着更为复杂的挑战。新的时代如何保持初心，无私奉献，也成了所有党员干部要思考的课题。焦裕禄始终践行——"凡有利于人民的事就积极去做，凡不利于人民的事就坚决不做"，他始终把个人信仰、人生价值定位在为人民服务之上。因此党员干部要有淡泊名利、甘守清贫的态度，更要时刻绷紧廉政弦，时刻发扬无私奉献的优良传统，自省、自重、自警、自励，常怀律己之心，常除非分之想，常省自身之过，不为名所缚，不为物所累，不为誉所喜，不为悲所悲，不为利所驱，清清白白做人，干干净净做事，做一名人民满意的人民公仆。

以上，我跟大家分享了我对焦裕禄精神五种内涵的理解。在我心中，我的外公焦裕禄就像一本读不完的书，在不同的时间、不同的环境中都会有不一样的体会。2022年我们成功召开了党的二十大，这一年同时也是焦裕禄的百年诞辰，在外公百年诞辰临近的那个夏天，我背起了背包重走了外公走过的路，20天跨越了四省八地采访了和外公共事过的老同志，力求从历史亲历者的口中把外公的形象看得更清楚一些，把他的一生总结得更全面一些。今天，如果再让我评价我的外公是一个什么样的人，我想，还是那句"做人讲感情，做事讲担当"。作为一名文艺工作者，我做好本职工作的同时也能够宣传好焦裕禄精神，这是我应尽的责任和本分。这些年，我所参与过的从文艺作品、影视作品再到书籍和宣讲，每一种形式都从不同的侧面让大家更深入地认识了我的外公焦裕禄。在弘扬焦裕禄精神的过程中，我也得到了进步和成长，更加认识到了精神的力量。

大爱无声　花开有音

大爱无声　花开有音

大爱无声　花开有音

◎电影《我的父亲焦裕禄》海报

◎研制成功直径 2.5 米卷扬机（剧照）

◎雨夜访贫（剧照）

◎焦裕禄同志在兰考带领乡亲们开荒（剧照）

◎焦裕禄同志和县里工作人员下乡调研（剧照）

◎焦裕禄同志与同事考察兰考风沙（剧照）

◎焦裕禄同志带着焦守凤卖咸菜（剧照）

◎焦守凤腌酱菜（剧照）

◎焦裕禄同志教育儿子不能"看白戏"（剧照）

◎焦裕禄同志和几个孩子一起玩耍的场景（剧照）

◎音乐剧《焦裕禄》
首演，余音和李雪健
老师合影

◎音乐剧《焦裕禄》（剧照）

◎音乐剧《焦裕禄》中，
余音饰焦裕禄

◎歌剧《盼你归来》
剧照（余音饰焦裕禄）

◎2020年8月，
在北京天桥艺术中
心上演的歌剧《盼
你归来》剧照（余
音饰焦裕禄）

《我的父亲焦裕禄》电影片段

力保人才

涉险救人

教女有方

聆听叮咛

雪中诀别

毕生夙愿